JN437326

숭실에서 통일한국을 준비하다

숭실대학교 베어드학부대학

숭실대학교 출판국

발간사

대학에서의 전통이란 — 정체성의 확립과 명문대학으로의 도약

우리 숭실대학교에 트래이드마크처럼 붙는 수식어는 '한국 최초의 근대대학'입니다. 여기서 말하는 '근대대학'이란 오늘날의 대학에 근접한 완전한 4년제 대학과정을 갖춘 대학을 말합니다. 따라서 숭실대학교의 '최초'는 현재 모습의 전신이나 그 일부를 연장 확대하거나 정신의 계승만을 강조하는 것이 아니라, 현대적 의미의 대학으로서 가장 실질적인 의미의 '최초'입니다.

그러면, 우리가 이처럼 '최초'를 주장하는 까닭은 무엇이겠습니까? 그것은 우리가 내건 슬로건에서 분명하게 드러납니다. 그것은 곧 "최초에서 최고로"라는 말이 시사하듯이 유구한 역사전통이 곧 우수한 명문대학으로의 발전을 위한 디딤돌이자 원동력이 될 수 있기 때문입니다. 다시 말해서 한국 최초의 대학으로서 한국 최고의 대학, 나아가 세계 최고의 대학이 되겠다는 의지의 표방이자 우리 대학이 지닌 저력의 과시인 것입니다.

그렇다면 대학의 '전통'이란 무엇입니까? '전통'이란 어떤 집단이나 공동체에서 지난 시대에 이미 이루어져 계통을 이루며 전하여 내려오는 사상·관습·행동 따위의 양식을 말합니다. 특히, 개별 대학들이 가진 그들만의 전통은 곧 구성원들에 대하여 대학집단에의 귀속의식·연대의식·공동체의식을 형성하고, 자신들과 타 대학 집단 사이의 독특성·차별성을 띠게 만들어 그들 존재의 본질을 자각하는 그들만의 '정체성'을 확립시키게 됩니다.

대학마다 고유한 학풍과 분위기가 있고, 이 대학 재학생 또는 졸업생이 저 대학 재학생 또는 졸업생과 공·사적인 일을 막론하고 그 기질과 스타일 면에서 구별되는 것은 모두 그들 대학의 오랜 전통으로부터 형성된 그들 존재의 정체성의 영향이 은연중에 작용한 것이라고 봅니다. 그러므로 오늘날 발전하는 대학들은 먼저 자신의 대학의 역사를 연구하고 전통을 바로 알며, 이를 통해 구성원 모두의 정체성을 확립함으로써 진정한 명문대학으로의 발전을 기약하는 것입니다.

숭실대학교의 역사는 리더십의 역사

우리 숭실대학교는 1897년 평양에서의 개교로부터 1938년의 폐교를 이어 1954년 서울에서 재건되어 오늘에 이르기까지 119년이라는 긴 세월 동안 시종 기독교대학과 민족대학으로서 그 선구자적 소임을 다해왔습니다. 지나간 역사를 돌이켜보면, 숭실대학교는 각 시대의 역사 속에서 우리 민족이 가장 필요로 할 때 가장 필요한 리더십을 발휘했음을 알 수 있습니다. 다시 말해서, 숭실대학교의 역사는 곧 한국 대학교육의 리더십의 역사이며, 그 선봉에 숭실대학교가 있었다는 것입니다.

숭실대학교의 역사는 1897년 10월 10일 평양부 신양리 26번지 윌리엄 베어드(William.M.Baird, 한국 이름 裵緯良) 미국 북장로교 선교사의 집 사랑방에서 13명의 학생으로 출발한 '숭실학당'에서 시작되었습니다. 베어드 목사는 1897년 이 땅에 그리스도의 복음을 전파할 수 있는 참된 교사와 교역자 양성을 목적으로 숭실학당의 문을 열었습니다.

숭실학당에서 시작하여 그후 중등교육기관으로서의 숭실학교는 드디어 1906년에 정식으로 '대학부'를 설치하여 '기독교적인 심성을 지닌 인재 양성'을 표방합니다.

문학·예술·자연과학·역사·물리·수학·음악 등 다양한 학문영역을 포괄적으로 교육함으로써 당시 '평양숭실대학'은 그 명칭만의 대학이 아니라, 오늘날의 대학교육 체제와 같은 4년제 교과과정의 완전한 대학이었던 것입니다. 1906년 평양숭실대학이 설립된 이후, 1910년에는 이화학당에 대학부(이화여자대학교의 전신)가 설치되고, 1915년에는 경신학교에 대학부(연세대학교의 전신)가 설치되어 1924년 경성제국대학(서울대학교의 모태) 설립 이전에 우리나라에는 3개의 근대적 대학기관이 있었고, 그 중에서 평양숭실대학이 최초였던 것입니다. 그래서 우리는 숭실대학교를 가장 실질적인 의미로서 '한국 최초의 근대대학'이라고 말하는 것입니다.

일제시대, 이러한 평양숭실대학의 위상에 대하여 당시의 잡지 『朝光』은 1937년 2월호에서 전하기를, 숭실대학생은 "'조선의 지도자적 존재'였고, 숭실대학은 '조선문화의 원천', '사회·정치문제의 중심', '학술용어·스포츠·옷맵시의 모범'으로서 중등학교 학생들의 '동경하는 목표'였다"라 적고 있습니다.

실지로, 숭실대학교는 개교 후 구한말과 일제 강점기 우리 민족이 가장 암울했던 시기에 시종 민족계몽과 독립운동을 주도하며 강인한 '구국의 리더십'을 발휘하였습니다. 이어 1938년에는 일제의 한민족말살정책에 맞서 신사참배 강요를 거부하고 결연히 폐교함으로써 기독교신앙과 민족정기를 수호하여 단호한 '저항의 리더십'을 발휘하였습니다.

'16년 숭실 폐교의 역사'는 평양의 숭실이 아니라 조선의 숭실로서 민족적 비운의 역사입니다. 그것은 무기력한 패배나 소멸이 아니라 수호를 위한 단호한 저항이요 부활을 위한 의연한 순교였습니다. 이러한 의미를 오늘 우리가 되살릴 때 우리는 지난날의 평양 숭실과 오늘날의 서울 숭실을 하나로 묶는 연속성을 담보할 수 있으며, 더 나아가 그 속에서 무한한 용기와 결단을 상속받을 수 있습니다. 한번 폐교한 학교가 다시 개교한 예는 동서양을 막론하고 그 유래를 찾아보기 힘든 일입니다. 숭실대학교가 폐교 이후 다시 재건할 수 있었던 것은, 과거 숭실대학교가 일제 치하에서 민족독립운동에 앞장섰을 뿐만 아니라 신학문을 도입하고 발전시키는 데에도 큰 업적을 세웠기 때문입니다.

당시 숭실대학교가 과거의 전통을 계승하여 새롭게 재건하는 것은 우리뿐 아니라 한국사회 전체로부터 너무나 당연한 사실로 받아들여졌던 것입니다.

1954년 서울에서 재건한 숭실대학교는 6·25전쟁 이후 국토가 초토화된 상황에서 국가가 최우선적으로 필요로 하는 지식과 기술 교육을 선도하여 찬란한 부흥의 리더십을 발휘하였습니다. 이미 1960년대 말, 미래 사회는 컴퓨터가 실용화·상용화될 것이란 것을 예측하고 한국 최초로 전자계산학과를 개설하여 컴퓨터교육을 실시하여 2000년대 한국의 IT산업을 주도한 것이 그 확실한 증거가 될 것입니다.

숭실통일리더십

1990년 통일을 이룬 독일은 현재 선진국 중 최고의 경제성장률과 수출실적, 최저의 실업률을 달성하며 20여년 만에 유럽 최강의 국가로 도약하였습니다. 반면, 우리나라는 아직도 문화적·이념적 장벽을 사이에 두고 세계 유일의 분단국가로 남아있습니다. 우리는 이러한 차이가 통일을 위한 '준비'에 있다고 생각하고, 통일이 당장에 이루어지는 것은 아닐지라도 반드시 이루어진다는 신념을 가지고 착실하게 준비해나가려 합니다.

남한과 북한의 경계를 허무는 통일이 이루어지고 남과 북의 사람들이 하나로 동질화가 완성되기까지 통일을 목표로 살아가는 기간을 통일시대라고 한다면, 이 통일시대는 현재의 대학생 세대가 평생에 걸쳐 살아가야 할 시기입니다. 통일시대의 주인공이 되기 위해서는 제일 먼저 이 과정에서 진행되는 사회변화를 예측하고 그 속에서 자신이 살아가야 할 삶의 목표와 비전을 세울 수 있어야 할 것입니다.

우리 숭실대학교는 건학이념과 교육목표에 따라 '통일시대의 창의적 리더'를 인재상으로 제시하고 있습니다. 여기서 말하는 리더십은 군중을 향한 '나를 따르라'라는 구호가 아니라 '어느 조직에서든 조직의 일원으로서 나의 역할을 찾아 스스로의 책임을 다하는 것'입니다. 그러므로 통일을 준비하기 위한 숭실대학교의 통일리더십은 곧 우리 자신의 미래를 준비하는 과정인 것입니다.

앞으로, 우리는 통일을 준비하는 지금으로부터 통일이 이루어지는 시점과 그 이후 통일이 완성되는 시대를 통틀어 자신의 역할을 정립하고 통일시대의 삶의 목표와 비전을 수립하여 우리 숭실대학교의 리더십의 역사전통을 이어받아 통일한국을 주도적으로 이끌어 나갈 '통일시대의 창의적 리더'로 성장할 것입니다. 영토의 통일, 제도의 통일을 이룩한 독일도 가장 어렵고 아직도 완성되지 못한 통일은 '사람의 통일'이라고 합니다. 그러므로 우리 시대의 숭실대학교는 민족의 화합과 평화를 지향하는 포용적 '통일의 리더십'을 키워나가려는 것입니다.

지금 우리는 혹시 북한을 남한이 원하는 모습으로 변화시켜야 통일을 이룰 수 있다고 생각하고 있지는 않습니까? 우리가 먼저 변화해야 할 부분은 정말 없는 것일까요? 지난 50년 동안 고속성장 가도를 달려온 우리 사회 속에 독버섯처럼 뿌리내린 성과지상주의의 후유증으로, 빨리빨리 식의 대충주의, 학연·지연·뇌물에 의한 봐주기·감싸주기·눈감아주기, 여기서 더 나아가 자기와 다르다는 이유로 자행되는 편가르기, 오직 물질적 이익만을 추구함으로써 벌어지는 생명경시 풍조, 이러한 것들을 극복하지 못한다면 통일한국의 길도 그만큼 멀어질 수밖에 없을 것입니다. 그러므로 우리의 통일 논의는 그 자체로서 더불어 살만한, 사람 사는 세상을 꿈꾸는 것입니다.

우리 숭실대학교의 '통일리더십'은 현재 우리 사회의 다양한 계층과 조직에 속한 사람들 간의 포용과 화합으로부터 시작합시다. 그리하여 우리 숭실인은 어느 시기, 어느 조직에서든 갈등과 충돌을 해소시키고 화합과 평화를 창조해낼 수 있도록 합시다. 우리가 그렇게 해나갈 때 통일한국의 꿈은 더욱 앞당겨질 수 있고, 우리는 그야말로 품격 있는 세계시민으로서 전 인류를 위하여 공헌할 수 있을 것입니다.

숭실에서 통일한국을 준비하다

이 책에 실린 글들은 '통일한국의 시민상'을 주제로, '통일한국 건설을 준비하는 우리의 계획', '통일한국에서의 대학생·기독청년·숭실인의 비전과 역할', '통일한국이 요구하는 젊은이의 역량, 이상적인 시민상', '통일한국에서의 공감과 소통을 위해 우리가 갖추어야 할 시민윤리' 등에 관한 공모 작품 총 237편중에서 우수 작품 42편을 가려 뽑은 것입니다. 그리고 그 가운데서 최우수·우수·장려상으로 10명의 학생들이 수상의 영광을 차지하였습니다.

숭실대학교 베어드학부대학에서는 오래 전부터 '공감과 소통 시리즈'라는 이름하에 학생들의 글을 모아 엮는 일을 계속해오고 있습니다. 이번 '통일 한국의 시민상'을 주제로 한 책 역시 통일 문제에 대한 학생들의 생각을 통해 세대간, 이념간 공감과 소통의 목적으로 이어가는 데 초점을 두고 있습니다. 그러므로 이 책에 실린 학생들의 42편의 글과 교수님의 10편의 글은 곧 우리의 역사와 통일에 대한 사제(師弟) 간의 진실어린 대화이자 공감과 소통의 직접적인 통로가 될 것입니다.

이 작은 책자를 통해 남북 분단의 가혹한 현실에 대한 우리 시대 학생들의 비판적 인식의 일면을 공유하고, 미래의 통일한국에 대한 우리 모두의 소망을 펼쳐보는 계기가 마련될 수 있기를 바랍니다.

2016년 12월 5일

베어드학부대학장 이제우

엮은이 서문

숭실대학교 베어드학부대학에서는 학생들이 '나'와 '나'를 둘러싼 사람들, 그리고 '우리'가 만들어낸 세계에 대해 고민하고 글을 쓰도록 장려하고 하고 있습니다. 매해 학생들의 좋은 글을 골라 책으로 묶어 세상에 내놓는 일을 시작한지 벌써 7년째입니다. 첫 3년간은 학생들과 부모님이 주고받은 편지글을 모아 사랑의 마음을 전달하고 나눌 수 있었습니다. 그리고 몇 년 전부터는 부모님 평전을 공모하여 책자로 발간하고 있습니다. 학생들은 평전을 쓰면서 부모님에 대해 알지 못했던 것을 발견하고 부모님을 이해할 수 있는 계기를 마련할 수 있었습니다. 지금도 베어드학부대학에서는 '공감과 소통 시리즈'라는 이름하에 숭실대학교 학생들의 글을 모아 엮는 일을 계속하고 있습니다. 이번 '통일한국의 시민상'에 대한 책 역시 우리 학생들이 통일에 대해 공감하고 소통하는 하나의 장(場)입니다.

이 책은 숭실대학교 학생들이 민족의 분단현실과 숙원과제인 통일에 대해 어떻게 바라보고 인식하는지 가감 없이 보여줍니다. 이 책에는 통일시대에 요구되는 가치와 자세, 행동과 전략이 무엇인지 학생들의 생각이 다양하게 드러납니다. 특히 이 책은 앞으로 통일한국을 이끌어가야 할 젊은이들이 생각하는 바람직한 시민상이 무엇인지 고스란히 담고 있습니다. 우리는 아주 오래전부터 분단과 통일에 대해 이야기해왔습니다. 그런데 이에 대한 '나'의 마음은 어떤지 들여다보고 '나'의 입장이 어떤지 보여주기보다는 남을 탓하거나 남의 문제로 치부하기 일쑤였습니다. 이 책에서는 어떠한 가식이나 꾸밈 없이 통일을 바라보는 '나'의 시선과 감정, '우리'가 살아갈 통일 한국에 대한 의견과 주장이 펼쳐집니다.

이 책은 열 개의 장으로 구성되어 있고, 각 장은 학생들의 글 하나하나를 꼼꼼하게 읽고 세세하게 정리한 교수님들의 글로 시작합니다. 그 글은 학생들의 통일 담론에 대한 평가뿐만 아니라 교수님의 고유한 통일 담론을 담고 있습니다. 열 분의 교수님들이 통일에 대해 품고 있는 가치관과 철학, 전망과 바람이 무엇인지, 우리가 지향해야 할 바람직한 통일한국의 시민상은 어떠한지 이야기해줍니다. 독자는 학생들과 교수님들의 이야기에 새삼 놀라기도 하고 어쩌면 감동하기도 할 것입니다. 또 본인이 생각하는 통일한국의 시민상은 무엇인지 고민하고 발견할 수 있는 기회가 될 것입니다.

먼저 김명배 교수님은 우리 분단의 역사적 배경과 현 상황의 문제점을 인식하고 미래 통일을 준비하는 시민들이 갖추어야 할 세 가지 덕목을 강조합니다. 우리는 그 어느 때 보다 성숙한 시민의식이 요구되는 시기를 살아가고 있습니다. 성숙한 통일한국의 시민상은 화해와 평화의 실현, 나눔과 사랑의 실천, 정치·경제적 정의를 위한 헌신입니다. 이 세 가지 시민의식이 단순한 이념이나 주의주장이 아니라 행동양식으로 자리 잡혀야 할 것입니다.

문영식 교수님은 통일이 이질(異質)에서 동질(同質)로의 여정이라고 봅니다. 흥미롭게도 교수님은 한반도 분단 70년의 정치적, 역사적 상황을 소설『걸리버 여행기』에 나오는 국가에 비유합니다. 그리고 분단 해결 이후 예측되는 두 가지 갈등과 그 갈등을 해소할 실질적인 방안에 대해 자세히 말씀합니다. 통일 이후 대한민국 시민은 북한 시민에 대한 우월의식을 노출하지 않아야 하며, 상대 체제에 대한 비방을 삼가야 합니다. 그러기 위해서 우선적으로 우리 사회의 일원이 된 새터민과 독일의 통일 프로그램을 연구하고 활용할 필요가 있습니다.

문정화 교수님은 통일한국의 시민상을 인간성에 비추어 봅니다. 경제적 이익의 측면에서 뿐만 아니라 인도적 차원에서도 우리에게 통일이 절실합니다. 또한 통일은 서로 다른 두 체제의 합일이기에 예상되는 여러 혼란을 피하기 위해서는 사전 계획이 필요합니다. 무엇보다 서로의 이질성과 상이한 이데올로기에 대한 공감이 필요하고, 다양한 소통의 방법을 준비해야 합니다. 아울러 통일선도대학인 숭실대학교가 어떻게 통일을 준비해야 할지 고민해야 합니다.

박연숙 교수님은 새로운 시각에서 통일을 이야기합니다. 통일의 필요성을 경제적, 정치적 이익의 차원에서 볼 것이 아니라 '공통감'의 관점에서 고려해야 한다는 것입니다. 교수님은 통일에 대한 젊은 세대의 무관심과 무감각에 우려를 표합니다. 한민족의 인류애를 회복하지 않고서는 남한 내부의 갈등조차 해결할 수 없습니다. 인간 본연의 보편적 감성을 상실하면 사회 곳곳이 비인간적 현상으로 곪을 수밖에 없습니다. 때문에 통일 역시 계산적 이성이 아니라 인간 보편의 감성으로 접근해야 하는 것입니다. 공통감에 근거한 통일은 편견이나 선입견에 의해 억압되는 '일치'가 아니라 자유롭고도 조화로운 '합의'일 것입니다.

성신형 교수님은 통일한국에서 일어날 수 있는 여러 일들을 상상해보기를 권합니다. 그래야만 통일의 필요성과 중요성을 인식할 수 있고, 통일 시대에 발생할 수 있는 문제점들에 대비할 수 있을 것입니다. 우리는 다가올 통일 시대의 불편함과 불이익에 대해 쉽게 상상할 수 있습니다. 교수님은 그 모든 것을 이겨내고 서로를 위하면서 더 나은 세상을 만들어 갈 우리를 상상합니다. 평양 숭실에서부터 오늘의 숭실이 있기까지 숱한 고난을 극복해낸 우리의 역사가 그 상상에 신빙성을 보태줍니다. 통일한국은 상상이 아니라 우리의 미래 그 자체일지도 모르겠습니다.

이상명 교수님은 오늘날 우리가 당연시 하는 분단 현실에 대해 문제를 제기합니다. 어떤 문제에 당면했을 때 그 원인을 밝혀내어 이를 제거하거나 바꾸는 게 인지상정입니다. 우리에게 분단의 문제가 그러합니다. 교수님은 남과 북이 갈라져 오랫동안 반목하고 있는 지금, 한반도 상황에 대한 우리의 인식이 고착화된 것은 아닌지 반성하고 재고하는 일이 우리의 우선적 과제라고 역설합니다.

한편, 정영문 교수님은 한국의 사회구조가 급격하게 변화하고 있기에 통일에 대한 논의를 늦추거나 주춤할 경우 돌이킬 수 없는 상황이 야기될 수 있음을 우려합니다. 통일한국을 준비하기 위해서는 장기적이며 다각적인 노력이 필요합니다. 그러기 위해서는 남북한이 교류와 협력으로 공존을 모색하는 한편, 주변국을 설득하여 통일에 유리한 국제 환경을 조성할 필요가 있습니다. 그리고 앞으로 통일한국의 주역이 될 젊은이들이 창조적이며 생산적인 통합과 화합을 이루어나가기를 기대합니다.

차경문 교수님이 생각하는 통일한국의 시민상은 무척 구체적이고 사뭇 진지합니다. 교수님은 '숭실통일리더십스쿨'을 운영하면서 학생들을 만나고 또 그들의 글을 읽으면서 체험하고 절감한 통일 의식에 대해 말씀합니다. 이 프로그램을 통해 숭실대학교 학생들은 과거 '무조건'식의 당위적 통합이 아니라, 명백한 이유와 필요에 따른 화합을 준비할 수 있게 되었다고 합니다. 학생들은 북한과 통일에 대해 품고 있던 부정적이거나 추상적인 인식으로부터 벗어나 통일의 의미와 의의에 대해 생각을 정리하고 종합하면서 통일한국의 미래를 그려내고 있습니다. 매우 고무적인 일이 아닐 수 없습니다.

차봉준 교수님은 북한의 도발로 인한 국민의 불안 때문에라도 하루 빨리 남북이 통일해야 하며, 이를 위해서는 평화 교육이 절실하다고 주장합니다. 통일 및 평화 교육은 정부가 일방적으로 주도하거나 특정 이데올로기로 점철된 방식이 아니라, 우리 사회의 다양성을 아우를 수 있는 쌍방향적이고 심화된 내용을 바탕으로 이루어져야 합니다. 숭실대학교는 오래전부터 한반도 분단역사에 대해 문제의식을 갖고, 최근에는 보다 적극적이며 전향적인 통일 및 평화 교육을 실시하고 있습니다. 차봉준 교수님은 이 책에 실린 학생들의 글이 숭실대학교의 통일 지향적 평화의식을 제대로 반영하고 있다고 자신합니다.

끝으로 한래희 교수님은 정치적 차원만 아니라 의식적 차원의 통합을 이루어야 진정한 통일이 가능하고 말씀합니다. 그러기 위해서는 남과 북이 한 쪽의 잣대로 상대를 재단하지 않아야 하며, 다르게 살아온 역사와 서로의 상황에 대해 이해하고 공감해야 합니다. 무엇보다 교수님은 통일한국을 이룩하기 위해서는 시민 한 사람 한 사람의 주인의식이 필요하다고 강조합니다. 우리 각자가 하나 된 나라의 주인임을 자각하고 자기의 자리에서 통합을 위한 실천들을 하나씩 하나씩 진행해 나가야 합니다.

이 책은 통일이라는 주제로 학생과 교수가 의견을 나누는 담론의 통로입니다. 그리고 '나'와 통일한국이라는 세계가 만나는 사고의 통로입니다. 또한 '우리'가 통일에 대해 공감하고 소통하는 마음의 통로입니다. 마흔두 편의 학생 글과 열 편의 교수님 글 하나하나에 담긴 깊이와 울림이 큰 파장을 만들어냅니다. 이 파장이 통일한국에 대한 '우리'의 관심과 논의를 활발하게 이끌어내기를 바랍니다. 그 목소리가 책임감 있는 역사의식과 통일담론으로 진중하게 이어지기를 기대합니다.

숭실대학교 베어드학부대학 이광진

CONTENTS

제3장 | 아무나(anybodies)가 아닌 한민족을 위한 공감과 소통

제8장 | 통일한국의 리더십은 인식의 변화부터

제9장 | 통일, 그 타는 목마름으로

제10장 | 통일 한국을 준비하기 위한 세 가지 덕목

제1장

통일을 위해 준비해야 하는 세 가지

들머리

김명배(베어드학부대학 교수)

한반도 분단의 구조적 현실은 일제 식민통치로부터 해방된 1945년까지 거슬러 올라간다. 해방 후 모스크바 삼상회의는 미국과 소련의 한반도 분할 및 신탁통치를 결정하여 통일된 단일정부가 수립될 때까지 한반도는 잠정적으로 분단되었다. 하지만 한반도 분단구조는 1948년 남한이 단독선거로 정부를 수립하고, 북한도 정부를 수립하여 남북분단은 현실화 되었다. 이어 1950년에 발발한 한국전쟁은 수많은 인적 물적 피해를 가져다 준 동족상잔의 비극적 전쟁이 되었고, 1953년 7월 27일 정전협정이 체결됨으로 분단이 고착화 되었다. 올해로 정전 협정 63주년을 맞지만 한반도 분단의 구조는 지금까지도 근본적인 변화 없이 지속되고 있다. 1990년을 전후하여 공산권의 종주국가인 소련이 해체되고 동구권 공산국가들이 붕괴되어 냉전체제가 종식되고 새로운 시대가 도래 하였지만, 한반도는 여전히 남북으로 분단되어 냉전시대의 유산을 극복하지 못한 채 지구상의 유일한 분단국가로 남아있다.

물론 분단이후 남과 북의 정부는 남북통일을 위한 대화를 시도해 오기도 하였다. 1970년대와 1990년대에 전 세계적인 긴장완화 분위기 속에서 남북의 당국자들은 1972년 '7.4 남북공동성명'과 1991년 '남북기본합의서'를 발표하여 세계를 놀라게 하였다. 그러나 이 두 사건은 남북 당국자들이 정권유지의 차원으로 진행하여 남북한 대결구도의 극복과 관련하여 거의 실효성을 갖지 못했다. 그러나 1990년대 후반부터 남북 화해와 통일에 의미 있는 대화가 시도되기도 하였다. 10년간 국민의 정부와 참여정부가 추진한 대북포용정책은 2000년 '6.15 남북공동선언'과 2006년 '10.4 남북정상선언'은 분단 이후 가장 활발한 남북교류 및 협력 사업을 진행시켰다. 그러나 진보진영의 대북포용정책도 결국 보수진영과의 갈등을 극복하지 못하고 정권교체와 함께 사실상 폐기처분되었다. 보수정권인 이명박 정부가 들어선 2007년 이후에는 남북교류협력의 상징이었던 금강산 관광이 폐쇄되고 최근에는 남북교류협력의 상징인 개성공단사업이 전면 중단된 상태를 경험하기도 하였다. 급기야 북한 핵문제와 한미군사훈련 등을 둘러싸고 한반도 안에 군사적 정치적 긴장이 고조되고 있는 것이 지금의 현실이다.

이러한 한반도 분단과 갈등의 역사적 상황 속에서 살아가는 우리 젊은이들은 어떠한 삶의 태도와 시민으로서의 자세를 가져야 할까? 분단과 갈등을 극복하고 통일을 위해 우리는 어떠한 시민상을 가져야 할까? 필자는 우리 젊은 세대들이, 대학생들이 다음과 같은 세 가지를 염두해 두면서 미래를 준비하는 시민이 되기를 바란다. 첫째로, 통일한국이 도래하기까지 젊은이들이 '평화'를 위해 헌신하는 시민이 되기를 바란다. 한국사회 일각에서는 핵무기로 남한과 세계를 위협하는 북한정권에 대한 응징으로 '정의로운 전쟁'을 말하기도 한다. 그러나 만약 한반도에서 6.25와 같은 전면전이 다시 발생한다면, 핵무기를 비롯한 가공할 만한 현대무기들로 인하여 우리 민족은 생존권 자체를 위협받을지 모른다. 이러한 상황으로 인하여 '정의로운 전쟁'이론 혹은 무력에 의한 '흡수통일론'은 이제 더 이상 설득력이 없다. 그러므로 우리는 모두가 공멸하는 핵전쟁은 물론 그 어떤 무력 사용에 의한 전쟁도 발생하지 않도록 '화해와 평화'의 길을 모색해야 한다. 특히 통일 시대를 살아가며 통일을 준비하는 젊은 세대들은 전쟁을 통한 무력적 통일, 정의로운 전쟁론보다 모두가 상생할 수 있는 '화해와 평화'의 실현을 위해 힘쓰는 시민이 되기를 바란다. '화해와 평화'를 최상의 가치로 여기는 시민이 되기를 바란다.

둘째, 통일시대를 준비하는 젊은이로서 남북한 더불어 살기를 위한 나눔과 사랑을 실천하는 시민이 되기를 바란다. 한국사회는 남북 간의 뿌리 깊은 불신과 오해와 증오심을 제거하고, 서로 신뢰하고 협력하는 관계를 회복해가는 화해운동을 펼쳐나가야 한다. 동시에 동포애를 발휘하여 굶주리고 있는 북한 동포와 탈북자들을 돕는 나눔 운동을 실천해야 한다. 이를 위해 우리는 과다한 소비를 절제하고 검소와 절약을 생활화해야만 올바른 나눔을 실천할 수 있어야 한다. 특히 북한의 동포들을 돕는 기금모금 운동에 적극적으로 동참하고, 남북의 하나 됨을 위해 헌신하는 나눔과 사랑의 공동체에 적극적으로 참여하고 헌신하는 시민이 되어야 한다.

셋째, 미래 통일한국의 '정치경제적 정의'를 위해 헌신하는 시민이 되어야 한다. 오늘의 현대사회는 전 지구적인 신자유주의의 경제체제의 영향으로 우리는 부유한 1%와 가난한 99%로 양분되는 극심한 양극화를 경험하고 있다. 이러한 경제적 현실은 가정과 사회를 해체하고 엄청난 갈등과 반목으로 몰아가고 있으며 통일한국의 미래를 위협하는 요소들이다. 그러므로 '정치경제적 정의'의 실현을 위해 가난하고 외로운 사회적 약자를 돌보고, 노인과 어린이들을 잘 보양하며, 장애인들의 처지를 향상시키기 위해 힘쓰는 시민이 되어야 한다.

올해로 우리 민족은 분단 71주년, 정전협정 63주년을 맞고 있다. 그럼에도 불구하고 남북의 군사적 긴장은 지속되고 있고, 정치적, 경제적, 문화적 이질화는 더욱 더 심화되어 가고 있다. 남북한 정부의 평화와 통일을 위한 노력이 그 어느 때 보다도 절실히 요구되는 시점에 있다. 그러나 남북의 정권 담당자들은 분단 상황을 이용하여 정권의 안정화와 지속을 위한 일들을 서슴없이 자행하고 있다. 이러한 분단현실을 극복하기 위해 통일을 대비하기 위해 우리는 성숙한 시민의식이 그 어느 때 보다 요구되는 시기를 살아가고 있다.

국제법무학과의 김채윤 학생의 〈통일시대를 준비하자〉라는 글은 평양에서 시작하여 서울 숭실에 뿌리를 내린 숭실대학교가 최근 몇 년간 실시한 통일교육의 긍정적 측면을 언급하고 있다. 아울러 60년 이상 지속된 남북분단이 가져온 남북한 사회의 이질화를 설명하며 통일을 위해서는 무엇보다도 남북한의 민족적 동질성 회복이 가장 중요하며, 이를 위해 숭실대학교의 학생들이 담대히 통일을 위한 일들에 앞장서야 한다고 주장한다. 그리고 통일의 주역이 되기 위해 각자의 전공과 미래직업을 통일과 관련지어 준비하도록 하자고 주장한다. 이 글은 분단으로 발생한 문제점과 통일을 위해 준비해야할 사항들을 비교적 간결하게 잘 정리해주고 있다. 특히 대학생들이 각자의 전공분야 혹은 미래의 직업과 관련하여 통일 시대를 준비하는 인재가 되자는 주장은 통일 시대를 살아가는 젊은이들이 귀를 기울일 만한 주장이라 여겨진다.

정보통계보험수리학과 장기은 학생의 〈통일한국을 소망하는 우리의 준비에 대한 작은 생각〉은 개인의 가족사적 경험과 자신의 가정의 기독교 신앙의 전통 안에서 통일한국의 준비를 위한 생각들을 피력하고 있다. 특히 이 글은 성경적 화해의 정신에 기초하여 차별이 아닌 다름을 서로 인정하고 서로의 장단점을 보완하는 통일로 나아가기를 주장한다. 그리고 통일을 위한 준비로 네 가지를 제안하고 있다. 첫째는 민족적 공감대 형성, 둘째는 남한의 통일비용부담, 셋째는 통일의 가교로서 새터민들의 역할, 넷째는 약자의 권익 보호를 위한 성경의 희년정신을 통한 통일운동 등이다. 이러한 내용을 주장하는 이 글은 무엇보다도 글쓴이의 가정사적 배경을 중심으로 통일에 대한 염원을 그린 아름다운 마음과 유려한 필체가 돋보이는 글이었다. 또한 기독교적 신앙관에 기초하여 남북의 화해와 평화, 그리고 통일을 실현해가자는 관점은 숭실대학교의 통일운동의 정신에 매우 부합되는 내용이라 평가 할 수 있다.

수학과 강예찬 학생의 〈통일한국을 바라며〉는 글쓴이의 바람을 투영한 하나의 소설이라고 할 수 있다. 가상인물인 북한군 최고위층 리한묵이 우연히 얻게 된 성경을 읽고 기독교로 개종하여 북한체제의 문제점을 깨닫고 북한정권을 장악한 뒤 남한과의 통일을 이룬다는 내용이다. 또한 남북한이 통일된 후 남한사회의 여러 부조리들이 부각되고, 이 또한 남한 사람들의 깨달음으로 부조리를 일소하고 이상적인 국가를 건설하게 된다는 내용이다. 아울러 국제관계에 있어서도 중국으로부터 백두산을 되찾아오고 일본과의 독도 분쟁을 종식하여 이상적인 대한민국을 건설한다는 내용이다. 이 글은 약간은 터무니없고 논리적 비약으로 인하여 웃음이 나오는 장면들이 있지만 궁극적으로 우리 민족이 이루고자 하는 통일한국의 모습을 소설이라는 양식을 통하여 보여주고 있다는 점에 의미가 있다.

전기공학부의 문승환 학생은 〈통일사회의 준비된 인재가 되기 위하여〉라는 제목의 글에서 통일한국에서 혼란을 피하고 완벽한 민족통합을 이루기 위해서는 숭실인들이 사회통합의 리더가 되어야 하며, 이를 위해 지, 덕, 체를 갖춘 인재가 되어야 한다고 주장한다. 이를 위해 먼저 자신의 전공을 충분히 공부하여 학문적 지식을 축적하고, 북한의 상황을 잘 파악할 수 있는 전문성을 갖추어야 한다는 것이다. 아울러 북한을 잘 아는 것에서 더 나아가 북한 주민들에 대한 이해와 배려, 특히 기독교적 사랑의 정신에 입각한 희생적 행동과 구체적인 실천방법으로 문화와 예술, 체육 등의 상호교류와 협력을 주장하고 있다. 이 글의 주장은 통일시대의 시민들이 갖추어야 할 시민적 소양을 제시하고, 시민들이 펼칠 수 있는 구체적 실천방안들을 제시하였다는 데에 커다란 의미가 있다.

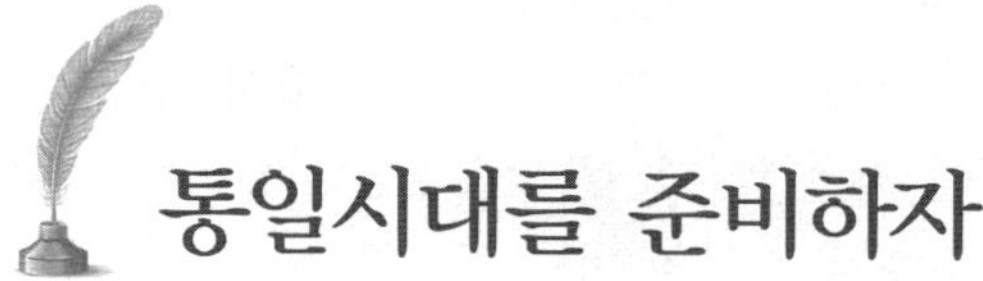

통일시대를 준비하자

국제법무학과 김채윤

저는 기독교 집안에서 이산가족의 아픔을 간접적으로 느끼며 자라왔습니다. 그런 저에게 통일은 너무나 간절하고 뜻깊은 일입니다. 현재 대한민국의 통일에 대해 관심을 갖고 통일 교육을 진행하는 대학교는 아마 숭실대가 유일할 것입니다. 그만큼 다른 대학교들은 통일에 대한 가치와 중요성을 모른다는 것입니다. 저는 미래에 통일이 되면 우리 숭실대학교 출신의 인재들이 중요한 역할을 하게 될 것이라고 믿어 의심치 않습니다.

우리나라는 남한과 북한으로 분단된 지 어느덧 60년이 넘었습니다. 북한은 복지, 의료 사업이 발달하지 못하여 수명이 남한 사람들보다 더 짧고 세대교체가 많이 진행되었다고 합니다. 또한 남한과 북한의 빈부격차가 심해지는 만큼 남북한의 골격 구조도 많이 달라진다고 합니다. 결국 통일이 늦어질수록 '한 민족'이라는 의식이 점점 약해져 갈 것입니다. 이제 남한과 북한은 정치, 문화, 언어, 질서, 법률 등등이 많은 차이를 나타내고 있습니다. 이러한 상황 속에서 통일이 되면 우리 세대들은 충격과 혼동, 두려움 속에서 살아가야 합니다. 그러므로 우리는 지금부터 하나씩 차근차근 통일에 대한 준비를 해 나가야 합니다.

숭실대 출신들은 통일 교육을 받은 만큼 크고 담대한 마음으로 통일을 향해 나아갈 수 있을 것입니다. 이제 숭실대학교의 학생들은 북한과 남한의 다리가 되어 동질성 회복에 앞장서야 합니다. 또한 기독교 청년들은 그동안 심적, 정신적으로 많은 고통을 받아온 북한 사람들을 기독교적 사랑으로 치유하는데 도움이 되어야 합니다. 따라서 우리가 숭실인으로서 앞장서서 통일의 주역이 되기 위해 지금부터 자신의 전공이나 직업을 미래의 통일과 결부지어서 준비해야 합니다. 예를 들어, 저는 국제법무학과 학생으로서 먼저 국제 사회로부터 한 나라의 국가로서 인정받고 더 강대해 질 수 있게 국제법을 적용할 것을 준비할 것입니다. 또한 국내 안에서의 통일법 체계를 만들기 위해 독일 법을 연구할 것입니다. 이 외에 공대는 북한의 건축과 시설물과 반도체 사업을 연계지어 생각해 볼 수 있으며 경영대학은 북한에서 존재했던 산업들을 글로벌 시대에 어떻게 운영할 것인지를 잘 생각해 보아야 합니다. 또한 인문계열은 북한과 남한의 언어 동질성에 힘을 써야 하며 사회과학 계열은 문화적 차이를 줄이는 데 주력해야 할 것입니다. 더불어 자연계열은 북한 쪽의 과학 수준을 높여야 한다는 점을 감안해야 합니다.

통일은 우리 세대 때 꼭 이루어질 것입니다. 지금부터 미리 생각하면서 통일시대의 인재가 되기 위한 준비를 하는 것이 미래의 국가와 나 자신을 위한 길이 될 것을 믿어 의심치 않습니다.

통일 한국을 소망하는 우리의 준비에 대한 작은 생각

정보통계보험수리학과 장기은

우리의 통일은 같은 21세기를 살아가면서도 세대별로 절실함과 관점이 많이 다르다는 것을 느낍니다. 저의 친 할아버님은 고향이 개성이신 이산가족 1세대이십니다. 그래서인지 명절 때 예배를 드리면 항상 통일을 위해 기도드리시다가 울컥하시고는 하였습니다. 그토록 바라시던 통일의 감격을 누리시지 못하시고 불과 몇 달 전인 2015년 9월 말에 안타깝게 노환으로 소천하셨습니다. 아버님은 반공의 교육환경과 이산가족의 일원으로 살아오셔서 같은 부모님 세대의 분들보다는 강한 통일의 염원을 가지고 계십니다. 저는 통일의 필요성이 있다고는 느끼지만 군사적 문제와 위험을 제외하고는 깊은 공감을 갖기가 어려운 세대라는 생각이 듭니다.

통일은 좋은 것이고 우리민족을 위하여 꼭 이루어내야 할 과업이라고 할 수 있습니다. 그러나 우리보다 앞선 경험을 한 독일의 사례를 볼 때 서로가 지불해야 할 대가가 많다는 것을 느낍니다. 결국, 통일 후 경제적 측면에서 더 많은 몫을 감당해야하는 쪽은 대한민국이라는 데에 이견을 품는 사람은 없을 것입니다. 대결과 각축을 통한 승자와 패자의 나뉨으로 마무리 되는 통일을 넘어서, 모두가 바라는 진정한 통일을 위한 준비를 기대하게 됩니다. 정치적인 사항은 국가의 지도자들이 잘 해주실 것으로 믿고 기대하면서, 대한민국의 국민 모두가 공감대를 이루어서 준비해야 할 것들이 무엇일까 생각해 보았습니다.

먼저 차별이 아닌 다름을 인정하고 서로의 강점은 살리고 약점은 보완해주는 통일의 모습이 되었으면 좋겠습니다. 드러나는 경제의 빈부 격차는 불을 보듯 뻔한 대한민국의 상대적 우위를 인정하지 않을 수 없습니다. 사상의 차이 극복 또한 우리가 넘어야 할 큰 산이 아니라, 큰 산맥입니다. 이 영역에서는 통일 후 많은 혼란과 원활한 소통의 장을 마련하기까지 시행착오의 소용돌이가 많이, 그리고 무섭게 휘몰아 칠 것이 예상됩니다.

모두가 원하고, 아름다운 통일을 이루어 내기 위한 방법은 많을 것입니다. 그 가운데 이산의 아픔을 안고 사는 가족의 한사람으로, 그리고 성경과 교회의 가르침을 통해 배운 것들을 바탕으로 기본적으로 통일의 준비에 필요한 것이 무엇일까 작은 제안을 해봅니다.

첫째, 민족이 서로 원하지 않은 상태에서 나누어진 후, 수십 년에 걸친 단절의 기간 동안 달라진 것은 무엇인지 알아보고 공감대 형성을 위하여 극복해야할 것들이 무엇인지 공부하고 대책을 세워 나가야 합니다.

둘째, 경제적 측면에서 상대적으로 여유 있는 대한민국이 통일 비용의 분담비율을 조금 더 감당한다는 원칙 아래 구체적인 준비가 구체적으로 계획되고 시작되어야 합니다. 이웃을 네 몸과 같이 사랑하라는 사랑의 기반위에서 이루어져 갈 때 아름다운 열매를 맺을 수 있을 것입니다.

셋째, 통일 후 소통의 가교 역할을 할 수 있는 중요한 대상들이 바로 새터민 가족들입니다. 대한민국의 국민으로 정착 할 수 있도록 적극적으로 지원하고, 안정화 될 수 있도록 사회적 배려가 보편화 될 때 통일 지원군을 최소의 비용으로 양성하는 효과를 거두게 될 것입니다. 여기에 이분들이 신앙의 뿌리를 내리게 된다면 통일 선교사를 양성하게 되는 셈이 됩니다. 이것은 현재 우리의 새터민을 향한 이웃 사랑의 실천을 바탕으로 통일 후 북한 동포를 향한 이웃 사랑의 실천자를 키우는 열매가 될 것입니다.

넷째, 성경의 '희년정신'입니다. 50년째가 되는 해에 억눌림이 있는 약자들의 환경을 제자리로 돌려주는 것입니다. 보이기로는 경제적으로 여유 있는 사람들의 손해로 보입니다. 그러나 결과적으로 그들을 향한 복임을 알 수 있습니다. 우리가 희년정신을 가지고 준비하고, 베푸는 사랑을 힘써 실천한다면 우리민족은 물론 지켜보는 모든 세계인에게도 귀감이 되는 사례가 될 것으로 예상됩니다.

렘브란트의 작품 중에 '탕자의 귀향'이라는 유명한 그림이 있습니다. 아버지가 돌아온 탕자, 즉 둘째아들을 품에 감싸 안고 있는 그림입니다. 큰아들은 한걸음정도 떨어져서 그 모습을 묘한 표정으로 바라보고 있습니다. 제 마음에는 북한 동포들이 마치 둘째 아들처럼 느껴집니다. 우리 대한민국의 국민들이 갑자기 통일이 되면 큰아들의 모습처럼 묘한 감정의 얼굴을 하고 있지는 않을까 걱정이 됩니다. '우리 민족이 그려내는 탕자의 귀향'은 렘브란트의 그림에 약간의 수정이 가해진 그림이면 좋겠습니다. 아버지 옆에서 돌아온 형제를 따뜻하게 감싸 안아주는 그런 형의 모습으로 말입니다.

지금까지 제안한 네 가지가 진정한 사랑의 바탕위에서, 우리의 마음과 실제적 삶 가운데서 통일이 싹트고 성장해 나아갔으면 좋겠습니다. 그리고 하나하나 맺어지는 열매들이 희년(통일)준비창고에 차곡차곡 저장되었다가 통일의 날이 왔을 때 형제도 기쁨으로 맞아들이고, 희년창고도 개방되는 기쁨가득한 통일의 날을 꿈꾸어봅니다. '천국은 하나님께서 함께 하시기 때문에 지복이 있는 곳 또는 지복스러운 상태"라고 존 버니언은 천로역정에서 말하고 있습니다. 잘 준비 된 통일 대한민국이 바로 이 땅에 건설되는 천국이 아닐까 생각하고, 그 아름다운 날을 꿈꾸어 봅니다. 그런 통일의 우리나라가 바로 두 달 전 돌아가신 할아버님이 꿈꾸시던 통일의 모습이셨을 것입니다.

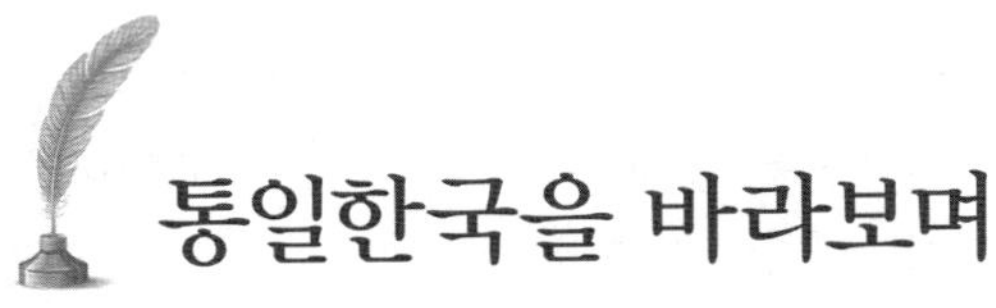

통일한국을 바라보며

수학과 강예찬

⊙ 이 글은 어디까지나 픽션으로 실제 인물이나 지역, 국가와는 아무 연관이 없음을 밝힙니다.

지금은 2020년. 최근 몇 년 사이에 아시아에 역사적으로 남을 크고 많은 일들이 일어났다. 남한은 대통령이 바뀌었고 북한의 김정은 정권도 무너지고 지배자가 바뀌었다. 그리고 많은 사람들이 그토록 원하던 통일이 이루어졌다. 하지만 많은 혼란이 아직도 남아있다. 시간은 거슬러 올라가 2015년부터 시작한다.

2015년 8월 4일 북한은 '목함지뢰 도발'을 하였다. 그로 인해 남한의 장병 2명이 심각한 부상을 입었다. 이 여파로 남한은 2004년 이후 11년간 하지 않았던 대북 심리전 방송을 재개했다. 대북 심리전 방송의 위력은 북한을 흔들기에 충분했다. 8월 17일부터 3일간 한반도는 전쟁의 위험에 휩싸였고 연천과 파주 시민들이 모두 대피하는 상황이 벌어졌다. 하지만 다행히 전쟁은 일어나지 않았고 연천과 파주 시민들 다시 집으로 돌아올 수 있었다. 그러나 북한은 2015년 11월 남한의 '핵을 포기할 시 매년 70조를 지원하겠다는 제의'를 거절했다.

시간은 흘러 아시아에 큰 폭풍을 몰고 올 사건이 시작되던 2016년이 되었다. 북한의 원수 중 한명인 리한목. 그는 뛰어난 전투력과 지력을 갖고 있을 뿐 아니라 충성심 또한 뛰어나 김정은의 신뢰를 받고 있었고 그로 인해 빠른 속도로 원수자리에 올라 지금은 원수 중 최고의 자리에 있었다. 그는 김정은의 오른팔로서 기독교인을 좋게 보지 않았다. 여느 때와 다름없이 기독교인을 색출하여 교화소(감옥)로 끌고가다가 그들의 품에서 떨어진 성경책을 보았다. 북한군 최고위원에 올라 최고의 부와 명성을 누리며 조금은 지루한 삶을 사는 그는 단순한 흥미로 그 성경을 슬쩍 주워 챙겼다. 집으로 돌아온 그는 도대체 이 책이 뭐 길래, 그들이 믿는 신이 뭐 길래 그렇게 목숨을 버리면서 까지 믿는지 궁금해 책을 읽기 시작했다. 성경을 읽기 시작하고 한 달이 되는 2016년 3월, 그는 하나님을 만나게 되었다.

하나님을 만나고 난 뒤 그는 세상을 보는 시선과 생각이 바뀌었다. 그는 바로 알 수 있었다. '북한은 잘못되었다.', '이 체계는 잘못되었다.', '이 땅의 기독교인들을 살려야 한다.' 그리고 그는 생각했다. '그 일을 내가 해내야 한다.'

북한의 기독교인들은 지하나 동굴같이 눈에 띄지 않는 곳에 모여 예배를 드리곤 했다. 그리고 그는 어떻게 연이 닿아 아주 가끔 북한의 기독교인들을 만나 함께 예배드리고 언젠간 당당히 하나님을 믿을 수 있는 날이 올 거라는 희망을 전했다. 그리고 2016년 4월 그는 남한의 실체를 알게 되었다.

남한은 그가 전에 알던 못 사는 나라가 아니었다. 모두 김정은의 거짓된 정보였다. 그는 이 체제를 바꾸려고 김정은과 대화를 하며 그가 바꾸려는 세상을 간접적으로 말하였으나 김정은은 절대 그런 세상을 만들 수 없다고 했다.

하나님을 만나고 난 뒤부터 그는 기독교인이 핍박당하고 끌려가는 것을 가만히 보고만 있기가 힘들었다. 그래서 그는 북한을, 이 체제를 바꾸고자 2016년 6월 그의 생각을 행동으로 옮겼다. 그는 그와 같은 생각을 가진 사람들과 기독교인들을 몇 달간 모았다. 그는 북한군 최고 위원이므로 김정은을 호위하는 병사들이 어디에 배치되어 있고, 언제 군사 이동이 가장 적고 많은지 알 수 있었다. 군사작전과 함께 김정은을 사살하고 정권은 리한목이 쥐게 되었다.

리한목은 먼저 기독교인들을 지키기 위해 종교의 자유화를 주장했다. 그리고 국민들의 경제적 안정을 얻기 위해 핵을 포기하고 연 70조의 지원을 받기로 했다. 그리고 2016년 10월 리한목은 남한에 정상회담을 요구했다.

그는 정상회담에서 김정은 정권의 붕괴를 밝혔고 남한의 호의적인 태도에 힘입어 통일을 희망하는 자신의 입장을 밝혔다. 당장이라도 통일을 하고 싶지만 그에게는 그리고 북한에게는 시간이 필요했다. 그는 2년의 유예기간을 청하였다.

통일을 준비하기 위해 그는 무엇보다 먼저 교과서를 바꾸었다. 과거 김일성, 김정일, 김정은의 정권이 잘못되었다는 것을 알리고 남한의 실제 모습을 확인하는 내용을 실었다. 통일에 대한 우호적인 글을 싣는 동시에 북한의 잘못을 모두 폭로하였다. 그리고 그는 공산주의를 민주주의로 바꾸려고 조금씩 행동하였고 학생들은 더 이상 전투훈련을 받지 않아도 되었다. 군 복무 기간도 10년에서 3년으로 줄었다. 그들은 자유를 얻었으므로 더 이상 눈치 보며 살지 않아도 되었다. 한편, 북한이 잘못되었다는 걸 알고 있던 그는 통일을 위해 북한의 표준어와 문법을 남한의 표준어와 문법으로 바꾸려고 하였다. 남한의 생활을 체험하는 시설도 만들며 통일이 되기 전 남한과 조금이라도 공통된 지점을 만들고자 노력하였다.

2년이 지난 북한은 민주주의 체제가 자리 잡았으며 리한목 정권에 대해 불만을 가진 사람들은 극소수만 남게 되었다. 국민은 남한에 대해 우호적이 되었으며 통일을 열망하고 있었다. 그는 2018년 새로 바뀐 남한의 대통령에게 정상회담을 신청하였고 통일을 제안하였다.

지난 2년 사이 남한이 예전부터 걱정했던 남한과 북한의 빈부격차나 통일세와 같은 경제적 차원의 문제는 없어졌다. 표준어나 문법도 같아졌다. 하지만 여전히 많은 문제들이 남아 있었다. 통일 후의 대통령 선출문제와 수도 재선정의 문제, 그리고 통일된 국가의 명칭 등이 가장 큰 숙제로 남아 있었다. 하지만 남한을 동경하고 교회를 세우는 것도 예배를 드리는 것도 전도를 하는 것도 모두 미숙한 그는 주의 뜻으로 흡수통일을 이루고자 하였다. 남북이 갈라지기 전처럼 수도는 서울로, 나라이름은 대한민국으로, 국가는 애국가, 국기는 태극기 등 모든 걸 남한으로 따르기로 하였다. 그동안 남한에 대해 배워온 북한의 국민들도 큰 불만은 없었다. 그렇게 2018년 세계 유일의 분단국가인 남북한의 통일이 이루어졌다.

그렇게 좋은 일만 있을 것 같았던 통일도 역시 여러 혼란이 없을 수는 없었다. 북한에 살던 사람들은 남한의 성적지상주의, 외모지상주의, 물질만능주의 등을 따라가기에는 부족했다. 통일된 국가의 체제에 맞추어야 할 것이 너무 많았다. 아이들은 자신의 진로 문제를 고민하면서 대학을 최우선으로 선택하기 시작하였고 하루 종일, 1년 내내 공부를 해야 했다. 돈만 있으면 유죄도 무죄가 되고 무엇이든 다 할 수 있었다. 그리고 북한사람들을 차별하는 남한사람들의 행동들도 참기 힘들었다. 북한사람들은 지금껏 배워온 남한과는, 그들이 생각해온 꿈의 나라와는 너무 달라 견디기 힘들었다. 그런 북한사람들을 보는 남한사람들은 그저 정신력의 부족으로 치부하거나 끈기가 없다며 비난할 뿐이었다.

그렇다. 북한은 통일을 위해 정말 많은 일들을 하며 노력하였다. 하지만 북한만 노력하였고 북한만 바뀌었다. 그리고 2년이 지나 북한이 흡수통일을 원한다고 하였을 때 남한은 바뀔 필요가 없다고 생각하였다. 남한은 북한이 2년 동안 바뀌는 동안 아직은 우리가 북한보다 나으니 바꿀 것은 없다며 움직이지 않았다. 그래서 북한의 불평을 그들만의 잘못으로 떠넘겼다. 남한은 생각하지 못했다. 남한의 교육방법, 생각하는 방식, 입사제도 등 많은 것이 잘못되어 있었다. 하지만 이미 익숙해지고 남들의 말을 듣지 않는 공직자, 위정자들로 인해 남한은 바뀌지 않고 있었다. 자신들을 되돌아본 남한은 그제야 그들의 잘못된 체제를 알고 고치려고 노력하였다. 그리고 현재 2020년. 남한 아니 남한의 체제를 그대로 가지고 있었던 대한민국은 바뀌어 북한에 있었던 사람들도 살기 편한 나라가 되었다. 항상 꼴찌였던 'OECD 국민 행복지수'도 중상위권으로 올랐고 세계 1위였던 평생의 학업시간도 줄어들었다. 1일 평균 근무시간도 줄어들었지만 급여는 올랐다. 통일된 한반도는 풍부한 지하자원과 강한 군사력을 바탕으로 막강한 경쟁력을 갖춘 선진국이 되었으며 일본은 더 이상 독도를 탐내지 못하고 중국에게 빼앗겼던 백두산도 되찾아왔다. 지금까지 바뀌었던 것처럼 앞으로도 대한민국은 더 살기 좋은 나라가 될 것이고 6.25전쟁같이 뼈아픈 상처는 더 이상 없었으면 한다.

통일 사회의 준비된 인재가 되기 위하여

전기공학부 문승환

남과 북이 반으로 갈라진 시간이 벌써 70년을 바라보고 있다. 이렇게 긴 시간이 흐름에 따라 점점 청년들의 통일에 대한 중요성을 잊어버렸고, 다가올 통일을 준비할 생각은 치열한 입시, 취업경쟁 또는 바쁜 직장생활에 밀린지 오래다. 통일은 점점 우리의 의식 속에서 사라져 가고 있다. 통일에 대한 아무런 준비가 되지 않은 채 갑작스러운 남북통합이 이루어진다면, 우리가 겪게 되는 사회적 혼란은 이루 말할 수 없을 것이다. 이러한 혼란을 잠재우고 완벽한 민족통합을 이루기 위해서는 각자의 맡은 자리에서 화합을 이끌 수 있는 리더가 필요하다. 이런 상황에서 현재 숭실대학교에서 다가오는 통일을 준비하는 리더를 양성하고 있다. 그렇다면 우리는 숭실인으로서 어떻게 통일을 준비해야 할 것인가?

나는 다가오는 통일사회를 준비하는 숭실인으로서 지,덕, 체를 갖추어야 한다고 생각한다. 우선, 자신의 전공을 충분히 공부하여 학문적 지식을 충분히 쌓는 것은 기본이고, 북한의 상황을 잘 파악하여 북한에 대해 잘 알고 있어야 한다. 자신의 전공에 맞게 통일 후 북부지방의 개발을 준비해야 한다고 생각한다. 국민총생산(GDP)을 보면 북한이 약 30조 원(2013년 기준)으로 남한의 44분의 1밖에 되지 않는다. 이는 북한지역의 각종 시설과 인프라가 남한보다 매우 열악함을 알려준다. 우리는 통일 후 이러한 북한지역 개발에 앞장서서 나서야 한다. 북한 개발의 선두 주자가 되려면, 북한에 대한 이해와 해박한 지식은 당연히 갖추어야 할 소양이다. 따라서 우리는 북한의 지리와 지역별 경제적 상황을 파악하고, 개발가치가 있는 지역을 물색하기 위해 북한이라는 나라에 대해 공부할 필요가 있을 것이다. 예를 들어, 필자는 전기공학부에 재학 중인데, 북한의 전력공급망이나, 발전소가 남한보다 열악하고, 부족할 것으로 생각한다. 북한지역에 각종 산업시설이나 건물을 세우려면, 전기는 가장 기본적으로 필요한 요소일 것이다. 따라서 북한에 산업단지가 들어설 곳을 파악하고 준비하여 전기 공급망을 빠르게 설치할 수 있도록 할 수 있다. 또한, 북한의 지리적인 특성을 이용하여 전기를 발전시킬 수 있을 만한 곳을 조사하여 발전소 건설 계획을 세우는 것도 있을 수 있다.

나아가 북한에 대해 잘 아는 것뿐만 아니라, 북한 주민들과 함께 생활하기 위해 그들을 이해하고 보듬어주어야 한다고 생각한다. 70년간 혹은 그 이상의 시간동안 다른 체제와 환경에서 생활하게 된다면 가지고 있는 가치관과 사고방식의 차이가 큰 것은 당연한 현상일 것이다. 북한 주민들은 갑작스러운 민주주의와 자본주의 사회에 적응하지 못할 것이고, 그들이 가진 가치관을 유지하려 하며 남한 시민과 북한 시민 간의 갈등이 생길 수 있다. 이때 우리는 북한 주민들에게 우리의 가치관을 무조건적으로 강요하기보다는 그들을 포용하고, 회유함으로서 북한 주민의 소외감을 덜어주고 마음을 열게 할 필요가 있다. 또한 폐쇄된 사회에 머물렀던 북한 주민에게 변화된 사회를 이해할 수 있는 기회를 제공하고 새로운 체제에 적응할 수 있도록 돕는 성숙한 모습을 보여주어야 한다. 이러한 성숙한 시민의식을 소양하기 위해 숭실대학교 학생으로서 학교에 재학하면서 도움을 얻을 수 있는 것은 숭실대학교가 미션스쿨인 만큼 기독교 관련 수업을 들으며, 그 기본 소양을 쌓는 것이다. 물론 기독교인이 되어 예수의 사랑을 실천하고 모범적인 크리스천이 되는 것이 좋겠지만, 그렇지 않더라도, 수업에서 배울 수 있는 예수의 행동양식과 포용력이나 과거 한국으로 넘어온 선교자들의 희생정신은 종교를 떠나서 성숙한 인간으로서 배울 점이 많다고 생각하고, 이를 배우고 본받으려고 노력해야 한다. 또한 학교에서 지원하는 해외 단기봉사 활동이나, 어학연수를 통해 미리 다른 문화와 언어를 가진 사람들과 생활하며 익숙하지 않은 문화와 언어를 포용할 수 있는 능력을 기르는 것도 좋은 방법이다.

서로 다른 문화를 가지고, 다른 생각을 하는 사람들을 하나로 묶는데 운동과 예술이 가장 좋은 방법의 하나라고 생각한다. 남한주민과 북한주민이 함께 하는 동호회를 만들어서 서로가 관심을 가지고 있는 운동이나 예술 활동을 통해 교류하는 과정을 통해 서로가 가진 환경을 떠나 어울릴 수 있다. 이렇게 친밀해진 관계에서 많은 대화를 하며 우리가 그들을 이해하고, 그들도 우리를 이해할 수 있는 좋은 기회를 운동과 예술을 통해서 만들 수 있을 것이다. 따라서 숭실대학교에 다니면서 어느 정도 기본적인 운동이나 예술의 소양을 갖추어 정신적으로, 육체적으로 건강한 생활을 하는 것이 좋다고 생각한다. 물론 운동과 예술에 뛰어난 능력을 갖추라는 것도 아니고, 이를 기르기 위해 많은 금전적, 시간적 투자를 하라는 것은 아니다. 학교 교양 수업이나 동아리 활동을 하는 것만으로도 자신의 취미 생활을 만들 수 있고, 북한 주민들과 예술, 스포츠로 교류할 수 있다고 생각한다.

이처럼 통일에 대해 준비된 사람이 되려면, 또한 준비된 것을 바탕으로 통일 사회를 끌고 가려면 지, 덕, 체를 겸비하고 있어야 한다. 이러한 지, 덕, 체를 겸비하는 과정에서 제시한 방법에는 특별한 대외활동도 화려한 스펙도 필요하지 않다. 학교생활을 충실하게 하며 학교에서 제공하는 여러 가지 콘텐츠들을 활용한다면 자연스럽게 통일에 대해 준비를 할 수 있다고 생각한다. 따라서 우리는 다가오는 통일을 준비해야 하는 필요성을 느끼고, 준비할 때 거창하게 생각하여 피하지 말고 각자의 주어진 상황을 충분히 활용하여 지, 덕, 체를 갖추어 가는 것이 다가오는 통일 사회의 준비된 인재가 되는 방법이라고 생각한다.

참고자료

Gross Domestic Product Estimates for North Korea in 2013 (PDF) (Report). Bank of Korea. June 27, 2014. Retrieved November 8, 2014

제2장

이질(異質)에서 동질(同質)로의 여정, 통일

들머리

문영식(베어드학부대학 교수)

전자정보공학부 15학번 김재웅 학생은 '마음으로 하나: 역학적 에너지 보존 법칙'이라는 제목으로 "통일은 하나의 조직 체계 아래로 모이게 하는 것이 아니라 헤어진 형제들이 뭉치는 민족의 염원, 즉 마음으로 하나가 되는 것"이라고 강조하고 있다. 전체적으로 글이 무리 없이 쉽게 전개되었다는 점은 이 글의 장점이다. 또한 문장의 완성도도 좋은 편이다. 아쉬운 점이 있다면, 역학적 에너지 보존 법칙을 글의 제목으로 삼고, 글의 도입부분에서 에너지 보존 법칙에 대한 정의를 내리고 있다. 실제 본문 내용에서 "통일은 '역학적 에너지 보존 법칙"이라는 정의는 있지만 충분한 논의를 이끌어내지 못한 아쉬움이 있다. 글의 제목과 서론-본론의 논리적 일관성은 좋은 글의 요건이다. 자신의 전공분야와 글의 내용을 융합하는 사고는 높이 평가할 수 있다.

철학과 정미경 학생의 〈통일한국의 사회자본과 형이상학적 지혜〉는 짧은 단문 형식으로 논리를 전개하고 있어 가독성이 높은 글이다. 서론-본론-결론으로 이어지는 글의 통일성과 논리적 일관성도 돋보이는 글이다. 이 글의 옥에 티는 다분히 추상적이라는 점이다. "형이상학적 지혜"를 "개별적이고 구체적인 감각에서 가장 멀리 떨어져 있어야 하며, 지혜 자체가 다른 무엇보다도 가장 높은 위계에 위치"한 것으로 정의내리고 있다. 이 정의는 이데아를 연상케 한다. 분단 한국의 현실인 통일이라는 한국의 아젠다에 "형이상학적 지혜"라는 추상적인 접근이 잘 어우러지지 않은 것처럼 보여 아쉬움이 남는다. 일어일문학과 유수림 학생의 글 〈통일을 위한 첫걸음, 경제협력〉은 경제협력이라는 주제로 일관성 있게 통일 문제에 접근하고 있다. 이 글의 장점은 하나의 주제에 집중하고 있다는 점이다. 통일을 위한 다양한 접근방식을 나열하는 것보다, 경제협력이라는 중

차대한 문제를 부각시킨 점은 글의 논지가 분명하게 드러난 이유가 되었다. 보다 좋은 글이 되려면 왜 경제협력이 첫걸음인지에 대한 설명을 덧붙이면 좋을 것 같다. 단순한 언명보다는 왜 경제협력을 첫걸음으로 생각하는지를 언급하고, 논거를 제시한다면 논리적으로 정당화될 수 있을 것이다.

국제법무학과 김동훈 학생의 〈통일한국을 대비한 대한민국 국민의 자세〉는 통일을 준비하는 자세를 다양한 관점에서 개진하고 있다. 이 글은 전반부에 북한의 실상을 설명하고 비판하는 데 할애하고 있다. 그리고 후반부에 대한민국 국민의 자세에 대해 언급하고 있다. 통일을 대비하는 우리들의 자세만 언급하는 것보다는 북한의 실상을 토대로 우리 국민의 자세로 글을 전개한 것은 좋은 시각이다. 우리의 입장에만 매몰되지 않고 한민족이라는 테두리에서 "북한의 입장을 반영"해야 한다고 말하는 것은 좋은 시각이며, 글의 전개에 도움을 주고 있다. 이 글은 통일을 바라보는 자신의 문제의식이 충분히 반영된 좋은 글이다.

기계공학과 이준민 학생의 글 〈통일한국의 시민상에 대한 고민〉은 자신의 어릴 때 경험을 바탕으로 자신의 이야기를 진솔하게 담고 있는 담백한 글이다. 인위적인 글이 아니라 솔직한 생각이 담겨 있어 의미가 있다. 통일이라는 거대담론을 자신의 어릴 때 경험으로 글을 전개하는 것이 신선하게 다가온 글이다. 이준민 학생이 말하는 것처럼, 자신은 정치인이 아니지만 평범한 공학도의 입장에서 통일에 대한 생각들을 쉽고 진솔하게 작성된 글로 평가할 수 있다.

아무리 느슨한 기준을 적용한다 해도 한반도분단 70년은 비극임이 틀림없다. 물론 이 말이 분단은 탄핵받을 만한 절대적 악이고 통일은 갈채받을 만한 품위 있는 선이라는 말이 아니다. 다만 70년의 분단동안 이 시대가 지불해야 했던 정치적, 경제적 그리고 정서적 대가가 상상이상으로 가혹했음을 말한다.

문득 1726년 조나단 스위프트가 당시 편협과 허세 그리고 폐쇄로 점철된 영국 사회를 강도 있게 비평한 소설 『걸리버 여행기』에 나오는 4개의 국가를 보면서, 그 4국가의 형태가 분단 70년의 한반도 정치역사를 압축해 놓은 듯한 유사성에 놀라게 된다.

먼저, 걸리버가 난파이후 처음 방문한 나라, 곧 자신들만이 우주의 중심이며 모든 것의 절대선이라고 고집하는 소인국 〈릴리퍼트〉는 마치 1950년대 해방이후 미국과 소련의 각각 남북 신탁통치에 대해 찬반으로 갈려 맞서며, 자신들의 정치적 판단이 구국(救國)이라고 스스로 규정하고 이에 동의하지 않는 세력을 악으로 규정하던 시기를 연상하게 한다. 또한 흉물스런 거대한 체구를 가졌음에도 스스로 지상에서 가장 품위 있고 아름다운 존재라고 선언하며, 자신들을 반대하는 약한 자, 작은 자에 대해선 가혹한 탄압을 가하던 거인국 〈브라브딩내그〉는 마치 1960년대 개발독재의 기치아래 인권과 복지가 훼손되던 군사정권시기를 떠오르게 한다. 그리고 걸리버가 묘사한 세 번째 나라, 곧 행동은 없고 토론과 논리에 빠져 현실을 직시 못한 채 공상을 좇는 〈하늘을 나는 떠 있는 섬나라 바르니바비〉는 1980년대 군사전권붕괴이후 서울의 봄 시기를 맞이하여 민주화의 열망이 실현되던 시기에 일부 기득권 정치세력간의 치열한 정권야욕을 벌이다 결국 신군부에게 쿠데타의 빌미를 제공하여 들어선 2차 군사정권인 제 5공화국 시기를 기억나게 한다. 그리고 걸리버가 마지막으로 방문한 나라, 곧 인간의 모양을 한 '악의 실체'인' 추악한 동물 '야후'와, 말의 모양을 하고 있지만 '절제와 품위를 지닌 예절'을 나타내는 청결하고 평화로운 동물 '피눔'이 사는 〈말(馬)의 국가〉는 산업화와 민주화를 이룬 후 남북문제에 대한 강경론과 화해론, 무상복지와 선택적 복지, 그리고 인권의 문제를 놓고 보수와 진보 진영이 첨예하게 대립하는 2000년대를 엿보게 한다.

한반도 분단 70년은 사회학자들이 말하는 '디스토피아(dystopia)'적 현실임을 부정하기 힘들다. 디스토피아란 1516년에 영국의 인문주의 사상가인 토마스 모어가 저서『유토피아』에서 설계한 이상적(理想的) 도시 아므롯과 상반된 개념으로서 '불완전 상태'를 'dys'라는 말과 '장소'를 나타내는 'topos'라는 어휘조합이 함의하듯 '희망은 버려지고 암울이 지배하는 사회'를 의미한다.

그럼에도 불구하고 남북 간의 70년 분단은 이 시대 필히 극복해야 할 국가적 '우선 아젠다'이다. 따라서 70년을 이질적 정치체제와 이데올로기로 서로 '이방(異邦)'으로 지내온 길고 먼 간극(間隙)의 해소를 위한 구체적 방안이 설계되어야 한다. 이를 위해 통일이후 남과 북의 갈등의 최소화를 위한 치밀한 제도적 장치와 그것을 효과적으로 진행할 성숙한 시민의식이 요청된다. 특히 분단 해결 이후 예측되는 두 가지 갈등에 유의해야 한다.

먼저, 통일이후 남한시민은 북한시민에 대한 경제적, 문화적 우월의식을 노출하지 않도록 조심해야 한다. 남한은 현재 경제지위가 세계 10위권에 있는 강국이다. 강남의 백화점에 전시된 상품의 면모는 세계적 수준이며 초등학생들의 손에 들려진 휴대폰의 품질은 세계첨단이다. 그러나 북한은 여러 가지 이유로 그렇지 못하다. 이런 이유로 북한시민들은 분명 문화적 충격과 그에 따른 상대적 빈곤을 갖게 될 것이다. 남한 시민이 이 사실을 간과할 때 야기될 사회적 반목과 분리는 과거 영국과 아일랜드의 그것만큼 참혹한 결과를 초래할 수 있다. 통일이후 남과 북의 '정서적 분리'는 지난 70년 '정치적 분단'만큼 위험하다는 사실을 경각해야 한다.

둘째로, 통일의 방식이 어떤 형식으로 이루어지든 상대방 체제에 대한 그 어떤 비방과 논쟁을 가능하면 삼가 해야 한다. 한 국가의 정치적 체제는 형식적으로는 국민이 결정한 것처럼 보이나 사실은 집권자들이 언론과 여론을 조작하여 구축한 것이 대부분이다. 독일이 2차 세계대전 중 유대인 홀로코스트를 자행한 것은 독일 국민이 아닌 아리안주의에 매료된 히틀러 및 그 추종자의 치밀한 언론 조작을 믿은 정치군인들에 의해서 결정지어진 것처럼 말이다. 이런 까닭에 당시 독일 국민은 집권자의 정치적 기만과 선동에 속은 피해자일 수 있다. 70년간 서방세계에 대한 정확한 정보와 실상을 차단당한 채 국가의 이념교육에 살아온 대부분의 북한주민은 정부의 일방적 선전 교육을 비판하거나 분석할 능력조차 없었을 것이다. 그런 까닭에 통일 이후에는 정치를 연구하는 전문적 학자들 외에는 북한 정치체제에 대한 지나친 비판은 경계해야 한다.

한편 이 두 가지의 갈등 해소를 위한 효율적 방안으로는 두 가지가 검

토되어야 한다. 먼저는 이미 탈북 하여 남한사회의 일원이 된 탈북 새터민들의 건강한 활용이 중요하다. 이질적인 두 체제를 경험한 탈북 새터민들은 이미 이곳에서 우리가 알지 못하는 갈등과 그에 따른 고통을 경험했다, 이것은 통일 후에 북한주민이 겪을 혼돈을 남한 사회가 미리 학습 가능한 선행효과의 의미가 분명 있다. 국가가 법률로 제정하여 탈북주민을 중심으로 한 '남북 화합 위원회'같은 조직을 구성하여 그 조직이 북한주민에 대한 사회화 교육을 맡게 한다면 그만큼 거부감도 적어질 뿐만 아니라 교육 효과도 탁월할 것이다.

두 번째는 이미 우리보다 앞서 분단을 극복한 동서독이 양측의 갈등을 최소화하고 나아가 화합의 연착륙을 시도하기 위해 그들이 작동시킨 국가적 프로그램에 대한 면밀한 검토가 시작되어야 한다. 이를 위해 무엇보다도 경제력과 정보망 그리고 조직을 갖춘 기업의 협조가 필요하다. 독일의 세계적인 전기 전자기업 '지멘스'는 통일 이후 동독 11개 회사를 합병하고 1년간 1만 2천 명 동독 출신 노동자를 고용했다. 또한 지멘스는 동독인들을 위한 별도의 교육프로그램을 운영함으로써 동독인들의 자존감을 세워주는 동시에 서독에 대한 긍정적 정서를 갖도록 이끌었다. 또한 정치권에서는 독일 정부가 분단기간 중, 동서독을 가르며 죽음의 골을 형성했던 DMZ를 독일의 녹색 생태공간으로 재생시키기 위해 〈다스 그뤼네 반트〉이라는 환경운동을 결의하고 동서독 양측이 그 진행을 공동으로 진행하게 하여 서로간의 일체감을 회복시켰던 것을 참고했으면 한다.

남북 분단 70년은 사실 외세에 의해 강요된 측면이 분명히 있다. 그런 까닭에 동서독의 통일과정에서 이미 우리가 선행학습을 했듯, 한반도의 평화통일은 주위 열강의 정치적, 경제적 이익과 직결된 민감한 사안을 안고 있기 때문에 통일에 대한 우리의 의지만으로는 충분하지 않다. 주변 열강을 설득할 수 있는 정교한 외교력과 정치적 역량을 축적하는 동시에 남과 북 사이에 협력 가능한 국가공동사업을 통하여 주변국들에 대해 한민족 스스로가 통일에 대한 강력한 의지를 표명할 필요가 있다. 그리고 무엇보다도 앞으로 맞이할 통일시대를 위해 지속적인 남북한 이질화 해소를 위한 문화, 정서교류가 정부와 민간의 협조아래 체계적으로 시도되어야 할 것이다.

마음으로 하나 : 역학적 에너지 보존 법칙

전자정보공학부 김재웅

역학적 에너지 보존 법칙: 질량이 m인 물체가 h높이에서 자유 낙하한다면 이 물체의 경우 자유 낙하에 따라 속력이 일정하게 증가하므로 운동 에너지는 증가한다.[1] 그러나 높이가 감소하므로 위치 에너지는 감소하게 되는데 이 때 운동 에너지의 증가량과 위치 에너지의 감소량이 서로 같다.

운동에너지의 변화량 = 위치 에너지의 변화량

쉽게 말하면, 운동에너지와 위치에너지의 합을 역학적 에너지라고 하는데 이 역학적 에너지가 일정하다는 것은 운동에너지와 위치에너지는 한 쪽이 증가하면 다른 한 쪽이 감소하는 상호관계가 성립된다는 것을 의미한다. 여기서 운동에너지란 물체가 운동할 때 지니는 에너지를 뜻하고 위치에너지란 물체가 위치에 따라 잠재적으로 가지는 에너지, 즉 포텐셜 에너지라고도 한다.

2015년 5월 20일 한반도와 평화 통일이라는 교양 과목으로 통일캠프에

1 대학 물리학 교재 편찬 위원회 「최신 대학 물리학」, 북스힐, 2014.(원저 : Raymond A. Serway, John W. Jewett, 「Principles of physics 5th Edition」)

갔던 적이 있다.

이때 태어나서 처음으로 통일을 깊게 생각해본 것 같다. 캠프 3박4일 일정 동안 통일 관련 많은 프로그램들이 있었다. 수업 중에 통일에 대하여 찬성과 반대 입장에서 토의를 하는 것이었는데 나는 찬성 반대 그 어느 쪽에도 속하지 않았던 것 같다. 그런데, 내가 좀 예민한 것인지 수업내용이 학생들에게 '통일은 꼭 이뤄져야 한다.' 라는 생각을 강요하는 것 같았고, 숭실대학교의 시작이 평양이라는 것을 지나치게 강조하는 것 같았다. 그렇기 때문에 내 입장은 오히려 학교에서 요구하는 통일에 관한 공모전이나 과제에 대해 부정적으로 변하게 되었다.

공모전의 의도에 반해서 나는 이번 과제를 수업시간에 처음으로 받았을 때, '통일이 과연 필요할까?' 라는 주제로 '통일한국을 준비하는 시민'에 대하여 비평문을 써 보고 싶었다. 인터넷에서 비평문 양식, 비평문 쓰는 방법, 통일의 필요성 등을 검색할 때 통일에 대한 부정적인 자료들을 동시에 준비하면서 어머니께 넌지시 '어머니 통일이 꼭 필요할까?' 라는 질문을 드려 보았다. 아마도, 머리가 커지면서 어머니를 늘 가르치려고만 했던 건방진 질문중 하나이었던 것 같다. 어머니는 한순간의 망설임도 없이 '당연하지! 헤어진 동포들이 만나는 민족의 염원인데!' 라고 대답하셨다. 마치 초등학생에게서나 나올법한 답변이지만 나는 적잖은 충격을 받았다. 정치, 이념, 사상, 경제, 군사 등을 생각하며 통일의 가능성이 희박하다는 데에만 주의를 기울여왔던 나는 근본적으로 무엇인가 잘못되었다는 것을 깨달았다. 공산주의, 민주주의, 사회주의, 자본주의와 같은 이데올로기를 떠나서 통일을 이루기 위해서 먼저 고려해야 할 보다 실질적인 부분이 많다는 생각이 들었다. 물론 내수부진이 사라져 일자리가 많아질 것이나 결과적으로는 통일 비용, 남북 간 경제격차, 북한 주민의 빈곤화, 화폐통합, 북한 지역 자산 처분 문제 같은 경제적 문제들, 북한과 남한의 언어차이, 문화차이, 제도의 차이와 같은 사회적 문제들이 기다리고 있다. 또 분단이 끝나면 군대에 의무적으로 가지 않아도 (물론 통일 직후에 바로 사라지지는 않을 것이다.) 되는 점, 북한의 많은 관광자원을 활용할 수 있다는 점, 이산가족의 만남, 중국과 러시아로의 수출이 유리해지는 점 등

이점도 많다는 생각이 들었다.

나는 여러 분야들의 득과 실을 따져 볼만한 지식수준이 되지 않는다. 때문에 통일이 되기 위해서는 어떤 일들을 해야 하고 어떤 절차를 밟아야 되는지 모른다. 하지만, 평소에 사람을 만날 때 득과 실을 따져가며 만나지 말아야 한다는 것은 잘 알고 있다. 또, 어렸을 때 헤어진 형제가 다시 만나 함께 살면 어떤 점이 이득이고 손해일까 따지는 것은 너무 가혹 한 것이라는 생각이 들었다. 그렇다고 무작정 합치자고 하는 것은 최악의 결론이다. 60년 분단의 역사는 무시 할 수 없다. 그동안 살아온 환경도 다르고 문화도 다르고 세대도 변했다. 서로를 알아 가는 식의 만남은 소개팅에서 멈춰야한다.

통일은 '역학적 에너지 보존 법칙'이다. 잠재적인 포텐셜 에너지가 운동하는 운동에너지로 변하면서 이루어지는 것이다. 역학적 에너지는 보존되기 때문에 포텐셜 에너지가 작으면 증가되는 운동에너지는 그만큼 작을 수밖에 없다. 준비 되어있지 않은 변화는 해로울 것이고, 오래 지속 되지 않을 것이다. 그렇기 때문에 '통일 한국의 시민 상'이라는 주제에 대해 단순히 자신의 생각을 말하자면 통일에 대하여 경제적 , 정치적 측면의 서툰 접근보다는 인도적, 민족적 차원의 관심을 키우는 것이 중요하다는 것을 강조하고 싶다.

많은 학생들이, 많은 사람들이 통일에 무관심하거나 부정적인 생각들을 가지고 있다. 많이 알고 덜 알고를 떠나서 그 사람들이 내가 어머니한테 받은 충격과 같은 것을 느꼈으면 한다. 이윤을 내는 사업처럼 빠르게 추진하는 것이 아니라 올바른 방법으로 시민들에게 통일에 대한 잠재력을 키우는 방법으로 말이다. 통일의 결과를 알리면서 '이득'에만 초점을 맞추어 강조하는 것은 세뇌와 다를 바 없다. 시민들이 통일에 대하여 좀 더 구체적으로 알아야 한다. 그래서 '올바른 방법' 이라고 표현한 것이다.

학교에서는 더 이상 '우리의 소원은 통일'이 아닌 통일에 대한 진실과 오해에 대하여 학생들에게 교육하여 아이들 스스로 판단하도록 해야 한다. 혹자들은 이상적인 이야기만 한다, 현실적으로 불가능한 이야기들을 너무 감정적으로 호소하려 한다고 비난 할 수 있다. 틀린 말은 아니다. 그러나 통일은 사전적인 의미처럼 단순히 나누어진 것들을 합쳐서 하나의 조직·체계 아래로 모이게 하는 것 즉, 득과 실을 따져가며 현실성을 논하며 머리로 이뤄지는 것이 아니라, 헤어진 형제들이 뭉치는 민족의 염원 즉, 마음으로 하나가 되는 것이 아닐까?

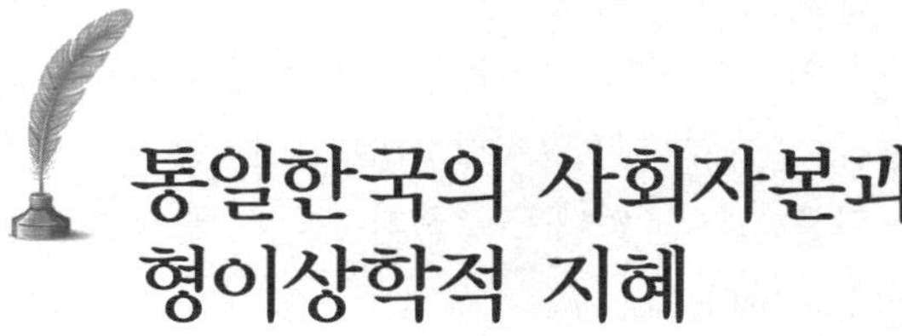

통일한국의 사회자본과 형이상학적 지혜

철학과 정미경

올해는 광복 70주년이자 분단 70주년을 맞이하는 해이다. 남북이 나뉜 70년 동안 대한민국은 최빈국에서 세계 10위권의 경제대국으로 성장을 이룸과 동시에 제도적인 민주화를 이루어 왔다. 70년이라는 시간을 인간의 생물학적 시계에 비교한다면 이미 노령기라 할 수 있지만, 대한민국의 역사 속에서 70년은 국가적으로 아직 성숙의 단계에 있다. 따라서 여러 면에서 지속적 성장이 이루어지기 위해서는 대한민국과 북한이 국가적 노년기가 되기 전에 통일된 한국을 이루어야 한다. 앞에서 언급한 것처럼 인간의 70년이란 세월은 나라의 70년의 체감보다 몇 배는 커져있다. 이에 진정한 통일을 위해서는 국가적 통일에 앞서 국민들의 사회적 자본과 이성이 통일의 속도에 맞게 적절히 성숙될 필요가 있다.

사회적 자본이란 개개인의 가치존중을 기본으로 상호 신뢰와 약속을 가능하게 해주는 수단으로서, 사회적 가치들을 구성하는 기본요소가 된다. 사회적 자본의 종류는 결속적 사회적 자본과 교량적 사회적 자본으로 나누어지는데 대한민국과 북한 양측 모두 국민들을 결속시키는 사회적 자본은 충분히 축적되어 있다고 할 수 있다. 오히려 체제 내에서의 연대의식은 무서울 정도로 결집 되어진 상태이다. 반면 결속적 사회적 자본의 경계를 넘어서서 다른 사회적 자본과의 관계를 이어주는 교량적 사회적 자본이 없는 점이 통일에 좀 더 일찍 다가가지 못하는 원인이 되고 있다. 통일의 사회적 자본은 이러한 교량적 사회적 자본이 생성될 때 나라의 차원뿐만 아니라 국민들 사이의 관계 속에서 존재할 수 있다. 단, 이러한 통일의 사회적 자본을 이루기 위해 억지의 등가물 교환과 완벽한 동시성을 추구해서는 안 된다. 후쿠야마의 말처럼 자연적 신뢰가 이루어져야 하며, 이러한 통일적 신뢰를 거부감 없이 구축하기 위해서는 국민들은 마땅한 지혜를 통해 얻어야만 한다.

이 때의 지혜는 단순한 지식의 습득이 아닌 형이상학적 지혜인데 두 가지 측면에서 말할 수 있다. 먼저 개별적이고 구체적인 감각에서 가장 멀리 떨어져 있어야 하며, 지혜 자체가 다른 무엇보다도 가장 높은 위계에 위치해 있어야 한다. 이러한 형이상학적 지혜는 진정한 통일을 이루기 위해 통일을 위한 국민들의 감각적 감정으로부터 멀리 떨어져 있어야 한다. 여기서 감각적 감정이란 국민들 개개인의 사소한 통일에 대한 감정과 인간이기에 느낄 수 있는 부정적 측면, 즉 불안감 등의 감정을 최대한 배제한 상태로 통일의 지혜를 인지해야 한다는 것이다. 또한 국가 간의 통일이라는 것은 이와 다른 측면의 정치성이나, 경제성, 문화성보다 우위에 있어야 한다. 예를 들어 통일을 수단으로 하여 만약 통일을 한다면 경제상황이 얼마나 좋아지고, 정치가 어떻게 바뀌고, 문화를 얼마나 더 다양하게 할 수 있을까라는 생각을 버리고 대한민국과 북한의 통일성 자체를 궁극적인 목표로 보아야 국민 차원에서의 혼란을 없앨 수 있다.

결국, 나라의 통일은 국민의 통일이다. 나라의 70년은 성장기일지 몰라도 국민의 70년은 노년기이다. 때문에 몇 배의 노력이 필요함은 분명하다. 통일 자체를 인정하고 사소한 감각적 감정을 배제한 상태에서 오직 대한민국과 북한의 신뢰를 바탕으로 통일적 결속적 사회자본을 만들어야한다. 이러한 지혜를 바탕으로 결속적 사회자본이 제대로 교섭할 때 비로소 통일의 다른 측면들이 아닌 본질 자체를 이해할 수 있을 것이며, 부정적 측면이 사라진 진정한 통일을 이루어나갈 수 있을 것이다. 적어도 국민이 이러한 자질의 부족과 본질 추구의 중요성을 안다면 이미 통일의 반은 시작되었다고 해도 무방하다.

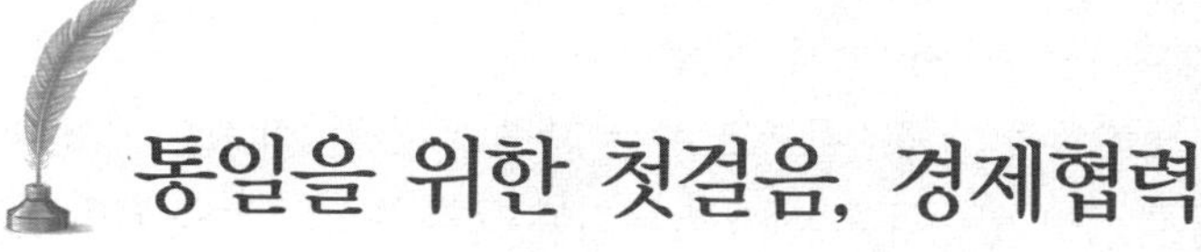

통일을 위한 첫걸음, 경제협력

일어일문학과 유수림

광복 70년, 동시에 분단 70년을 맞은 현재 통일에 대한 관심은 그 어느 때보다 높아졌습니다. 박근혜 대통령은 2014년 초 '통일은 대박'이라는 표현까지 사용하며 '통일대박론'을 핵심 정책기조로 삼고 있습니다. 하지만 이러한 기조와는 달리 정부는 원칙만을 강조할 뿐 실질적인 남북 관계 개선에 관한 구체적인 방법 제시는 하고 있지 않습니다. 남북 경제협력확대는 남북 관계 개선의 가장 효과적인 정책이며 통일로 나아가는 첫 걸음입니다.

저희 찬성 측이 주장하는 남북 경제협력확대란 남한 주도의 일방적인 경제협력 확대가 아닙니다. 여기서 주장하는 남북 경제협력은 남북 공동에게 이익이 될 뿐만 아니라 나아가 남북 관계개선으로 까지 연결될 수 있는, 정치적인 이해관계로 쉽게 흔들릴 수 없는 견고한 경제협력을 의미합니다. 이러한 경제협력 확대가 남북 관계 개선에 있어서 무엇보다도 중요하고 효과적인 과제라는 것은 분명한 사실입니다.

첫째, 경제협력은 남북이 가장 쉽게 접근할 수 있는 외교적 정책입니다. 현대 사회에서 가장 중요한 문제는 역시 경제적 문제입니다. 그것은 북한 또한 마찬가지입니다. 체제유지를 최우선적인 가치로 삼고 있는 북한에게도 경제적 문제는 매우 민감한 사안입니다. 2006년 북한의 핵실험, 2013년 북한의 장거리 미사일 발사 실험 강행 이후 'UN 안전보장이사회'는 북한에 대한 금융거래, 무역, 관세 등을 제한하는 대북제재를 결의하였습니다. 하지만 북한은 이에 물리적 대응을 하겠다며 매우 격한 반응을 보였습니다. 이처럼 북한이 경제적 문제를 민감하게 생각하는 가운데 이루어지는 경제협력은 북한을 남북관계개선을 위한 협상테이블로 이끌 수 있는 가장 강력하고 효과적인 유인책입니다.

북한은 비핵화를 전제조건으로 하는 남한의 경제협력 제안에 전혀 반응을 보이지 않고 있습니다. 여기서 우리는 독일 통일의 주춧돌이 된 '동방정책'을 주목할 필요가 있습니다. 동방정책의 설계자 '에곤 바르'는 동서독 간의 서로 다른 체제를 인정하고 어떠한 방식이든 접근을 통해 변화를 이루어내야 한다고 주장하였습니다. '나경원' 외교통일위원장 또한 '경제 분야에서의 교류, 협력은 남북 간 긴밀도와 상호 의존도를 높여 통합의 기초를 만드는데 중요한 디딤돌이 될 수 있다는 점에서 매우 중요하다'고 주장하며 경제협력의 중요성을 강조했습니다. 경제협력은 남북이 접근할 수 있는 가장 효과적인 남북관계개선의 디딤돌이 분명합니다.

둘째, 남북 간의 긴밀하고 견고한 경제협력은 남북 평화와 관계개선에 효과적입니다. 앞서 말씀드렸듯이 경제적 문제는 남과 북 모두에게 무엇보다 중요한 사안입니다. 북한이 도발로 얻는 정치적, 경제적 이익보다 도발로 인한 경제적 피해가 압도적으로 크다면 북한 또한 섣불리 군사 도발을 하지 못할 것은 상식적으로 자명한 사실입니다. 남북 간의 경제협력이 남북 어느 쪽도 상대를 배제시키자는 말을 꺼내기 어렵도록 일정 규모 이상의 이해관계로 단단히 얽혀 있는 것이 반드시 필요합니다. 북한은 남한과의 경제협력이 어려워진 대신 중국에 대한 의존도는 더욱 넓혀가고 있습니다. 중국은 2009년 장춘-지린-두만강으로 연결되는 '개방 선도구'사업을 승인한 것을 시작으로 중국 남부 지역과 동북아, 특히 북한 지역을 연결시키려는 계획을 가지고 있습니다. 북한 경제 구조를 중국 중심이 아닌 점차 남한 중심의 협력체제로 확대해 나갈 수 있다면 남북 상호간의 의존도 상승으로 인하여 어느 한 쪽도 쉽게 남북 평화와 관계 악화를 일으키는 행동을 섣불리 하지 못할 것입니다.

셋째, 경제협력 확대를 통해 자연스러운 북한의 체제 변화를 이끌어낼 수 있습니다. 북한이 변화하기 가장 어려운 이유 중 한 가지는 바로 세계시장과 고립된 경제체제입니다. 이러한 외부시장과 차단된 북한의 경제체제 안에서 변화를 이루기는 매우 어렵습니다. 과거 공산주의 국가들의 몰락과 동서독의 통일과정에서 가장 큰 역할을 했던 것은 바로 개방형 시장경제체제의 침투였습니다. 북한 또한 이러한 점을 가장 두려워하고 있으며 시장을 엄격히 단속하고 있지만 이미 북한 사회에서는 암묵적으로 '시장'이 형성되어 있으며 공산주의 체제는 점차 약화되어가고 있습니다. 우리는 바로 이러한 점을 유념하고 북한과의 경제협력 확대를 통해 북한의 개혁개방을 이끌어내야 합니다. 경제협력 확대는 북한의 거부감을 줄이고 자연스럽게 북한의 체제를 약화시킬 수 있는 가장 효과적인 방법입니다. 개혁개방을 통한 점차적인 체제 변화는 결국 남북 간의 이념 격차를 줄이고 관계 개선에도 엄청난 영향을 끼칠 것입니다.

물론 경제협력 이외에도 남북관계개선을 위한 정책들은 다양할 수 있습니다. 하지만 돈이 무기가 되는 현대사회에서 가장 중요한 것은 바로 경제입니다. 지금까지의 대북제재 정책은 북한을 경제적으로 고립시키며 북한 경제에서 중국과 러시아 등이 차지하는 비중을 더욱 확대시켰습니다. 남북의 경제의존도가 약화될수록 우리는 남북관계개선, 그리고 통일에서 더욱 멀어질 수밖에 없습니다. 우리는 하루빨리 남북경제협력확대를 통해 남북 상호간의 의존도를 높여 그것을 남북관계개선과 통일로 이어질 수 있도록 노력해야 할 것입니다.

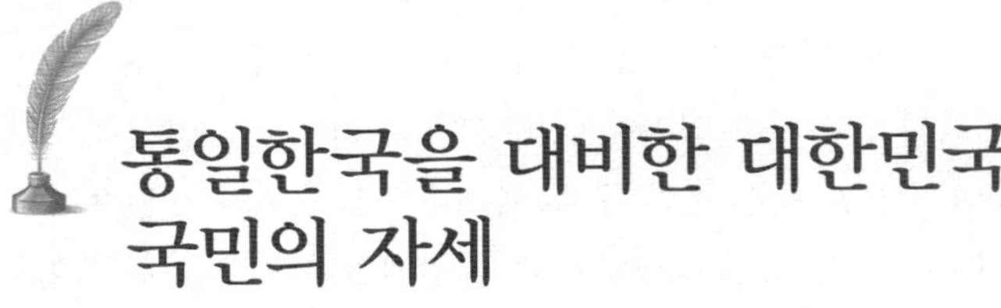

통일한국을 대비한 대한민국 국민의 자세

국제법무학과 김동훈

통일한국을 대비하여 대한민국 헌법에는 다음과 같이 명시되어 있다.

대한민국 헌법 제 4조

대한민국은 통일을 지향하며, 자유민주주의적 기본질서에 입각한 평화적 통일 정책을 수립하고 이를 추진한다.

대한민국은 통일의 실현을 한 나라의 모든 법체계의 근원이 되는 헌법에 명시한 만큼 통일의 중요성을 강조하고 있다. 7·4 남북 공동성명, 남북기본합의서, 6·15 남북공동선언 등 분단 이후 통일의 발판을 위한 노력들이 있었다. 그러나 남과 북은 상호간의 교류에도 불구하고 일회성 이벤트용으로 혹은 정치적 노림수로 작용하여 지속되지 않았다.

'10년이면 강산도 변한다'는 우리의 옛말이 있다. 한반도는 과거에 미국과 소련을 포함한 4개국의 신탁통치 결정 이후, 혹은 남과 북의 각각의 정부가 들어선 이후, 혹은 한국 전쟁 이후, 정확히 언제라고는 명확히 말할 수 없기에 1950년 전후를 기준으로 약 60~70년간 같은 문화권에서 각자의 정치제제 하에 다른 삶을 살아왔다. 이렇게 오랜 기간 분리된 상태에서 우리는 서로에게 관심을 두지 않았고 오히려 적으로 생각해왔다. 반공교육으로 시작하여 지속되는 북한의 도발로 인해 생긴 북한에 대한 적대심들이 쌓여 대한민국 국민은 통일이란 이상적인 상황을 맞이하기에 앞서 마음의 벽을 허물지 못하고 있는 상황이다.

이런 상황에서 조선민주주의인민공화국에서는 김씨 가문의 3대 세습이 이루어졌고 김일성의 손자인 김정은이 집권한지 4년차에 이르렀다. 많은 학자들이 김정은 집권 초기 당시 그의 세력 기반에 대해 의심을 품고 그의 집권이 오래가지 않을 것이라는 예상을 해왔지만, 시간이 흘러 벌써 4년이 되어간다. 매스컴을 통한 김정은의 행보로 봤을 때, 부족한 내 견해이지만 4년이면 충분히 그동안 당 내에서의 자신의 권력 기반을 충분히 갖춰 놓았으리라고 예상된다. 하지만 앞선 김일성과 김정일의 상황과 달리 김정은에 대한 북한 주민들의 인식에 대한 의문점과 김정은에 대한 북한 주민들의 인정은 확답할 수 없다. 김일성과 김정일이 신격화 되어 하나의 종교처럼 그들을 받드는 행동을 했지만, 김정은의 경우 그가 지도자가 되기 이전에 했던 일은 아무것도 없기에 때문에 당이 아닌, 인민들에게도 그의 권력 권력을 유지하기 위한 기반이 갖추어졌는지에 대한 의문이 있다. 정보통신의 발달로 새로운 문물을 더 쉽게 접할 수 있게 된 북한 내에서의 격변은 아무도 예상할 수 없지만 뜻밖에 빠른 시기에 나타날 것이라는 생각을 해볼 수도 있다.

앞서 말한 바와 같이 현재 북한은 현재 통신매체의 발달과 탈북자들의 증언으로부터 알 수 있는 한류 문화의 전파 등 충분한 정보의 활성화로 인해 사람들의 자유에 대한 의식이 과거에 비해 크게 깨어나고 있다고 예상된다. 3대 세습으로 인해 여전히 가난에 시달리는 북한주민들이 어느 순간 스스로의 모습을 발견했을 때, 이는 곧 자신이 현재 처한 상황에 대한 부정으로 이어지게 되고 단순히 무력만으로 억제할 수 없을 정도의 반감을 불러일으킬 것이다. 만약 이런 사태가 발생하여 북한 정부가 붕괴된다면 주변국들은 그 후의 사태에 대해 각자의 방식을 고안하고 있을 것이다. 당연히 우리나라는 북한 정권이 무너지면 우리와 통일할 것이라 생각하지만 이것은 시대착오적 생각이다. 중국은 북한을 흡수통일을 통해 중국의 영토로 만들어 버릴 수도 있고, 일본은 자위대를 한반도에 파견할 수도 있을 것이다.

미국과 러시아는 한반도를 전쟁터로 언제든지 만들 수 있기에 가능한 누구보다 앞서 북한의 붕괴로 인한 혹은 정치적 협약으로 인한 통일을 대한민국은 준비해야한다. 따라서 나는 정책이나 제도를 떠나 국민적 통일 지향 및 그것을 위한 국민의 자세에 대해 말하고 싶다. 국가 간의 조약 및 협약을 (여기서 말하는 것은 대한민국과 조선민주주의인민공화국의 통일을 말하는 것이다) 단순히 문서를 나누는 외교적 행위로만 치부했을 때 간단한 작업일 수 있다. 그러나 통일이라는 특수성을 고려해봤을 때, 통일을 했을 때 국민의 삶 자체가 바뀔 수 있는 중대한 사안이기 때문에 국민의 입장과 정서까지 고려해야하는 문제이다. 이는 단순히 대한민국의 국민의 입장뿐만 아니라 북측의 입장 역시 반영되어야 하는 것이며, 양 국가 국민들의 입장이 통일에 대하여 긍정적일 때에만 통일은 실현될 수 있는 것이다.

북측 사정은 잘 모르니 그에 대한 언급은 생략하도록 하고 우선은 통일의 실현을 원하는 국민들이 가져야 할 자세에 대해 말해보고자 한다.

하나, 가까운 미래를 걱정하기 보단 먼 미래를 꿈꾼다. 터무니없는 소리라 생각 될 수 있다. 그렇지 않다. 이미 많은 경제 자료로 나와 있듯이 통일 한반도의 발전가능성은 그 어느 국가보다 높은 예상치를 보이고 있다. 아마 현재의 경제적 기반을 토대로 추정한 수치이지만, 역사 속에서 발견할 수 있는 우리민족 고유의 국민성을 첨가했을 때 그 발전은 더욱 더 뛰어날 수 있다. 그래서 내가 주장하는 바는 통일을 하고 그것이 어느 정도 지속될지 모르지만 혼란이 오더라도 사전에 그 혼란이 올 것을 예상하여 조금이나마 그 영향을 덜 받는 자세를 취하자는 것이다. 양 국가의 경제를 균형을 맞추기 위해, 북측의 시설을 개선하기 위해 등등 필요한 모든 사회적 환경에 쓰일 공적자금은 현재 아무도 예상할 수 없을 것이다. 다만 그때에 들어가는 공적자금보다 훨씬 더 이득이 될 수 있는 미래가 있기에 불확실한 미래이지만 더 확실할 수 있는 그것만을 믿고 통일을 한다. 따라서 미리 그런 경제적 상황이 닥칠 것이라는 것에 대비하여 통일을 원하는 자들은 대비 자세를 취해야 한다.

둘, 역사교육을 통해 동일한 역사 아래에서 영향을 받았다는 생각을 숙지한다. 이미 단일 민족임을 강조하여 통일을 주장하는 것은 너무 구시대적인 발상이다. 100만이 넘는 외국인이 이미 국내에 거주중이고, 인천공항 이용자가 연인원 5천만 명이 다 되어가는 상황이다. 이런 상황에서 통일에 대한 국민의 자세로 통일의 정당성으로 근거로 하여 역사에 대한 인식 제고하는 것을 제시한다. 2천년이 넘는 한반도의 역사 속에서 수많은 외세의 침략이 있었지만 민족의 불굴의 의지로 인해 고난을 극복해냈고, 그와 같은 민족적인 역사적 사실을 통해 통일에 대한 필요성을 높이도록 한다. 공감을 통해 민족의 위대함에 대해 인식을 확고히 하도록 한다. 이를 통해 분단에 의해 생긴 이질성을 극복하여 통일 한반도의 단합을 유도한다.

셋, 차별하는 의식을 버린다. 백인 우월주의의 영향이 여전히 남아있다. 개인적으로 느끼기에 일반적으로 세계의 다양한 인종들 중에서 백인을 가장 우선시하고 흑인 아랍계열 동남아계열 사람들은 여전히 우리나라에서 차별의식이 남아있다고 생각한다. 국가의 경제력이 곧 인종의 우월함이라는 잘못된 인식으로 인해 차별하는 현상을 보이는 것으로 생각한다. 못 사는 나라에서 온 사람들이라는 인식이 있어서 그런 것은 아닐까하고 추측해본다. 우리나라에서 흔히 3D업종이라 불리는 노동이 고된 직업에 종사하려는 사람들이 없어서, 보통 우리나라로 돈을 벌기 위해 온 외국인 노동자들을 고용하는 경우가 많은데 이런 노동자들을 경시하는 경향이 있는데 이것 역시도 경제적인 문제로 발생한 현상이라 생각된다. 북한은 현재 우리나라에 오는 외국인 노동자들의 출신국가들보다 훨씬 경제 상황이 좋지 않다. 평양을 제외한 다른 지역의 사람들은 훨씬 더 열악한 상황에 있을 것이다. 통일 후 대한민국의 자본력이 그대로 이북 지역으로 이동한다면, 지금보다 더 큰 빈부문제를 겪게 될 것이다. 신분제가 폐지되고 계급이 없다고 하지만 나는 여전히 요즘 흔히 불리는 '금수저', '은수저'가 언급되는 것처럼 개인의 부의 정도로 계급이 생기고 눈에 보이진 않지만 여전히 존재한다고 믿는다. 경제적인 문제가 가장 흔히 차별을 낳는 요인 중 하나인데 이런 차별하는 의식을 버려야 한다.

통일을 맞이하는 대한민국 국민의 자세로 미래를 내다보는 자세, 역사적 사건들을 통해 민족심 고취 그리고 차별하는 의식을 없애자는 자세를 제시했다. 우리의 더 나은 미래를 위해 작은 이 한반도에서 나눠진 것을 부끄러워하고 미래를 내다봐야 한다. 두 번째로 제시한 태도를 근거로 생각해보면 우리의 분단 역시 선조들의 뜻을 따라 극복해내야 하는 문제라 생각한다. 외세에 의해 우리 민족이 분열되었는데 지금이야 말로 그 외세의 침략적 결과를 해소해야 할 때라 생각한다. 경제적으로 우위에 있다고 해서 형편이 좋지 않은 사람을 하대하는 것보다 더 미개한 행위는 없을 것이다. 선진 한반도의 국민으로써의 품격과 명성에 걸맞도록 통일을 대비하여 그에 맞는 자세를 갖춰야 할 것이다.

통일 한국의 시민상에 대한 고민

기계공학과 이준민

저는 어릴 때 항상 이런 말을 주변 형들에게서 들었습니다. "나는 군대 가야 하는데, 너 때는 통일되어 군대 갈 일이 없을 거야. 부럽다". 하지만 그런 이야기를 들은 지 10년이 넘은 지금도 우리나라는 통일은커녕 통일 근처에도 가지 못했습니다. 이제는 어릴 때 들었던 말들을 친척 동생들한테 해야 하는 나이가 되었습니다. 저도 통일이 쉽지는 않을 것이라고 생각했지만 이정도로 어려울 줄은 몰랐습니다. 제가 초등학생일 때는 지금보다 북한과의 관계가 더 좋지 않았음에도 금강산에 여행을 가는 것이 가능했었고, 저도 실제로 방문해보기도 하였습니다. 어릴 때부터 그런 경험을 해서인지 항상 의문이 많았습니다. "같은 민족인데 왜?", "두 정부가 합의해서 통일하면 되는 거 아닌가?", "버스로도 금방 가는데 왜 통일이 되지 않는 거지?"와 같은 많은 생각을 하며 살았습니다. 하지만 시간이 가고 중·고등학생이 되면서 통일이 그렇게 간단한 일이 아님을 알게 되었습니다. 한반도를 둘러싼 여러 나라의 얽혀있는 문제들이 눈에 들어오기 시작했고, 이건 지금 나의 세대에서는 해결이 나지 않을 수도 있겠다는 생각을 하게 되었습니다.

저는 정치인이 목표가 아닙니다. 통일에 대하여 강력하게 주장하고 싶지도 않습니다. 하지만, 혹시라도 앞으로 통일이 될지도 모른다는 희망을 가지고 살아갈 한 공학도입니다. 또한 이 글을 읽고 있는 학생들도 대부분이 정치인보다는 일반인으로써 사회에서 생활을 할 것입니다. 이 글에서 저는 저의 관점에서 일반 사회의 구성원이 어떻게 준비를 해야 할지를 한번 적어보겠습니다.

먼저 우리가 왜 통일을 준비해야 하는지 생각해 보고자 합니다. 사람들에게 "통일이 언제쯤 될 것이라고 생각합니까?"라는 질문을 하면 일반적으로 20년 후[2]라는 답이 가장 많이 나온다고 합니다. 그럼 이 20년이라는 수치가 중요한 이유는 무엇일까요? 답은 현재 대학생인 학생들이 사회에서 중요한 일들을 하고 있을 시기라는 것입니다. 현재 20대이던 대학생들은 20년 후의 나이인 40대가 되어 있을 것입니다. 대학생이던 학생들은 사회의 중요한 위치에서 일을 하고, 통일에 대한 효과를 직접적으로 영향을 받게 될 것입니다. 그 예를 들자면 북한의 경우 한국에 비해 많은 것들이 부족합니다. 그중 대표적인 것이 건물입니다. 통일이 될 경우 북한에 다양한 병원, 학교, 주거공간과 같은 건물들을 건설하고, 남한의 전력을 북한으로 송전하기 위한 송전탑, 등 현재 배우는 전공 지식이 필요할 것입니다. 통일이 되면 방금 언급한 분야 말고도 모든 분야에서의 인력이 필요할 것입니다. 이러한 인력의 공백을 남한의 현재 대학생들이 채우게 될 것입니다. 이 글을 읽고 있는 우리는 이렇게 중요한 세대입니다. 하지만, 이런 말을 듣고 다음과 같이 답하는 사람들도 있습니다. "통일이 되면 엄청난 통일비용은 누가 부담하는데?" 물론 통일은 무료로 되는 것은 아닐 것입니다. 하지만, 정확한 금액은 실재 통일이 되어야 알 수 있겠지만, 통일을 하는 즉시 일시불로 돈을 가져가는 것이 아닐 것입니다. 통일비용은 몇 십 년에 걸쳐서 서서히 빠져나갈 것입니다. 또한 통일이 될 경우 경제가 발전을 하게 될 것이기 때문에 통일비용에 대한 부담이 적을 것이라 예상됩니다.

"통일"의 정의는 "나누어진 것들을 합쳐서 하나의 조직·체계 아래로 모이게 함. "입니다. 이것을 염두에 두어 두고 통일에 대하여 생각하는 법을

2 정은미(서울대 통일평화연구원), 통일과 평화5집 2호 · 2013, 10쪽, 〈표 3〉 통일의 가능 시기 http://s-space.snu.ac.kr/bitstream/10371/91570/1/4.%20%EC%A0%95%EC%9D%80%EB%AF%B8-%EB%82%A8%EB%B6%81%ED%95%9C%20%EC%A3%BC%EB%AF%BC%EB%93%A4%EC%9D%98%20%ED%86%B5%EC%9D%BC%-EC%9D%98%EC%8B%9D%20%EB%B3%80%ED%99%94.pdf.

알아야 할 것입니다. 통일이라는 것을 생각할 때 대부분 남한과 북한만을 생각합니다. 하지만, 진정한 통일시대를 이끌기 위해서는 한 걸음 더 멀리 봐야 할 필요가 있습니다. 중국에 있는 '조선족', 멀게는 중앙아시아에 있는 '고려인'들과 같은 우리 민족들의 관심이 필요할 것입니다. 예를 들어 현재 중국의 '조선족'에 대한 인식도 조사를 하면 함께 가야 할 우리의 동지라는 의견보다는 중국에서 사는 우리와는 관계가 없는 민족이라는 의견, 심지어는 뉴스에서 본 인식으로 인하여 부정적으로 생각하는 경우가 더 많을 것입니다. 진정한 '하나 되기 위한'통일에 대비하며, 통일 이후의 일을 생각하기 위해선 이러한 인식을 바꾸어야 합니다. 또한 다른 나라, 다른 지역에 살고 있다고 해서 차별받는 일이 없이 다 같이 살 수 있는 준비를 해야 할 것입니다. 지금 당장 통일이 된다면 남한과 북한을 나눠서 서로 비하하는 일이 발생할 것입니다. 남한은 북한을 '가난하다'고, 북한은 남한을 '자본주의', '미국의 앞잡이'라고 서로 상대방의 일부분만을 보면서 비하하는 일이 발생될 것입니다. 진정한 통일이 되기 위해선 서로 다름을 인정해주면서 상대를 존중해줘야 할 것입니다.

현재 우리는 65년 이상 남과 북이 분단된 지 넘었습니다. 10년이면 강산이 변하는데 65년이라는 시간은 강산이 6번이나 변하고도 남는 시간입니다. 이러는 동안 두 나라는 많은 문화들이 변하였습니다. 그중 신경 써야 할 것은 언어입니다. 다들 초, 중, 고등학교 때 숙제로 '재미있는 북한 말 찾기'와 같은 활동을 한 적이 있을 것입니다. 그러면서 "와 아이스크림을 얼음보숭이라고 하는구나, 신기하네." 와 같은 생각을 해 보았을 것입니다. 이런 활동을 통하여 북한과 남한의 단어가 너무나 달라져 말이 안 통할 것이라는 생각을 하게 되는 경우가 많습니다. 물론 당장 통일이 된다면 서로의 말을 하는데 지장이 있을 정도로 의사소통이 힘들 것입니다. 하지만 우리가 "혼저옵서예."라는 말이 '반갑습니다.'의 제주도 사투리라는 것을 몰라도 제주도 사람과 말을 할 수 있듯이 북한도 다르지 않을 것입니다. 또한 지금부터 조금씩이라도 서로 관심을 가지면서 문화교류를 통해 서로를 조금씩 배워 간다면 통일한국을 대비할 수 있을 것입니다. 마지막으로 요약을 해보자면, 통일은 우리가 죽기 전에 될 가능성이 크다고 볼 수 있습니다. 우리나라와 같은 분단국가이었던 독일의 경우, 통일이 되기 전부터 몇 년 동안 서로 문화적으로 교류를 했음에도 통일 후에 많은 문제들이 발생하였습니다. 우리나라는 독일보다 더욱 긴 시간 동안 서로 분단이 되어있었음에도 아직까지 지속적으로 서로를 알려고 하는 교류는 없었습니다. 미래의 통일이 성공적으로 되기 위해서는 지금부터 우리들이 차근차근 준비해 나가야 할 것입니다. 언어의 문제, 인식의 문제가 해결되어야만 통일 한국이 성공할 수 있을 것이라 생각합니다.

제3장

아무나(anybodies)가 아닌 한민족을 위한 공감과 소통

들머리

문정화(베어드학부대학 교수)

〈통일을 위한 공감과 소통〉이라는 제목의 글을 쓴 경영학과 안현정 학생은 북한 사람들과 우리는 한민족이므로 통일은 반드시 이루어져야 한다고 주장하고 있다. 하지만 우리 사회에 통일에 대한 부정적인 시각이 있다는 점을 우려하고 있다. '70년간의 분단 역사로 인한 언어의 이질화 현상과 같은 문화적 차이로 소통의 문제가 발생할 것이고, 서독과 동독의 통일 결과처럼 경제적 위기에 처하게 되어 결국 한국의 경제적 위상이 실추될 것이며, 이념의 차이로 인해 커다란 갈등이 발생할 수 있다.'는 일부의 우려를 지적하고 있다. 이 학생은 우리 사회가 갖고 있는 통일에 대한 관점의 차이를 해소하기 위한 해결방안으로 '공감과 소통'을 제시하고 있다. 즉 원만한 인간관계 형성을 위해 공감이 필요하듯이 공감과 소통 없이는 진정한 통일을 이루기 어렵다는 것이다. 먼저, 언어의 이질화로 인한 소통의 문제를 극복하기 위해서는 한국에서도 각 지방마다 서로 다른 사투리를 사용하고 그를 인정하듯이 북한의 상황을 공감하며 북한에서 사용하는 언어에 대해 이해하고 수용하는 자세를 취해야 한다는 것이다. 둘째로 경제적 문제도 공감과 소통을 통해 해결될 수 있음을 언급하고 있다. 경제적 문제는 개인의 이익과 상관되는 민감한 부분이긴 하지만 통일 이후 철도 연결을 통해 금강산 관광과 같은 관광 산업과 무역을 활성화 시킬 수 있을 것이고, 경제활동인구의 증가와 국방비 감소 등으로 인해 남북모두에게 경제적 이득을 가져다 줄 것이라고 기대하고 있다. 마지막으로 남북한의 이념 차이 극복 방안으로 북한 사람들의 이념을 이해하기 위해서도 적극적인 공감과 소통이 필요하다고 주장하고 있다. 우리나라 국민이 싫어하는 대상은 북한의 기득권층이지 북한의 일반 주민이 아니기 때문에 일반주민의 삶에 대해 우리가 공감할 필요가 있고, 그들의 머릿속에 들어있는 잘못된 이념을 바로 잡기 위해서는 올바른 교육과 끊임없는 소통이 필요하다고 보고 있다.

〈통일, 그것은 결국 사람과 사람의 만남〉이라는 글을 쓴 전자통신전자공학부 김효원 학생은 1983년 KBS의 이산가족 찾기 특별 생방송이 남북의 긴장완화에 기여하는 효과를 가져왔음을 주목하고 있다. 그 방송이 세계적인 주목을 받았기 때문에 당시 북한도 세계인들의 관심을 무시할 수 없었고, 이산가족 찾기에 협조할 수밖에 없었다는 것이다. 통일의 필요성과 방법에 대한 의견 대립이 있지만 통일의 긍정적인 효과, 특히 경제에 미칠 효과에 대해 언급하고 있다. 통일이 되면 우리나라 기업들은 철로와 도로를 이용하여 북한지역을 거쳐 광활한 대륙으로 진출할 수 있기 때문에 활동기반을 크게 넓힐 수 있다는 것이다. 둘째로 한반도가 지닌 정서와 전통의 정착을 통해 정신적·문화적 가치관을 구축하여 세계시장에서의 우위를 차지할 수 있다는 것이다. 셋째로 훼손되지 않은 북한의 자연경관과 비무장지대를 관광 상품으로 개발하여 세계인을 대상으로 한 관광객 유치를 통해 관광산업이 활성화 될 수 있다는 것이다. 한편 통일이 되면 경제발전은 가져올 수 있겠지만 북한 주민을 기업 이윤을 위한 이용대상으로만 여겨서는 안 되고 같은 민족임을 잊지 말아야 할 것이라는 점을 지적하고 있다.

〈변화는 소통과 공감에서 시작된다〉을 쓴 기독교학과 이수영 학생은 '통일을 위한 발판을 마련하거나 통일을 이루는 것이 현 청년세대의 역사적 소명'이라고 생각하고 있다. 6.25를 겪은 세대들은 북한에 대한 분노와 적개심이 있고 청년층은 통일에 대해 무관심하고 냉담하기 때문에 통일이 쉽게 이루어지기는 어렵겠지만, 북한의 불안한 정치·경제 여건상 갑자기 통일이 이루어질 수도 있기 때문에 충분히 그에 대비하여야 한다는 입장이다. 시급하게 해결해야 할 선행 과제를 제시하였는데 첫째로 남한과 북한의 관계 개선을 강조하고 있다. 2006년부터 2013년까지 북한 핵실험에 대한 압박과 제재를 가했던 강경책의 한계를 언급하며 대북정책의 새로운 시도와 실효성 있는 대화 방법을 찾아야 한다고 주장하고 있다. 그동안 17번에 불과한 남북한 대화를 더 많이 늘려야 한다는 것이다. 둘째 남한이 주도적으로 통일을 이끌고 나가야 함을 강조하고 있다. 통일을 반대하는 사람들은 통일 비용에 대한 경제적 부담, 남한과 북한의 감정적 문제, 언어와 문화의 차이에 의한 민족성 상실, 북한 주민의 적응 문제를 제기하지만 북한의 자원과 인력 활용을 통한 경제발전 효과를 기대할 수 있다는 점을 알리고 통일에 대한 긍정적인 태도를 갖도록 만들어야 한다는 것이다. 셋째로 6.25 전쟁은 북한의 지배층, 혹은 기득권층에 의해 벌어진 것으로 남북한 모든 사람들이 피해자이므로 북한의 일반사람들에 대한 인도적 시선이 필요하다는 것을 강조하고 있다. 마지막으로 어떤 이들은 북한주민들이 시장경제체제에 적응하기 어려울 것이라는 우려 때문에 통일에 반대하지만 이미 북한에서도 자본주의가 싹트고 있으므로 큰 문제가 아니라는 것이다. 또한 시대의 소명인 통일을 위해 미래를 주도해 나갈 우리나라 청년들이 북한 사람들에 대한 진정한 공감의 마음가짐이 필요하다는 것을 강조하고 있다.

이상 3편의 학생 글을 보면, 학생들 모두 통일을 위한 실천 방안으로 공감과 소통의 중요성을 강조하고 있다. '공감'은 남의 감정, 의견, 주장 따위에 대해 자신도 그렇다고 느끼는 기분을 의미한다. 즉 공감적 이해가 되어야 서로 간에 막힘없이 소통이 잘 이루어질 수 있는 것이다. UN 안보리의 연설에서 오준 대사가 강조했듯이 '대한민국 사람들에게 북한 주민은 '아무나(anybodies)'가 아니고, 대한민국 수백만 명의 이산가족에겐 아직 북쪽에 그들의 가족이 남아 있다.'는 점을 감안하여야 할 것이다. 같은 민족이라는 진심어린 마음을 가져야 하며, 이산가족의 아픔을 함께 나눌 수 있는 자국민간에 공감과 소통을 이루어야 하는 것이 통일을 준비하는 우리들의 선행 과제가 아닐까 생각한다.

학생들의 지적처럼 통일을 반대하는 사람도 많지만 통일을 하면 좋은 이유는 학생들이 지적한 것들 말고도 많이 있다. 예상되는 통일의 경제적 효과로는 국방비를 줄일 수 있고, 그 예산을 경제개발이나 사회복지예산으로 돌릴 수 있고, 청년의 노동력을 군사력 유지가 아닌 경제개발로 돌릴 수 있을 것이며, 북한의 싼 인건비와 풍부한 지하자원을 활용하면 상품의 국제경쟁력을 더 높일 수 있을 것이다. 또한 초고령화와 낮은 출산율로 인해 가까운 미래에는 경제활동인구가 매우 부족하게 되어 저성장 고복지로 인한 문제가 예상되는데, 통일은 그에 대한 해법이 될 수도 있을 것이고, 상품의 소비자가 늘어나 자립경제를 촉진할 수도 있게 된다. 반대로 남북 분단인 채 계속하여 대립하며 살아갈 때의 손실 비용도 감안할 필요가 있다. 국방비의 과다 지출뿐만 아니라 남북 대치상황을 악용하고자 하는 세력으로 인해 예상되는 사회 혼란, 그리고 군입대로 인한 청년들의 에너지와 열정의 분산 등의 비용도 감안할 필요가 있을 것이다.

하지만 통일이 가져다주는 경제적인 이득보다도 중요한 것은 학생들이 지적하였듯이 인도적인 이유이다. 북한에 거주하는 대다수의 주민들도 피해자들이라는 점을 감안할 필요가 있다. 미워해야 할 집단은 북한의 지배집단이지 일반 주민이 아니다. 호위호식하고 권력 유지에만 관심이 있는 소수의 지배집단에 의해 대부분의 북한 주민은 착취당하고 있는 것이다. '가해자 비난하기'는 바람직할 수 있지만 '피해자 비난하기'는 분명 바람직하지 않다. 우리의 형제자매인 일반 북한 주민의 삶을 그냥 내버려 두기에는 너무나 열악하다는 것은 북한이탈주민과 방송매체를 통해 널리 알려진 사실이다. 인도주의를 실천하기 위해서 머나먼 아프리카 주민들도 돕는데 가까운 북한 주민을 나 몰라라 하는 것은 이율배반적 행동일 수 있다.

박근혜 대통령도 2014년 신년 기자회견에서 "대한민국이 한 단계 더 도약하기 위해선 한반도 통일 시대를 열어가야 하고, 통일은 대박이라고 생각한다."라고 말한바 있다. 박대통령은 통일 기반을 구축하기 위해서는 첫째 북한이 핵을 포기하도록 다양한 방법을 강구하고, 둘째 대북 인도적 지원을 강화하고 이를 통해 남북 주민 간에 동질성 회복이 좀 더 이루어질 수 있도록 노력하며, 셋째 통일 공감대 확산을 위한 국제협력을 강화하는 것을 해법으로 들었다. 하지만 이러한 해법이 새로운 제안이라고 할 수는 없으나 우리가 신경 써야 할 대북정책의 원칙적 입장이라고 할 수 있다.

통일을 진정으로 원한다면 통일을 위해 준비해야 할 것들이 많이 있다.

어떤 학생이 말했듯이 통일이 생각보다 빨리 올수도 있기 때문에 서둘러야 할런지도 모른다. 첫째, 우리나라 사람들의 특성인 '차별과 폭력에 관대한 사회분위기'부터 바뀌어야 할 것이다. 안타깝게도 어떤 전문가들은 우리나라가 전 세계에서 인종과 문화 차별주의가 가장 심한 국가라고 말하기도 한다. 우리나라에 와 있는 동남아시아 출신 근로자, 혹은 결혼이민자 및 그 자녀들에 대한 차별뿐만 아니라 조선족이라 불리는 중국동포에 대한 차별도 매우 심하다고 말하고 있다. 또한 가난한 사람에 대한 차별도 다른 선진국 보다 심한 편이라고 할 수 있는데, 이와 같은 분위기가 이어질 경우 통일 이후에도 북한 주민에 대한 차별이 심해질 것으로 예상되는데, 이대로 두면 걷잡을 수 없는 사회혼란이 올지도 모르기 때문에 사전에 대비하여야 할 것이다. 둘째, 북한 주민에 대한 우리나라 사람들의 이해가 필요하다. 북한 주민은 사유재산이 인정되지 않고, 배급에 의존하는 공산주의 체제에서 오랫동안 살아왔기 때문에 열심히 일을 하려 하지도 않을 것이고, 국가에 대한 의존성이 강할 것으로 예상된다. 이러한 습성은 부지런한 남한 사람들이 보기에는 이해되지 않을 가능성이 매우 높다. 따라서 북한 주민의 습관과 특성에 대한 이해를 높이기 위한 대중교육이 필요할 것이고 다른 한편으로는 북한주민의 자본주의에 대한 철저한 사전 사후교육이 필요할 것이다. 셋째 자본주의와 시장경제체제에 대한 적응을 못하는 부적응자 및 낙오자에 대한 사회안전망과 복지제도의 마련이 필요하다. 아무리 사전 교육을 열심히 하여도 부적응자가 있기 마련이기 때문에 물질적, 정신적 복지제도를 준비할 필요가 있을 것이다.

통일 준비는 빠르면 빠를수록 좋다. 준비 안 된 갑작스런 통일이 우리 사회에 최악의 결과를 가져올지 모르기 때문이다. 급작스런 북한주민의 남한 유입이 이루어지면 남한 사회에 대혼란이 일어날 수 있다. 북한 주민이 저임금 노동자의 일자리를 대체하여 저임 근로자와 육체노동자의 대량 실업 사태가 발생할 수 있고, 낮은 임대료의 주택이 부족하여 주택임대료가 폭등할 수도 있고, 여러 가지 이유로 범죄가 증가할 수도 있다. 한편 북한지역에는 개발업자들의 무분별한 개발로 자연환경이 파괴될 수도 있을 것이다. 이러한 혼란을 막기 위해서는 통일 예상시기별로 그에 맞는 여러 가지 플랜이 필요할 것이다. 남북한 모두 서로의 이질성과 상이한 이데올로기에 대한 공감이 필요하고, 논의·토론·대중매체 등을 활용한 다양한 소통의 방법을 준비하여야 할 것이다. 우리 대학에서는 통일의 공감과 소통을 위해 필요한 콘텐츠의 개발과 교육자·상담자·복지사의 양성에 힘을 기울일 필요가 있다.

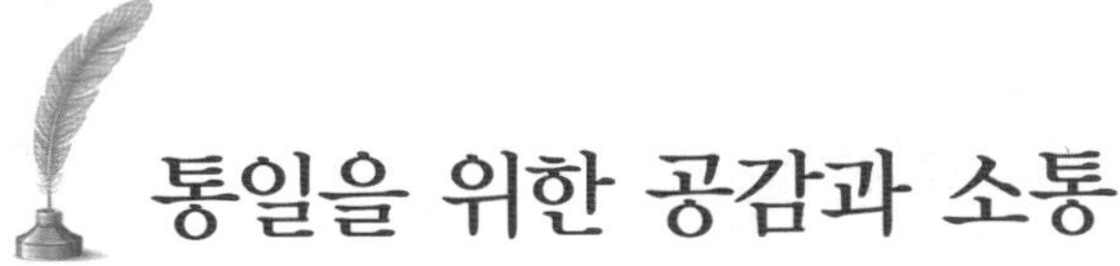

통일을 위한 공감과 소통

경영학과 안현정

우리는 어릴 적부터 학교에서 통일은 반드시 이루어져야하는 숙제라고 교육받아왔다. 통일을 해야 하는 데에는 여러 이유가 있지만 우리가 한민족이라는 사실이 가장 큰 이유일 것이다. 그런데 요즘은 북한 사람들과 우리가 한민족이라는 의식조차 점차 사라지고 있다. 통일에 부정적인 태도를 보이는 사람들은 이러한 점을 근거로 통일이 큰 혼란을 초래할 것이라고 주장한다. 분단 칠십 년째에 접어들고 있는 현재 북한의 문화와 남한의 문화는 달라도 너무 많이 다르다. 일단 사람들이 살아가는데 있어서 가장 기본적이라고 할 수 있는 언어에 차이가 있다. 예를 들어 북한은 아이스크림을 '얼음보숭이', 상추를 '부루'라고 부르는 등 사물을 일컫는 명칭이나 어휘가 남한과 다르다. 또한 북한은 남한과는 달리 자음동화와 두음법칙이 없고 억양 모두 남한과는 달라졌다. 이렇듯 서로간의 언어 차이로 소통이 어려워진 것이 사실이다. 이와 같은 언어의 이질화 문제로 사회적인 혼란이 유발될 수 있다.

그다음으로는 경제적인 이유이다. 사람들이 통일을 꺼려하는 이유 중 가장 대표적인 것은 우리나라가 경제적으로 회복할 수 없는 큰 타격을 입을 것이라는 점이다. 그들은 서독과 동독이 통일을 이루는 과정에서 서독의 경제적 위상이 크게 떨어진 사실을 예로 들면서 우리나라도 마찬가지일 것이라고 주장한다. 게다가 우리나라는 남과 북으로 분단 된지 그들보다 더 오래되었고 그만큼 경제 수준도 독일의 경우보다 크게 차이가 나기 때문에 경제적으로 엄청난 타격을 입을 것이라고 예상된다. 그래서 혹자는 그런 경제적인 손실을 감내하면서까지 통일을 해야 할 필요성을 느끼지 못한다고 말한다. 속된말로 '통일을 하면 우리만 손해다, 북한을 도와주는 꼴이다.'와 같은 말인데, 이렇듯 현재 많은 사람들이 통일을 하면 남한의 경제적 위상이 실추되리라 생각하고 있다.

이 밖에도 통일을 부정적으로 보는 이유는 더 있다. 통일을 가로막는 가장 거대한 장벽인 체제의 문제이다. 북한과 남한은 서로 다른 체제를 가지고 있다. 북한은 공산주의체제, 남한은 민주주의 체제이다. 최근 문제가 되었던 삐라사건 등은 모두 체제와 관련이 있는 문제였다. 남한은 북한의 공산주의체제의 문제점과 모순을 북한 사람들에게 알리려는 목적으로 삐라와 방송을 사용하였고, 북한은 그것으로 인해 체제가 흔들리는 것을 방지하기 위해 온힘을 다해 이를 제지하였다. 이렇듯 전혀 다른 이념을 가진 남북한이 갑작스럽게 통일을 하게 된다면 사회적인 혼란과 문제는 발생할 수밖에 없다. 다른 나라의 문화와 정치체제, 이념을 잘 접하지 못한 북한 사람들이 갑자기 많은 양의 새로운 정보와 자유를 얻게 된다면 무척 당황하고 혼란스러워할 것이 사실이기 때문이다. 반대로 남한 사람들은 그런 북한 사람들을 이해하지 못할 수도 있다.

그렇다면 통일은 정말로 이루어질 수 없는 허황된 꿈에 불과한 것일까. 나는 이러한 모든 문제를 해결할 수 있는 방법이 있다고 생각한다. 그것은 바로 공감과 소통이다. 사람 사이의 관계에 있어서 중요한 영향을 끼치는 것이 많지만 그중 제일 중요한 것은 공감과 소통이다. 대화를 할 때 서로간의 공감과 소통이 없다면 그것은 진정한 대화라고 할 수 없다. 마찬가지로 공감과 소통이 없는 통일은 진정한 통일이 아니다. 그것은 오히려 우리를 아노미 상태에 빠지게 할 것이다. 하지만 공감과 소통이라는 것이 너무나 이상적이고 추상적이라서 사람들은 이를 중요하게 생각하지 않는 경향이 있다. 직접적으로 눈에 보이는 성과가 아니기 때문이다. 그러나 통일을 준비하는 우리가 근본적으로 생각해야 할 것은 공감과 소통이다. 그렇다면 한국 사회에서 공감과 소통을 위해 우리가 갖추어야 할 시민윤리에는 과연 어떤 것들이 있을까.

다시 처음으로 돌아가 통일을 부정적으로 바라보는 첫 번째에 이유인 언어 차이의 관점에서 보면 보다 명확한 답을 얻을 수 있다. 우리는 그들의 언어를 이해하고 받아들여야 한다. 남과 북에서 사용하는 말은 현재는 이질화되어 있는 것이 사실이다. 이와 같은 언어 이질화현상은 분단 상황의 지속, 이념의 차이 등으로 인해 나타났다. 이러한 이질화 현상을 극복하기 위해서 우리는 먼저 북한의 상황을 공감해야 한다. 남한과 북한의 언어에 있어서 가장 큰 차이점은 어휘 분야인데, 북한은 외래어를 대부분 우리말로 바꾸어 사용하고 사회제도와 이념의 영향에 따른 언어관 및 언어 정책의 차이로 '동무', '로동 교양소'와 같이 남한은 사용하지 않는 어휘를 사용하고 있다. 이는 북한의 공산주의체제로 인한 언어적 부분도 무시할 수 없다는 것을 보여주는 바이다. 따라서 이러한 어휘 문제는 통일이 되어 공산주의 이념이 무뎌지고 자본주의 체제가 확산된다면 점차 해결되어질 수 있다고 생각한다. 제주도 사투리, 경상도 사투리가 표준말과는 다른 어휘와 억양을 가진다고 해서 우리나라 언어가 아니라고 말할 수 없는 것처럼 북한말도 남한말과 마찬가지로 한국어이다. 따라서 남북한은 같은 조상을 가지고 같은 한국어를 사용하는 한민족이라는 생각을 바탕으로, 북한말의 배경이 되는 이념과 다른 나라로 부터 고립되어 있는 북한의 상황을 이해하고 공감한다면 그들의 언어에 거부감이 생기지는 않을 것이다. 오히려 근본적으로 우리말과 다를 바 없는 한국말이라는 것을 깨달을 수 있을 것이다. 언어 이질화 문제는 남북한의 원만한 의사소통과 통일을 위해서 반드시 해결해야할 중요한 과제이므로 공감하고 열린 마음으로 그들과 소통하려는 자세가 필요하다.

두 번째로 경제적인 문제를 해결하기 위한 공감과 소통의 자세가 무엇일지 살펴보아야 한다. 경제적인 문제는 개개인의 이익과 연결되어 있는 부분이기 때문에 다른 문제들보다 민감하게 반응할 수밖에 없는 일이다. 그렇기 때문에 이 문제는 더욱 서로간의 소통이 필요하다고 생각한다. 북한이 우리보다 못사니까 우리가 손해를 볼 것이라는 일차원적인 생각을 벗어나야만 할 것이다. 통일을 하게 되면 철도를 연결하여 금강산 관광과 같은 관광산업과 무역을 활성화 시킬 수 있을 것이다. 또한 유라시아 철도를 이용하여 물자를 빠르고 쉽게 이동시킴으로써 경제적인 이익을 얻을 수 있을 것이다. 통일을 통해 경제활동인구가 늘어나고 관광과 무역이 활성화 된다면 이는 남한과 북한 모두에게 이득일 것이다. 뿐만 아니라 국방비 과다 문제도 해결할 수 있다. 우리나라는 2014년 기준 국방비가 38조 700억 원으로 세계 상위 10위를 차지하고 있다. 이러한 우리나라에서 통일이 이루어진다면 국방상의 목적으로 지출되는 경비를 크게 줄일 수 있다. 이처럼 통일은 남북한 모두에게 경제적인 이익을 가져다준다. 물론 통일을 하기까지는 많은 어려움이 있겠지만 이는 상호간의 소통을 통해 점차적으로 해결할 수 있다. 눈앞에 놓이는 이익보다 장기적으로 서로에게 이익이 되는 것은 소통을 통한 경제적 안정이고 따라서 통일로 인해 떨어질 경제적인 위상은 오히려 섣부른 오해가 될 것이다.

마지막으로는 남북한 이념의 차이를 어떻게 극복해 나가야 할 것인지에 대해 알아볼 것이다. 이것도 위와 마찬가지로 공감과 소통이 해결방안이 된다. 그들의 이념을 이해하고 깊은 이야기를 나눔으로써 이념적인 갈등을 해결할 수 있다는 것이 중점적인 의견이지만 이를 실현하기가 현실적으로는 어렵다. 북한 사람들 개개인과 우리가 체제의 모순, 추구해야 될 사상과 같은 것을 이야기하는 것이 불가능할 뿐만 아니라, 우리에게는 공산주의 체제를 공감하고 이해하는 것 또한 쉬운 일이 아니기 때문이다. 하지만 여기서 말하는 공감과 소통을 포기할 수는 없다. 다른 문제들보다 이념의 문제는 더더욱 공감과 소통이 중요하기 때문이다. 일단 공산주의는 취지 자체가 나쁘다고 볼 수 없다. 북한이 공산주의의 체제를 이용하여 독재정치를 펼치기에 문제가 되는 것이지 공산주의의 원래 취지는 모두가 똑같이 잘 먹고 잘사는 것이다. 따라서 우리가 이념적인 거부감을 가져야할 대상은 공산주의 자체라기보다 북한의 기득권층, 즉 정치인들이라고 할 수 있다. 북한이 공산주의 체제라고 해서 북한사람들이 모두 그 체제에 동의하고 자본주의 체제를 배척한다는 것은 아니다. 대부분의 사람들이 체제에 저항하지 못하고 순응하며 살고 있는 것뿐이지 정치적인 신념으로 북한의 체제에 복종하는 사람은 드물다. 이처럼 우리가 공감해야 될 부분은 북한의 모순된 체제가 아니라 그곳에서 살고 있는 사람들의 삶이다. 그리고 북한 사람들의 머리에 뿌리 박혀있는 이념적 사고는 올바른 교육과 끊임없는 소통을 통해 해결할 수 있다. 물론 간단히 바뀔 수 있는 문제라고 생각하는 것은 아니지만 다른 해결방안을 실행하기 전에 공감과 소통의 태도를 지녀야 한다는 것은 부인할 수 없는 당연한 사실이다.

지금까지 공감과 소통이 통일에 있어서 얼마나 중요한 역할을 하는지 살펴보았다. 통일 한국에서 공감과 소통을 위해 우리가 갖추어야 하는 시민윤리란 '편견을 버리고 열린 마음으로 그들과 소통하려는 태도'에서 시작될 것이다. 나아가 공감은 언어의 이질화 문제, 경제적 문제, 이념의 문제를 초월하여 사람의 마음을 움직이고 공감을 바탕으로 한 소통을 가능하게 하여 우리에게 문제에 대한 해결방안을 모색할 수 있는 기회를 마련해 줄 것이 틀림없다. 이것이 통일의 시작이다. 우리에게 중요한 것은 공감과 소통의 자세를 갖추는 것이라는 걸 잊지 않았으면 하는 바이다.

통일 그것은 결국 사람과 사람의 만남

전자통신전자공학부 김효원

세계 유일의 분단지역인 한반도의 통일은 먼 미래의 일이 아니다. 1983년 KBS에서는 세계적으로 이례적인 방송을 했다. KBS 특별생방송 '이산가족을 찾습니다.'라는 방송인데, 방송기간 138일, 방송시간 453시간 45분 동안 생방송으로 진행하였다. 전 세계 방송 역사상 전무후무한 기록이다.

한반도는 세계에서 가장 오랫동안 냉전체제가 지속되는 지역이다. 대한민국의 이산가족은 일제강점기(1910~1945)와 한국전쟁(1950.6.25.)으로 인한 남북분단으로 발생하여 약 1천만 명에 이른다. KBS는 한국전쟁 33주년과 휴전협정(1953.7.27.) 30주년을 즈음하여 〈kbs특별생방송 이산가족을 찾습니다〉를 기획했다.[1]

방송 '이산가족을 찾습니다'가 전파를 타면서 이산가족을 찾기 위해 직접 여의도광장과 KBS 방송국에 모인 인파는 세계의 이목을 집중시켰다. 전 세계인의 관심에 기대어 세계의 여론도 이산가족 찾기에 북한이 협조하기를 바라게 되었고, 1985년 9월 남북한 이산가족이 최초로 상봉하는 역사적인 순간을 맞이하였다. 첫 이산가족 상봉을 시작으로 지금까지도 남북한 이산가족 상봉은 지속되고 있고, 그 밖에도 많은 교류를 이루어

1 네이버 지식백과, 유네스코 세계기록유산, KBS특별생방송 '이산가족을 찾습니다' 기록물. (검색일 2016. 1. 26)

나가게 하는 계기가 되어 남과 북의 긴장완화에 크게 기여하였다.

통일은 크게 무력을 통해 이루어지는 흡수 통일, 그리고 두 국가가 어느 한쪽으로 치우치지 않고 서로 합치는 평화통일이 있다. 그러나 전쟁으로 인해 생이별을 할 수 밖에 없었던 이산가족들에게는 이러한 통일의 방법들은 중요하지 않다. 통일이 이뤄짐으로써 국가적 차원에서 일어나는 경제, 사회, 정치의 변화가 국민들의 피부에 당장 직접 와 닿지는 않을 것이라고 보기 때문이다. 그러므로 국민들의 실생활에 근접해 있으며 가장 빠르게 체감할 수 있는 통일 문화에 대해 생각해 보는 것은 매우 의미 있는 일이다.

먼저 통일 직후 찾아 올 물질적인 변화에 관심을 갖지 않을 수 없다. 통일이 되면 많은 것들이 발달하게 되겠지만, 그 중 교통의 발달이 가장 크게 눈에 띌 것이다. 우리나라 남한의 지형이 실질적으로 대륙과는 연결되어 있다고 하지만, 분단된 상황으로 인해 섬처럼 고립되어 있어야 했다. 그러나 통일이 됨으로써 북한을 통해 이어진 광활한 대륙으로 나아갈 수 있는 육로가 열리는 셈이다. 이로써 세계를 향한 장벽이 낮아지게 됨은 물론, 지금보다 더 원활하게 세계와 연결되어 우리 민족의 세계적인 활동 기반을 넓힐 수 있게 될 것이 틀림없다. 이렇게 세계와의 이동 거리가 가까워지는 만큼 우리도 그에 상응하는 준비를 해야 할 것이다.

한편, 세계화로 인해 많은 것이 발전하는 과정에서 지금껏 지켜 온 우리의 전통이나 문화드이 많이 사라지고 있는 실정이다. 따라서 통일 이후 북한과 함께 할 정신적 문화적 가치관을 구축하기 위해서는 한반도만의 정서와 오랜 전통들을 더욱 정착시켜야 한다. 우리만의 확고한 신념이 바탕이 된 상태에서 더욱 넓어진 세계가 접목된다면 세계시장에서도 지금보다 우위를 점할 수 있을 것이다.

다음으로 통일로 인해 달라지는 문화생활에 대해 관심을 가져보면, 그 중에 관광 산업이 크게 확대될 것이다. 통일이 된 이후 대부분의 국민들이 관심을 갖게 되는 것은 국가지도자나 정당, 정치, 경제, 사회 등과 같은 국가적인 차원의 이데올로기가 아닌 실제 북한 주민들이 생활하는 도시나 훼손되지 않은 북한의 자연경관, DMZ같은 물리적 환경이 될 것이다.

나아가 세계인들도 많은 관심을 갖게 될 것이다. 지금과는 다르게 '안전하고, 편안하게 북한을 관광 할 수 있다'라는 것 자체가 큰 이점을 안겨주기 때문이다. 그렇다고 해서 남한 국민조차 세계인들과 같이 북한을 관광지로만 생각해서는 안 될 것이다. 통일이 된 이후의 북한은 더 이상 우리와 분단된 북한이 아닌 같은 한반도, 즉 우리 민족이 거주하는 우리의 영토이다. 그러므로 북한의 관광지는 우리의 관광지, 한반도의 것이라고 생각하고 이것들을 더욱 가꾸고 보존할 수 있는 마음과 생각 등이 필요하다. 이러한 마음가짐을 통일 이전에 미리 갖추고, 통일 이후에도 실천으로 옮길 수 있어야한다. 이렇게 통일로 인한 문화적인 측면에서의 변화에 대비하여 올바른 생각과 신념을 함양해야 할 필요가 있다.

끝으로 사실상 세계적인 시장에서의 위치나 우리나라의 기술력이 북한보다 우위에 있는 것은 사실이다. 통일이 되면 이러한 기술력들을 바탕으로 위에서 언급한 교통이나 건설, 관광 산업 등 많은 것들이 발달하게 되는 시점에서 필요로 하게 되는 노동력에 대한 문제를 생각하지 않을 수 없다. 물론 국가기관들은 정책이나 제도적으로 그러한 상황들이 발생하지 않도록 하겠지만, 기업이 이윤을 위해서 현지에서 노동력을 원하는 북한주민들의 임금을 더 적게 책정할 수 있는 상황이 발생할 수 있다. 실례로 우리나라 외국인노동자들을 보면 부당하게 평균보다 적은 금액을 받고 일하는 외국인들을 많이 볼 수 있다. 이처럼 북한주민들이 외국인 노동자화가 되어서는 안 된다는 개인적인 생각이다. 통일이 되었을 때 민족의 이질감을 부추기는 것은 남한의 경제적 사회적 상황으로 인해 북한 주민보다 우리가 더 우위에 있다는 생각일 것이다. 그러나 북한을 다른 외국으로 치부하지 않고, 같은 민족이라 생각해야 한다. 이러한 바탕은 지금 통일 이전 시대를 살고 있는 우리들이 앞으로의 통일에 대비해서 지녀야할 가치와 덕목이 아닌가 생각한다.

변화는 소통과 공감에서 시작된다

기독교학과 이수영

박노해 시인의 '경계'[2]라는 시를 보면 이런 구절이 나온다.

"과거를 팔아 오늘을 살지 말 것, 현실이 미래를 잡아먹지 말 것, 미래를 말하며 과거를 묻어버리거나 미래를 내세워 오늘 할 일을 흐리지 말 것."

이 말로 현재 남한 사람들이 북한에 대해 가지고 있는 생각을 설명할 수 있다. 많은 사람들이 아직도 북한에 사는 사람, 혹은 사회주의 의식을 가지고 있는 사람들을 일컬어 '빨갱이'라는 말을 사용한다. 서로를 얕잡아 보며 부정적인 프레임을 씌우는 모습은 냉전시기가 이미 지나간 21세기이지만 한국은 이에서 벗어나지 못한 것 같다. 마찬가지로 6.25를 겪은 많은 어른들은 북한을 적으로만 인식하며 시대는 흘렀지만 북한에 대한 분노와 적대감을 여전히 지니고 있다. 그렇다면 오늘날의 청년들은 어떨까? 청년층도 별반 다르지 않다. 북한에 대한 분노 대신 무관심과 냉대가 자리 잡고 있을 뿐이다. 청년들에게 북한과의 통일에 대해 물으면 항상 들리는 답은 "지금도 취업하기 힘든데, 통일비용 등 경제적 부담을 어떻게 질 수 있겠는가?"이다. 그렇다면 이와 반대로 "통일 후의 긍정적인 면에 기대어 북한과의 감정은 다 잊고 통일을 위해 북한과 상호 협력하자고 주장하는 것은 옳은 것일까? 아무리 공존과 평화가 강조되는 시기라고 하지만 북한에 대한 이해가 없다면 대다수 사람들에게 더 나아가 국민들에게 쉽

2 박노해, 『겨울이 꽃핀다』, 해냄출판사, 1999, 202쪽.

게 받아들여지지 않을 것이다. 그렇다면 이렇게 여러 가지 감정이 뒤섞인 상황에서 통일을 왜 대비해야 할까?

나는 소시민이다. 김수영 시인이 쓴 '어느 날 고궁을 나오면서'[3]의 화자와 나는 비슷할 것이다. 나뿐만 아니라 대부분의 사람들이 그럴 것이다. 사회와 정부의 문제에 대해서는 말하거나 저항하지 않지만 그저 자신과 연관된 조그만 일에 화를 낸다. 이런 속성을 가진 개인들이 왜 통일의 문제에 관심을 가져야 하는가? 북한에 김정은 정권이 들어서고 지도자가 바뀌는 불안한 정치체제에 북한 붕괴의 가능성이 높아졌기 때문이다. 많은 전문가들은 김정은 정권이 3년 안에 붕괴될 것이라 예측[4]한다. 예상과 달리, 김정은 정권이 붕괴되지 않는다고 해도 통일에 대한 대비가 필요하다. 독일의 경우를 보면 서독과 동독은 서로 통일을 준비하고 있었지만 통일은 꽤 급작스럽게 이루어졌다. 동독공보담당 정치국원인 샤보프스키가 "즉시 국경 개방"이라고 말하자 동독 주민들 수천 명이 장벽 앞으로 몰려들었고 장벽은 무너졌다. 이처럼 통일은 한 순간에 이루어 질 수 있는 것이다. 아무런 대비가 없다면 개인과 사회, 한 국가가 통일한 후 힘든 시기를 보내게 된다. 요점은 미래에 대한 불확실성 때문에 통일은 준비하자는 것이다. 작년 유행한 '암살'이라는 영화에 친일파로 나온 '염석진(이정재 역)'이 조국의 해방 후 왜 친일을 했냐는 물음에 대답을 "해방될 줄 알았으면 안했다."라고 말한다. 이처럼 미래의 불확실성 때문에 우리는 항상 통일을 대비해야 한다.

통일을 말하기에 앞서 남한과 북한의 관계개선이 시급하다. 2015년 8.25합의 후 이산가족 상봉을 하며 평화적인 분위기가 조성됐었다. 하지만 2016년 1월 6일 북한 핵실험 이후 다시 한반도는 추위 속으로 들어갔다. 통일로 한걸음 나아가기 위해, 대북정책의 변화가 필요하다. 실제로 북한에게 압박과 제재를 2006년부터 2013년까지 진행했지만 오히려 북한은 계속 핵실험을 단행했다. 이제는 기존의 강경책과는 다른 방법을 택

3 김수영, 『거대한 뿌리』, 민음사, 2014, 160쪽.

4 http://news.joins.com/article/17793061 기사 참조.

해야 한다. 나는 대화가 해결책이 될 수 있다고 믿는다. 북한은 핵무기 폐기에 대한 입장을 밝혔는데 우리는 이에 대해 대화를 통해 협상해야한다. 혹자는 이미 충분한 대화를 했다고 말한다. 하지만 우리가 북한과 대화한 횟수는 고작 17번에 지나지 않는다. 일상생활에서도 낯선 사람을 17번 만나서 대화했다고 그 사람의 전부를 알 수 없다. 십년지기 친구도 그를 다 알 수 없는 법인데, 심지어 50년 동안 단절되었던 한 국가와 17번 회담했다고 이미 할 만큼 했다고 말하는 것은 섣부르다. 또 대화 방법이 실효성이 없다고 생각하는 이들이 있다. 하지만 이란과 리비아의 핵 문제를 미국은 대화방법으로 해결했다. 이란, 리비아를 북한과 같은 선상에 놓고 완전히 비교할 수는 없지만 북한문제 역시 평화적인 방법으로 얼마든지 해결될 수 있다. 한반도에 평화적인 분위기 조성되면 통일에 한 걸음 다가서게 되는 것이다.

이런 상황이 도래해 왔을 때, 남한이 주도적으로 통일을 이끌어나가야 한다고 본다. 하지만 통일에 반대하는 사람들은 남한 시민들의 경제적 부담, 남한과 북한의 감정문제, 문화와 언어차이로 인한 민족성 상실, 북한민의 적응 문제를 이야기한다. 나는 이러한 문제들이 해결 가능하다고 믿는다. 통일 전후로 경제적 부담을 지는 것은 사실이다. 하지만 그 이후에 북한 지역에 투자와 소비의 선 경제구조를 만들면 자원과 인력을 가진 남한이 더 발전할 기회가 된다. 그리고 감정의 앙금은 해결해야 될 문제이다. 6.25전쟁을 생각해 보면, '북한 사람들과 남한 사람들 중 어떤 확고한 정치적 신념으로 전쟁에 참여한 사람이 몇이나 있을까?'싶다. 비록 북한의 기득권층이 전쟁을 먼저 일으켰지만 북한 사람들과 남한 사람들 모두 전쟁으로 피해를 입었다. 북한 기득권층에 대한 분노는 적절하나 북한 사람들에 대해 좀 더 인도적 시선으로 바라볼 필요가 있다. 또 남한과 북한의 문화와 언어의 차이로 민족 정체성이 상실되고 있는 추세라고는 하나, 사실상 중국의 동북공정에 대해 분노와 두려움을 느낀다면 민족 정체성이 사라진 것이라 말하기 어렵다. 동북공정의 근본적인 목적은 후에 북한이 중국에게 흡수되었을 때, 반발을 줄이기 위해 중국인과 한민족과는 뿌리가 같다는 역사관을 심어주는 것이다. 이러한 동북공정에 많은 사람들이 분노를 느끼고 두려워하며, 옳지 못하다고 여긴다. 같은 역사, 조상, 문자를 남한과 북한이 공유하고 있고 더 나아가 북한에 사는 사람들과 남한의 사람들이 가깝게 혹은 멀게 서로 연관되어 있기 때문이다. 마지막으로 '북한 사람들이 자본주의 시장체제에 적응할 수 있겠냐'라는 의문이 있다. 나는 충분히 적응 가능하다고 본다. 북한 내에서도 사실상 자본주의가 태동하고 있다. 한반도 평화와 통일 캠프에서 탈북자들과의 대화 시간이 있었다. 한 탈분자분이 말하시길, 북한에서는 몇 만 명이 참여하는 시장이 있는데 그곳에서 물건을 자유롭게 사고팔며 개인이 물건의 값을 정한다고 하였다. 이를 통해 북한에서 자본주의가 싹트고 있음을 알 수 있었다. 이와 같은 이유에서 나는 북한과의 통일을 부정적으로만 바라 볼 문제는 아니라고 생각한다. 물론 통일은 여전히 많은 위험 요소들을 가지고 있다. 하지만 나는 우리 청년층 시대의 역사적 소명은 통일을 위한 발판 마련 혹은 통일을 이루는 것이라고 생각한다. 한반도 평화와 통일 캠프에서 통일에 의문을 갖았던 한 친구가 나에게 이렇게 질문했었다. "통일을 위해 청년들이 희생과 고통을 감내해야하는 것이 옳은 것이냐?"고 물었다. 그 당시에 대답하지 못하였지만 지금 이에 대해 민주화 운동이 있었던 우리 부모님 세대를 예로 들어 이야기하고 싶다. 부모님 세대는 독재 정권에 대항해 진정한 민주화를 이룬 세대로 그 세대의 많은 청년들은 순수한 갈망으로 희생을 치렀다. 이처럼 부모님 세대가 치룬 고통이 지금 우리에게 민주화를 누릴 수 있는 수혜가 되었다. 시대의 소명이란 이처럼 자신과 지신의 시대만 생각하는 것이 아니라 후에 있을 사람들을 위해 긍정적이고 올바른 길로 이끄는 것이다. 자기중심적으로 제한된 시각을 좀 더 확장해서 볼 필요가 있다고 생각한다.

시대의 소명인 통일을 위해서는 남한의 청년들에게 북한 사람들에 대한 공감의 마음가짐이 중요하다고 생각된다. 타자와 진정한 공감을 이룰 수 있다면 위로와 용서, 연대가 가능해지기 때문이다. 냉전시기 이념에서 벗어나지 못한 우리로서는 힘든 것이다. 하지만 더 나은 관계와 혹은 개안의 변화를 위해서 필요한 것이다. 앞서 말했듯이, '과연 북한 민간인들이 북한에 남아있는 이유가 확고한 자신의 정치적 신념 때문일까?'라는 생각

역시 든다. 황순원 작가가 쓴 '학'[5]이라는 소설을 보면 이런 상황을 이해할 수 있다. 어린 시절 친구였던 '성삼이'와 '덕재'는 땅이 갑자기 나뉘고 북한과 남한의 군인으로 만나 서로를 적대시하게 되는데, '덕재'는 북한 측 농민동맹 부위원장이다. 이는 그저 그가 성실한 농부였기 때문이다. 몸이 불편한 아버지를 버리고 도망갈 수 없어 '덕재'는 남한 군에게 잡힌다. '성삼이'와 '덕재'는 처음에 서로를 불신하지만, 점차 자신이 알던 그 친구라는 것을 느끼며 적대시하는 감정은 사라지고 '성삼이'는 포로로 잡혀있는 '덕재'를 놓아주고 싶어 한다. 이런 것을 보면 북한과 남한의 민간인들이 어떤 확고한 신념이 있기 보다는 전쟁 발발에 살아남기 위해 혹은 개인적 이유 예를 들면 그 지역이 조상 대대로 살아온 고향이라든지 혹은 그 지역에 땅이 있다든지 이런 이유로 남아있다는 것을 알 수 있다. 작년에 남북 이산가족 상봉을 했었다. 그 영상에서 슬프게 우는 사람들을 보니, '정말 저 사람들이 싸우고 싶어서 싸웠던 걸까?' 라는 생각이 더 확고히 들면서 남과 북의 많은 민간인들은 그저 세계가 주도하고, 국가가 주도하는 냉전 시기 이념에 희생된 것 같다고 느끼면서 인간을 소외시키는 이념은 그저 하나의 폭력의 도구라는 생각이 들었다.

공감을 현재 시대에 중요하게 생각하는 이유는 단지 북한과의 관계 때문만은 아니다. 일상생활에서도 공감은 중요하게 작용한다. 공감은 굉장히 쉬운 것 같지만, 시장 자유주의 체제 속에서 사는 사람들에게는 어려울 수도 있다. 왜냐하면 시장 자유주의에서 사는 사람들은 체제 안에서 모든 것들이 정당화 된다고 여기기 때문이다. 예를 들면 노숙자가 있다. 사람들은 그가 다른 사람들처럼 노력하지 않았으니 노숙자가 되었을 것이라고 생각하면서 공감의 대상에서 제외시킨다. 시장 자유주의에서는 누구에게나 기회가 제공되므로 기회를 잡지 못한 건 개인의 문제라고 여기는 것이다. 또 복잡하게 연결된 이해관계가 공감을 더 어렵게 만든다고 생각한다. 하지만 사실 시장 자유주의 체제에서 모든 것을 개인 문제로

5 황순원, 『학』, 문이당, 2007, 217쪽.

돌릴 수는 없다. 조세희 작가가 쓴 '난장이가 쏘아올린 작은 공'[6]과 조영래 씨가 저술한 '전태일 평전'[7]을 읽으면, 시장 자유주의에서 묵인되는 것들을 느끼며 다른 사람 혹은 약자에게 더 귀 기울일 수 있게 된다. 조세희 작가가 실제로 철거촌을 방문하고 쓴 '난장이가 쏘아올린 작은 공'을 보면 난쟁이 가족은 하루하루 일을 하며 쉬지 않지만 여전히 가난하고 집이 철거까지 된다. 마찬가지로 전태일은 노동법을 위해 분신자살한 인물로 자유 시장체제 안에서 노동자가 자본가에 의해 당하는 착취를 잘 알 수 있었다. 자유 시장체제 안에서 모든 것을 정당화 하지 말고, 다른 사람에게 공감하고 더 나아가 연대할 수 있는 것, 이것은 불합리한 사회를 바꾸는데 중요한 것이라고 생각한다.

다른 사람의 말에 귀 기울이고 공감할 수 있는 능력이야 말로 사회를 변화시킬 수 있고 청년층이 가져야 할 중요한 덕목이라고 생각한다. 이성이 강조되는 사회에서 공감과 같은 감성은 비논리적이며 필요 없는 것으로 간주되기도 하지만 소통과 공감은 북한과의 관계 개선뿐만 아니라 다자간의 연대를 위해 더 나은 세상을 위해 필요하다.

6 조세희, 『난장이가 쏘아올린 작은 공』, 이성과 힘, 2000, 351쪽.

7 조영래, 『전태일 평전』, 전태일재단, 340쪽.

제4장

'공통감'의 관점에서 본 남북통일

들머리

박연숙(베어드학부대학 교수)

이승현 학생의 〈통일 한국의 이상적 시민상에 대하여〉는 분단 70년간 서로 적대적으로 살아온 간극을 좁히기 위해 서로 다름을 이해하고 상대방의 문화와 생각의 차이를 수용하려 노력하는 관용의 정신이 필수적이라고 한다. 관용이 필요한 것은 비단 통일의 문제에서뿐만 아니라, 남한 사회의 문제를 해결하기 위해서도 마찬가지로 필요하다는 것을 덧붙인다. 내가 맞고 너는 틀렸다는 아집의 태도가 현재 남한 사회가 직면하고 있는 많은 문제 상황의 주요한 원인이 되고 있는 만큼 통일에 앞서 이러한 관용의 자세가 필요하다고 말한다. 관용의 자세가 없다면 통일 후 한국은 더욱 분열 될 것이기 때문이다. 통일 시대를 살아가는 시민들에게 가장 필요한 덕목은 서로의 다른 점을 이해하고 이를 수용하며 존중할 수 있는 관용의 정신과 이를 바탕으로 한 소통하는 자세라고 주장한다. 이 글은 간명하면서도 분명한 방향을 제시하고 있다는 점에서 설득력이 강하다. 통일 후 예상되는 갈등과 문제 상황을 해결할 '작은 열쇠'로 제안한 관용과 소통의 자세는 오늘날 남한이 겪고 있는 계층 갈등에도 해결안이 될 수 있다는 점에서 분열된 사회를 치유하는 열쇠이다.

이레나 학생의 〈통일한국을 준비하는 우리의 자세〉는 해외 체류 경험을 바탕으로 우리나라 사람들보다 외국인이 우리나라의 분단 상황을 더 의식하고 있고, 오히려 우리가 무관심하게 방치하고 있는 점을 문제의식으로 삼고 있다. 너무 오랫동안 분단된 상태를 유지해왔기 때문에 분단이 초래한 상황들을 당연하게 받아들이고 있는 것이 현실이다. 그래서 분단이 야기한 부자유스러운 제약들조차 특별한 거부감 없이 받아들이고 있는 것이 문제점으로 드러난다. 필자는 북한에 관련된 몇 가지 연결고리가 있어 자신의 경험을 소개하고 있다. 하나는 1.4 후퇴 때 남한으로 넘어오신 할아버지가 생전에 북에 있는 가족들을 만나길 염원하셨지만 북한의 가족들과 연결이 되지 않아, 만나지 못하고 세상을 떠나시게 된 안타까운 사연이다. 다른 하나는 중학교 때 다녀온 북한여행이다. 북한 주민들을 직접 만나기 전까지는 말투나 표정이 딱딱하고 무서울 것이라는 선입견이 있었지만 실제로 만난 북학의 학생들은 우리와 마찬가지로 장난치는 또래의 모습이었다는 것이다. 이로부터 필자는 젊은 세대로서는 드물게 통일에 대한 관심이 생겨났다고 한다. 이 글은 통일에 대한 회의적인 시각과 무관심을 극복하기 위해 개인과 사회, 정부의 노력이 필요하다고 주장한다. 개인적 차원에서는 현재의 분단 상태를 의식하고, 분단으로 인한 문제점들을 알아보아야 한다. 사회적 차원에서는'통일 교육'을 실시해야 한다. 분단으로 인해 정치, 사회, 문화, 경제 등 생활 곳곳에 퍼져 있지만 인지하지 못한 정신적 부자유, 자유와 인권의 제약, 군사/외교적 경쟁 등을 인식할 수 있도록 하는 통일 교육이 필요하다. 국가적 차원에서는 '공감'과 '소통'을 전제로 북한과 대화를 지속해야 한다. 이는 일방적인 독백이 아닌 양쪽이 서로 가르치고 배우는 열린 자세로 소통하는 것이다. 이 글은 필자의 다양하고 풍부한 경험과 깊이 있는 사고가 돋보이는 글이다. 개인적, 사회적, 국가적 차원의 제안이 실행 가능하고 중요한 핵심을 꿰뚫고 있다는 점에서 통일에 대한 진정성이 전달되었다.

김인철 학생의 〈관심으로 시작하는 통일계획〉은 지금까지의 통일 논의가 피상적임을 지적하고, 보다 적극적인 자세로 통일의 문제를 바라보자고 제안한다. 우선 통일교육을 통해 북한의 문제점을 정확히 이해하고 통일에 대한 관심을 고취시키는 것이다. 이 글의 장점은 왜 통일이 되어야 하는가를 남한의 현실 상황에서 찾는 태도이다. 현재 청년들은 실업 문제, 내 집 마련 문제 등 많은 사회적인 문제로 인하여 모든 관심이 자신들의 미래와 안녕에 집중되어 있지만 필자는 이러한 문제들에 대한 해결 방법으로 통일을 제안하고 있다. 북한은 국토가 넓고 많은 광물자원과 석유 등을 매장하고 있으며 육로개발과 무역발전 등 발전 가능성이 크다. 여기에 남한의 기술력이 가해지면 고용창출이 클 것이다. 이처럼 막연히 민족의식이나 이산가족의 아픔을 달래기 위해서 통일이 필요하다고 말하는 것이 아니라 젊은 세대의 현실 문제를 해결하기 위한 방안으로 통일의 필요성을 자각하고 있다는 점이 돋보인다. 분단 이후에 태어나 자칫 통일에 대해 무관심한 세대들이 주체적이고 능동적인 관점으로 통일을 바라보게 하는 탁월한 관점이다.

김도훈 학생의 〈통일한국을 대비하여 대학생이 갖추어야 할 자질〉은 젊은 세대가 통일에 관심 가져야 할 이유를 잘 설득하고 있다. 출산율의 저하, 경제성장률의 둔화, 중국의 영향력 증대, 러시아의 신동방정책 등을 들어 통일을 대비하지 않는 것이 국가의 크나큰 위협이 되기 때문이라고 말한다. 통일을 대비하기 위해 대학생이 할 수 있는 일 중 하나는 현재 북한에서 만연하게 벌어지고 있는 인권 유린의 실태를 아는 것이다. 북한의 인권 유린에 대해 정확히 알아야 통일 후 북한 주민들의 아픔을 감싸줄 수 있기 때문이다. 그 밖에 통일 후 금융, 의료 등 거의 전 분야에 일자리 119만 개가 창출된다는 보고에 근거해 대학생 본연의 학업에 충실할 것을 주장한다. 학업에 충실하면 개인적인 측면에서뿐만 아니라 사회적인 측면에서 북한지역 경제 회복에 큰 도움이 될 것이기 때문이다. 앞으로 언제 어떻게 통일이 될 지는 아무도 모르지만 대학생 스스로 어떤 선택을 하느냐에 따라 미래가 달라질 거라는 확신을 잘 피력하고 있다.

이창훈 학생의 〈통일 한국을 준비하기 위한 토론 교육〉은 통일에 반대하는 대학생의 비율이 해가 갈수록 증대하고 있다는 문제의식에서 시작한다. 통일비용을 부담 질 의향이 없는 대학생들의 비율이 37.7%인 점은 통일에 대한 국론분열의 조짐을 예측할 수 있는 충분한 수치이다. 이러한 상황에서 필자는 사회적 합의를 이끌 수 있는 담론의 장을 형성하기 위해 토론식 수업을 활성화하자고 제안한다. 토론식 수업은 문제 사안에 대한 비판적, 논리적 사고뿐만 아니라 주체적 사고를 형성하는 데 도움이 된다. 필자는 통일 문제를 토론식 수업으로 접근하면 통일에 대한 관심을 촉발하고 공감대를 형성하게 되어 사회적 합의를 이끌어낼 수 있으리라고 전망한다. 이 글은 앞서의 글과 달리 매우 구체적인 제안을 하고 있는 점에서 돋보인다. 그런데 필자는 토론의 결과가 통일에 대한 공감대를 형성하는 쪽으로 진행될 것으로 예측하고 있다. 필자가 예측하는 바의 근거를 이 글에서 제시하지는 않았지만, 통일에 대한 무관심을 관심으로 돌리고, 국가적 차원에서 무엇이 최선인지를 주체적으로 생각하게 한다는 점에서 토론 수업이 적합하다는 것에는 의심의 여지가 없다. 토론 교육이 통일의 문제뿐만 아니라 주입식 교육의 폐해를 극복할 수 있는 대안이라는 점에 의의 있는 주장이라 하겠다.

이상의 5편의 학생들의 글을 정리하고 보니 안심이 된다. 성적 관리와 스펙 쌓기만으로도 벅찰 텐데 사회로 눈을 돌려 통일의 문제를 스스로 고민하고 현재의 문제점을 해결하기 위한 여러 진지한 방안들을 제시하는 노력이 사랑스럽다. 학생들의 이러한 생각들이 세상의 공감을 얻는다면 언젠가 맞이하게 될 통일은 위기가 아니라 한민족이 비상할 수 있는 최대의 기회가 될 것이다.

앞서의 글에서 볼 수 있듯이 대부분의 대학생들은 통일에 대해 무관심하다. 어쩌면 당연한 모습이다. 분단 이후 너무 오랜 세월이 흘렀고, 통일을 생각하면 통일 비용을 비롯하여 예측할 수 없는 문제들이 너무 많아 감당하기 어려워 보이기 때문이다. 게다가 교육의 방향도 개인의 경쟁력 향상에 치중한 나머지 '함께', '더불어' 나아가는 것에 익숙하지 않기 때문이다. 이러한 무관심, 무감각의 상황에서 잠자고 있는 의식을 깨워주는 역사적 사실 하나를 소개하고자 한다.

잘 알려진 바와 같이 2차 세계대전 당시 600만 명의 유대인이 학살되었다. 이는 유럽에 거주한 유대인의 2/3에 해당하는 숫자이다. 그런데 더 많은 유대인 희생자가 생기지 않은 데는 덴마크, 불가리아, 이탈리아에서 행한 국가적 차원의 노력이 숨겨져 있었다. 덴마크에 거주하고 있던 7800명 이상의 유대인 중 5919명이 스웨덴으로 도피하였는데, 막대한 도피 비용을 부유한 덴마크인들이 대신 지불하여 덴마크 거주 유대인 희생자를 70여명으로 줄일 수 있었다. 불가리아 역시 자국의 유대인을 이주하도록 요구한 독일에 순응하지 않았다. 그 덕분에 불가리아에서는 단 한명의 유대인 희생자도 생기지 않을 수 있었다. 불가리아인들이 유대인을 옹호할 수 있었던 것은 손익계산의 결과가 아니다. 그 동안 같은 영토에서 함께 살아온 사람들을 내칠 수 없다는 민족 감정 때문이었다. 이탈리아 역시 독일의 요구에 순순히 따르지 않았다. 그 결과, 5만 명의 유대인 거주자 중 희생자를 7000여명으로 최소화할 수 있었다. 이를 두고 정치 철학자 한나 아렌트는 "오랜 문명화된 민족의 거의 자동적인 일반적 인류애의 산물"(한나 아렌트, 『예루살렘의 아이히만(한길사 2006), 260쪽)이라고 말한다. 이러한 사실은 북한 주민들의 인권 침해에 무관심한 우리의 태도를 반성하게 한다. 통일 비용과 사회혼란을 이유로 통일을 연기하려는 생각은 인권 침해에 동의하는 것이며 인류애를 망각한 의식적 도피와 다르지 않다.

통일의 당위성은 통일 후에 얻게 될 경제적 이익 때문만은 아니어야 한다. 그런 점에서 '통일은 대박'이라는 발언은 자칫 더 중요한 가치를 간과한 발상이다. 한민족의 인류애를 회복하지 않고서는 남한 내부의 갈등조차 해결할 수 없다. 인간 본연의 보편적 감성을 상실하면 아무리 물질적으로 풍족하다 하더라도 사회 곳곳이 비인간적 현상으로 곪을 수밖에 없다. 그러한 사회는 외부의 적 때문이 아니라 내부의 문제로 붕괴될 수밖에 없고 인간이 살 수 없는 환경이 된다. 통일에 대한 접근 역시 계산적 이성이 아니라 인간 보편의 감성으로 접근해야 한다.

이성이 아닌 감성으로 보편적 판단에 이르게 하는 철학의 근거는 칸트(Immanuel Kant, 1724-1804)의 '공통감(sensus communis)'에서 찾을 수 있다. 칸트가 제시한 공통감은 애초에 미적 판단을 설명하기 위해 제시된 개념이다. 상쾌한 풍경과 어우러진 아름다운 노을을 바라보며 "아름답다"고 말할 때, 나뿐만 아니라 다른 사람의 입장에서도 이 광경이 아름다울 것이라는 보편적 주장을 할 수 있는데, 그 이유는 우리에게 공통감이 있기 때문이다. 이처럼 공통감에 근거한 판단은 억압적 '일치'를 주장하는 것이 아니라 자유롭고도 조화로운 반성적 과정을 통해 형성되는 '합의'이다. 이러한 칸트의 미적 판단의 공통감을 정치 판단에 적용한 인물이 정치 철학자 한나 아렌트(Hannah Arendt, 1906-1975)이다. 그녀는 정치적 판단이 편견이나 선입견과 같은 주관성에서 나오는 것이 아니라 타인과의 소통을 통해 보편적 합의를 찾아가는 과정에서 나온다고 말한다.

남북통일 역시 바로 이러한 공통감의 관점에서 고려해야 한다. 앞서 2

차 세계대전 당시 히틀러에 대항해 유대인을 보호하려 했던 국가들이 계산적 이성에 의해서가 아니라 인류 보편의 감성에 근거해 판단하고 행동했던 점을 본받아야 한다. 이제 다시 물어보자. 통일에 대해 왜 우리가 관심 가져야 하는가? 우리의 공통감이 답해 줄 것이다.

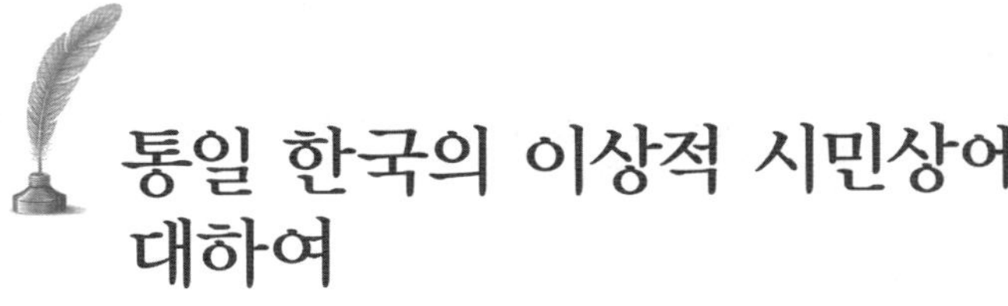

통일 한국의 이상적 시민상에 대하여

경영학부 이승현

이산가족 상봉, 개성공단 재가동, 흔들리는 김정은 정권, 북한 주민들의 정권에 대한 인식 변화와 그로 인해 늘어나는 탈북자들, 남북 당국자 회담 등의 여러 가지 상황들로 미루어 볼 때 현재 우리나라가 짊어진 분단국가라는 멍에는 어떤 방식으로든 빠른 시일 내에 사라질 것이 분명하다. 많은 이들이 바라 마지않는 통일이지만, 현실적으로 생각할 때 통일은 마냥 두 팔 벌려 환영할 수는 없는 일이기도 하다. 당연한 이야기지만 통일은 국가 중대사이며, 장기적으로 큰 이득을 볼 수 있는 일이다. 그런 만큼 그에 따르는 기회비용 또한 크다는 것을 생각해야 한다. 그러므로 우리는 신중하고 조심스러운 태도로 통일에 접근해야 한다. 하지만 우리가 통일과 그 과정에 대해 아무리 신중을 기한다고 해도 그 후에 우리나라가 앓을 크고 작은 열병들을 피해 갈 수 있는 것은 아니다. 북한과 우리나라가 같은 뿌리를 공유하는 한 민족이라고는 하지만 서로 다른 정치 체제 하에서 살아온 70년이라는 세월의 간극은 한 순간에 좁혀지기에는 너무 크고 깊은 것이기 때문이다. 따라서 우리는 통일 한국을 한 발짝 앞서 바라보는 이들로써 이러한 문제들을 겪을 것이며, 또한 해결해 나갈 미래 통일 한국의 시민들에 대해서, 더 나아가 그 시대의 바람직한 시민 상에 대해서 생각해 볼 필요가 있다.

분단 후 70년이라는 긴 세월이 지났다. 그 시간 동안 북한과 우리는 상반되는 정치 체제 하에서, 같다고는 말하기 힘든 문화를 유지하며 끊임없이 서로를 적으로 간주하고 대립해왔다. 그렇기 때문에 우리는 서로 다를 수밖에 없다. 서로 다른 이들과 더불어 살기 위해서는 상대방이 나와 다름을 이해하고 문화 혹은 생각의 차이를 수용하려 노력하는 관용의 정신이 필수적이다. 우리 사회에도 만연한, 내가 맞고 너는 무조건 틀렸다고 배척하는 아집 가득한 태도는 현재 사회가 직면해 있는 많은 문제 상황들의 주요한 원인이다. 만약 이러한 문제들을, 그리고 그 기저에 놓여 있는 이러한 관용의 부재를 해결하지 못한다면 통일 후 우리는 국가적 분열이라는 지금보다 훨씬 큰 문제에 맞닥뜨리게 될 것이다. 따라서 통일 시대를 살아가는 시민들은 서로의 다른 점을 이해하고 이를 수용하며 존중할 수 있는 관용의 정신을 지녀야 한다. 이러한 태도를 가질 때 남북한의 국민들이 비로소 대한민국의 국민으로 거듭날 것이다.

앞서 진정한 통일 한국의 전제로 언급한 관용에는 소통이 전제되어야 한다. 귀를 막아서는 아무것도 들을 수 없으며, 이는 사고의 획일화를 낳고 이렇게 고착된 생각은 자신과 다른 생각을 가진 타자의 의견을 배척하는 결과를 낳기 때문이다.

현재 우리 사회에서 논란이 되고 있는 소위 '헬조선', '금수저와 흙수저' 등은 현재 우리 사회에서 소통의 부재로 인해 발생하는 계층 간의 갈등을 나타낸 단어들이다. 통일 후에도 이러한 소통의 부재가 계속된다면 북한 주민들의 유입으로 인해 지금보다 사회적 갈등이 더 심해질 것이며, 이는 지금과 비교할 수 없는 혼란을 낳을 것이다. 그렇기 때문에 우리는 통일 시대를 대비하기 위해서라도 서로를 경청하며 이해하려 노력해야 한다.

통일 후의 바람직한 시민상이라고 거창하게 말해도 그 속을 들여다보면 그리 대단한 것은 아니다. 나보다 남을 먼저 생각하는 자세까지는 아니어도 주변 한 번쯤 돌아볼 수 있는 여유라는 '작은 열쇠'가 열리지 않을 것만 같은 '국가 분열'이라는 크고 무거운 문을 여는 것이다. 그리고 그 문을 열면 '통일 한국'이라는 빛나는 길이 펼쳐져 있을 것이다.

통일한국을 준비하는 우리의 자세

철학과 이레나

우리나라는 세계 유일의 마지막 분단국가이며, 현재 휴전상태에 있다. 해외에 나가 외국인과 이야기하다보면, 언제 터질지 모르는 전쟁이 불안하지 않느냐는 질문을 자주 받곤 한다. 그러나 그들의 우려와 달리 정작 우리는 불안함을 느끼지도 않으며, 분단 상황을 크게 의식하지 못하고 살아간다. 특별히 불편한 점을 느끼지 않기 때문일까? 왜인지 나와는 상관없는 이야기인 듯 느껴지기도 한다. 남북한 통일은 국가적 과제로 인식되어 지금까지 활발한 연구가 진행되어왔음에도 요즘의 현대인들에게 '통일'이란 낯설게만 느껴진다. 아이러니한 일이다. 우리는 분단국가에 살고 있지 않은가?

남북 분단은 정치, 경제, 사회 등 대부분의 영역에서 우리의 삶을 규정하고 있다. 그러나 우리는 이를 피부로 느끼지 못하고 있다. 너무나 익숙해졌기 때문이다. 오랫동안 분단된 상태로 지내오면서, 분단이 초래한 상황들을 당연하게 받아들이고 있다. 우리는 분단으로 인해 우리의 사고가 얼마나 경직되어 있는지 조차 알지 못한다. 분단이 만들어낸 부자유스러운 제약들 또한 우리는 특별한 거부감 없이 받아들이고 익숙해졌다. 나 역시 통일을 위해 모범적으로 무언가를 실천한 적이 있는 것은 아니다. 그러나 나는 북한, 분단, 통일과 같은 단어를 들으면 이와 관련된 몇 가지 기억이 떠올라, 분단된 현실이 나와 무관하지 않다는 것을 다시금 상기하곤 한다.

하나는 외할아버지에 대한 기억이다. 외할아버지는 1.4 후퇴 때 남한으로 넘어오셨다. 할아버지는 남한에 잠깐 피신해 있으라는 어머니의 말을 듣고 홀로 남한으로 오셨다고한다. 그러나 6.25 전쟁으로 인해 결국 북한으로 다시 돌아가지 못했다. 할아버지는 혈혈단신으로 남한에서 생활하시다 할머니를 만나 가정을 꾸리셨다. 할아버지는 생전에 북에 있는 가족들을 만나길 염원하셨기에 이산가족 찾기를 신청했으나 북한의 가족들과 연결이 되지 않았고, 만남은 이루어지지 못했다. 얄궂게도 할아버지가 돌아가신 해에 북의 가족들과 연락이 닿았다는 소식이 들려왔다. 그러나 할아버지 본인이 없는 만남은 무의미했기에 결국 상봉 신청을 취소했다. 할아버지에게 가끔씩 들었던 북한의 이야기들 속에서 정치체제는 다르지만 그들도 우리와 똑같이 감정을 느끼고 울고 웃는 똑같은 사람이라는 점을 새삼 느꼈다. 은연중에 나는 그들과 우리가 다를 것이라 생각했던 것 같다.

그 다음 기억은 중학교 때 다녀온 짧은 북한여행으로 이어진다. 나는 할아버지가 돌아가시고 나서 몇 달 후, 학교에서 마련한 기회로 북한을 가게 되었다. 할아버지가 돌아가지 못했던 고향을 내가 가게 되다니 묘한 기분이었다. 같이 갔던 친구들과 북한 사람들은 어떨까 버스 안에서 이런저런 이야기를 했던 기억이 난다. 말투도 표정도 더 딱딱하고 무서울 것 같다, 로봇 같을 것 같다, 말도 잘 안 통할 것 같다는 우리의 상상과 달리 그들은 잘도 웃고 재잘거렸다. 다른 환경에 살지만 언어가 통한다는 점에서 약간의 친근감마저 들었다. 한 북한 여학생은 서울말을 할 줄 안다며 우리와 대화를 나누다 옆에 있던 남학생에게 핀잔을 듣기도 했다. 우리 또래들처럼 똑같이 장난치는 모습에서 웃음이 나왔다. 이러한 기억들 때문인지, 나에게 북한은 친근하게 느껴지기도 한다. 그래서인지 남북한의 분단과 통일에 대한 이야기가 들리면 귀 기울여 듣는 편이다.

요즈음 젊은 세대일수록 통일에 대한 필요성을 느끼는 정도가 낮다고 한다. 젊은 세대들은 부모님 세대, 그 윗세대와 달리 남북한의 문제를 직접적으로 맞닿아 본적이 없다. 젊은이들에게 분단은 당연히 그래왔던 것이다. 분단이 되지 않았던 때를 경험하지 못한 것이다. 그렇기에 과거와 현재를 비교할 역량이 모자란 것은 사실이다. 게다가 초중고의 교육과정에서 통일교육을 받은 학생도 거의 없다. 그마저 받은 교육도 짧은 특강에 그칠 뿐이다. 때문에 통일에 대한 관심 역시 자연히 멀어질 수밖에 없는 것은 필연적인 문제이다. 나 또한 약간의 연결고리가 없었더라면 통일에 대해 별다른 관심을 가지지 않았을 것이다. 통일에 대한 관심이 줄어들다 못해 회의적인 분위기에서 통일논의조차 나오는 것이 어려운 상황이다. 통일에 대한 회의적인 시각과 무관심은 개인과 사회, 정부의 노력이 합쳐져야 사라질 수 있다. 먼저 개인이 할 수 있는 일을 살펴보자.

통일은 개인 혼자 해결할 수 있는 것은 아니지만, 개인의 의지 없이는 이뤄낼 수 없다. 개인에게 무엇보다 중요한 것은 분단 상태를 의식하는 것이다. 그렇다고 언제 터질지 모르는 전쟁을 불안해하며 북한에 대해 적대심을 가지라는 뜻이 아니다. 분단은 지구 반대편 멀리 떨어진 나라의 일이 아니라 바로 우리나라의 현실이다. 이를 명확히 인지하고 분단으로 인한 문제점들이 무엇인지 알아야할 필요가 있다. 지금의 상태를 의식하지 못한다면 통일이라는 다음 단계로 나아갈 수 없다.

다음으로 통일에 대한 인식을 전환할 필요가 있다. 대부분의 사람들은 통일이라 함은 체제 중심의 통일을 떠올린다. 그러나 통일을 단순히 서로 다른 두 개의 정치 체제가 하나로 통합되는 것이라 여긴다면, 오히려 거부감이 생기고 회의적인 태도를 갖게 될 위험이 있다. 만약 이러한 통일이 이루어졌다 하더라도, 사람들은 진정한 통일감을 느낄 수 없을 것이다. 분단은 남북한의 이념 대립만이 아니기 때문이다. 독일의 통일 전례를 보자. 독일은 서독이 동독을 흡수하며 통일을 이루었다. 동독과 서독의 체제 통합은 이루어졌지만, 서독 사람들은 동독 사람들을 무시했으며, 사람들 간의 통합은 온전하게 이루어지지 못했다. 그렇기에 통일이 이루어진지 20여년이 지났어도 갈등은 계속되고 있다. 우리나라는 독일보다 분단 기간도 상대적으로 더 길기 때문에, 과거의 민족적 연대와 동질감은 퇴색되어버린 지 오래이다. 현재와 같은 통일 방식을 고수한다면 통일이 되더라도 갈등은 필연적일 수밖에 없다. 통일은 분열된 사람들의 마음과 정신도 하나로 이을 수 있어야한다. 그래야 잃어버린 우리의 민족적 연대도 통일한국의 미래에서 분단되었던 민족의 교류로 인해 재탄생 될 수 있는 것이다.

오히려 체제의 통일 보다는 사람들 사이의 교류와 공감이 우선적으로 고려된, 사람 중심의 통일이 진행되어야 한다.

개인이 할 수 있는 일은 얼핏 보면 미미해, 소극적으로 보일 수 있다. 아마 직접적인 행동으로 나타나지 않기 때문일 것이다. 그러나 이는 행동을 위해 전제되어야만 하는 기본태도이다. 이러한 의식과 인식의 전환에 기반을 두지 않으면 사회적 차원의 움직임을 수용하기 어렵고 결국 통일을 위한 발걸음도 더딜 수밖에 없다. 이제 다음으로 개인의 노력이 빛날 수 있게 도와주는 사회적 차원의 노력을 살펴보자.

젊은 층에서 특히 두드러지는 통일에 대한 무관심과 회의는 통일 교육의 필요성을 다시금 일깨우고 있다. 여기서 사회가 통일을 위해 기여할 수 있는 일 중 가장 중요한 것은 '통일 교육'이다. 대학생들은 통일 과정과 통일 이후를 사실상 준비해 나가야 할 중심 세대라는 점에서 통일문제에 대한 이들의 관심과 참여는 남북한 통일을 실현하는 데 있어 매우 중요한 요인 가운데 하나이다. 그렇기에 통일시대의 주역이라고 여길 수 있는 대학생들을 위한 통일 교육이 시급하다. 대학은 지금 사회가 직면하고 있는 정치 사회적 문제의 본질에 관한 지식과 개인적 차원의 인식과 의식 변화를 바탕으로 행동의 조화를 시도할 수 있는 독립적인 공간이다. 이러한 점이 바로 대학에서의 통일 교육이 효과적임을 보여준다. 더욱이 남북한 관계나 통일문제에 대한 관심이 대학 시기에 적극적인 참여와 행동으로 이어질 가능성 또한 크다고 할 수 있다.[1]

이에 따라 현재 숭실대학교는 '한반도 평화와 통일' 이라는 교양 필수 과목을 개설해, 수업을 진행하고 있다. 이처럼 대학교에서 남북한 통일 관련 교양 수업을 개설하여, 학생에게 통일에 대한 다면적인 시각을 길러주며, 통일에 대한 잘못된 상식을 바로 잡아줘야만 한다. 일반적으로 통일 교육은 장기적인 관점에서 통일 역량을 키우며, 나아가 남북한의 사회 문화적 통합을 이루는데 유용한 수단으로 여겨진다. 통일 교육은 통일의 과

1 변종헌, 「20대 통일의식과 대학 통일교육의 과제」, 『통일정책연구 제21권 제1호』 2012.6., 162쪽.

정이나 통일 이후 발생할 수 있는 문제점을 해결함으로써 진정한 의미의 통일을 이룰 수 있는 토대이기 때문에 중요시되곤 했다. 그러나 그 중요성에 비해 통일교육의 질은 좋지 않았다고 평가된다. 과거 진행되었던 통일교육의 대부분은 지나치게 단면적인 경향을 보였기 때문이다. 기존의 통일론은 통일의 당위성을 주로 정치 사회적 차원으로 분석하곤 했는데 이러한 설명은 통일의 필요성을 설명하기엔 부족했다.

통일은 분단으로 인한 고통을 해소하기 위해 필요한 것인데, 과거의 통일론은 분단의 고통을 단지 이산가족의 아픔으로 단순화 시키는 오류를 범했다. 분단의 고통은 이산가족의 아픔에 국한되는 것이 아니다. 분단의 고통은 정치, 사회, 문화, 경제 등 생활 곳곳에 퍼져있다. 앞서 언급했듯이, 지속되는 분단으로 인해 정확하게 인지하지 못했을 뿐이다. 정신적 부자유, 자유와 인권의 제약, 군사/외교적 경쟁과 체제를 위해 소비된 군사비용 등이 대표적인 분단의 고통들이다. 교육을 통해 이러한 불편과 고통을 명확히 인지하며 부자연스러운 분단의 현실을 깨닫고, 통일에 대한 관심을 키워준다면 통일논의는 더욱 활성화 될 수 있으며 이는 곧 국민적 관심으로 이어질 수 있는 계기를 마련하게 될 것이다.

마지막으로 국가적 차원의 노력을 알아보자. 국가적 차원이라 하면 통일을 위한 법과 제도 등을 미리 정비하는 일을 거창한 과제를 떠올릴 수 있으나 사실상 통일에서 가장 요구되는 것은 '공감'과 '소통'을 전제한 대화이다. 그리고 이를 직접적으로 수행할 수 있는 것은 정부이다. 현재까지 남북 간의 만남과 대화를 그리 많지 않았으나, 몇 안 되는 만남과 대화에서도 소통이 아닌 일방적인 자기주장만을 해왔다. 과거 남과 북은 한 민족이었지만 오랜 분단 상태로 인해 관습, 문화, 가치관, 언어, 정서 등 다양한 분야에서 차이가 생겼다. 따라서 오늘날 우리는 한민족의 연대감을 민족의 동질성에서만 의존할 수 없게 되었다. 현재의 남과 북은 엄연히 서로 다른 개체인 것이다. 진정한 대화는 서로 다른 두 상대의 소통 방식이다. 나와 모든 점이 일치하는 상대와 대화를 한다면 그것은 독백과 다름이 없다. 대화는 서로 같고 다름을 인정하며 새로운 것을 찾으며, 생산적인 관계를 구축하는 것이다. 그렇다면 새로운 것을 이루기 위한 소통은 어떤 방식이 되어야 할까? 그것은 '가르치고 배우는 쌍방향적인 소통'에서 시작한다. 새로운 것을 만들어내기 위해서는 양쪽 모두 가르치고 배우는 열린 자세가 필요하기 때문이다. 여기서 새로운 것은 통일로 치환할 수 있다. 바로 이런 점에서 남북의 소통도 '가르치고 배우는 소통적 관계'를 대화의 기본적인 원리로 삼아야 한다.[2] 정부는 이러한 기본 원리를 기억하며, 단순히 각 국의 정상이 나누는 형식적인 대화가 아닌, 개인과 사회의 통일논의를 수렴해 공생적이고 호혜적인 소통을 진행해나가야 한다. 진실한 공감과 소통의 대화는 통일을 향한 시작이자 끝이 될 수 있음을 기억하자.

2 건국대학교통일인문학연구단, 『청소년을 위한 통일인문학』, 알렙, 2015 참조.

관심으로 시작하는 통일계획

정보통신전자공학부 김인철

최근 한반도에서 발생한 북의 미사일 포격과 지뢰도발은 대북확성기 방송의 원인이 되었고 남북 간 긴장을 크게 고조시켰다. 준전시 상태까지 치닫던 상황은 장시간 진행된 남북 고위급 회담으로 일단락되었다. 회담 결과 남북은 여러 가지 합의점을 찾았고 남북 관계개선을 위해 지속적으로 대화와 협상을 진행하기로 협약을 맺었다. 이러한 끊임없는 대화와 협상 그리고 북한의 치고 빠지는 식의 태도, 지속적인 도발은 통일이란 단어를 어색하게 만들고 한반도가 아직 전쟁 중이라는 사실을 상기시킨다.

우리는 오랫동안 통일을 외쳐왔다. 하지만 미래를 내다보면서 착실하게 준비하고 계획하는 통일이라기보다는 단지 민족의 오랜 염원이라는 말을 외치기만 하는 통일이었다는 생각이 든다. 이렇듯 말뿐인 통일은 이제 우리에게 그저 익숙한 민족성으로만 느껴지고 심지어 통일에 필요한 우리가 자세가 무엇인지 헷갈리게 한다. 통일에는 막대한 자금과 정치적인 혼란을 견디는 시간 등이 소모되겠지만, 그로부터 우리가 얻을 수 있는 국부창출과 안보, 주변국의 긍정적 시선 확보 등 장기적인 측면에서 봤을 때 통일의 필요성은 더욱 크다고 할 수 있다. 남북통일운동국민연합(이하 통일연합)의 설용수 박사는 "통일은 일시적 혼란을 불러오지만 분단은 영원히 혼란을 일으키며 천문학적인 사회갈등비용을 유발한다"고 말했다.[3] 이처럼 통일은 시급하지만 우리는 겉으로 통일을 주장하기만 할 뿐, 독일

3 김종수 시민기자, "통일만이 민족의 미래! 젊은이의 희망!", 남해시대, 2015.6.23 13:57.

처럼 분단의 아픔을 극복하기 위한 계획적인 준비는 부족하다. 여전히 상상 속 통일한국의 모습이 낯설게 느껴지며, 분단의 아픔을 느껴보지 못한 젊은 청년들은 통일에 대한 관심이 부족하고 소극적이며 의미도 부여하지 않는다. 따라서 통일한국을 건설하기 위해 우리는 좀 더 적극적인 자세를 가져야 한다. 국가 내부의 통일계획을 넘어서 다른 국가에게 우리의 고통을 호소하고 한반도 통일 문제에 대하여 소통해야한다. 또한 서독과 동독의 통일에서 보았듯이 남북은 지속적인 접촉과 교류로 더 많은 합의점을 찾아야 한다. 하지만 무엇보다도 중요한 것은 통일에 대한 우리의 관심과 마음가짐에 있다. 기약도 없고 준비도 부족한 한국통일 이지만 반드시 통일을 이룬다는 확고한 의지를 가지고 분단의 아픔을 극복하려고 노력하며 국민들의 지속적인 관심을 유도해야 통일에 한걸음 다가갈 수 있을 것이다. 또한 다양한 방면에서 발생할 수 있는 사회적 문제들을 최소화 할 수 있도록 사전에 예방하고 준비해야 원만한 통일을 이룩할 수 있다.

그렇다면 앞으로의 대한민국을 이끌어갈 주역이자 선두주자인 대학생과 젊은 청년들은 통일을 위해 무엇을 준비해야 하며, 어떠한 통일의식을 가져야 할까?[4] 먼저 북한에 대한 이해와 관심을 통해 현재 북한이 가지고 있는 여러 가지 악조건과 상황을 해결할 수 있는 실마리를 마련해야 한다. 또한 북한의 군사력 또는 정권체제에 대한 융합과 그에 따른 대비책을 강구해야 한다. 최근 북한의 지뢰도발과 연평도 포격, 남북정상회담 등 다양한 언론을 통해 북한에 대한 관심이 많이 높아지긴 했지만, 북한을 바라보는 시각이 좋지 않은 지금 국민에게 관심과 이해를 고취시키기란 쉽지 않다. 여전히 국민들은 북한이 화해의 대상인 동시에 경계해야할 대상이라고 생각한다. 따라서 지속적인 통일교육을 통해 북한의 체제와 공산주의의 의미, 현재 북한 주민이 처한 안타까운 상황 등 다양한 분야의 문

4 변종원 외, 「통일에 대한 태도(attitude) 전반을 지칭하는 것으로 통일에 대한 감정(affect), 인식(cognition), 그리고 행태(behavior)를 포괄하는 개념」, 『제21권 1호 2012 통일정책연구』, 2012, 160쪽.

제점을 정확히 알아야 비로소 북한을 이해할 수 있을 것이다.

다음으로 생각해 보아야 할 것은 남북통일에 대한 이해와 관심이다. 미래에 언젠가 통일이 된다면 지금의 대학생과 젊은 청년들은 커다란 대한민국을 이끌어갈 주역이다. 그러한 청년들 중 대부분 통일에 대한 필요성은 생각하고 있지만 소극적인 태도를 취하고 있으며, 관심이 없는 청년도 있고 심지어 통일이 불필요하다고 하다고 생각하는 사람도 있다. 왜 통일이 되어야 하는가라는 질문에 대한 해답이 필요한 시점이다. 현재 청년들은 청년실업문제, 내 집 마련문제 등 많은 사회적인 문제로 인하여 모든 관심이 자신들의 미래와 안녕에 집중되어 있지만 청년들은 이러한 문제들에 대한 통일의 긍정적인 측면을 볼 수 있어야 한다. 북한은 국토가 넓고 많은 광물자원과 석유 등을 매장하고 있으며 육로개발과 무역발전 등 가능성이 많다. 거기에 우리의 기술력이 가해진다면 많은 고용창출이 있을 것으로 기대되며 북한이 다양한 세계로 뻗어 나가야할 젊은이들의 좋은 발판이 되어 줄 것이다. 다양한 아시아 국가에 지사를 두고 있는 우리 기업들도 북한이라는 큰 시장에 투자한다면 통일한국의 경제성장과 기술발전도 크게 기대해 볼 수 있다.

이처럼 청년들은 통일의 필요성을 알고 자신만의 객관적이고 분석적인 사고로 정확한 통일의식을 갖춰야 한다. 그리고 그것을 토대로 미래의 통일한국을 준비하는 것이 현재 청년들의 가장 이상적인 모습일 것이다. 더불어 작은 행동이 큰 행동을 만드는 것처럼 젊은이들의 작은 실천이 국민들의 통일의식 변화에 발화제가 될 수 있다. 먼저 청년들 스스로 통일교육을 시행하는 것이 첫 번째 과제다. 젊은 세대는 분단된 조국의 현실을 잘 모르기 때문에 통일교육은 곧 관심교육이 될 것이고 이것은 다른 청년들에게 통일의 필요성을 전파하며 젊은 세대가 통일을 이루는 주역이 돼야 함을 인식할 수 있도록 해야 한다. 또 다른 실천은 정보화시대에 발맞춰 SNS나 잡지 등 언론을 통해 현재 북한이 놓인 인권적인 문제와 사회적 문제 등을 배경으로 국내외적인 관심을 유발하여 대한민국을 알리는 기회를 만드는 것이다. 그래서 안으로는 북한동포를 한 나라사람으로서 인정하고 하려는 의지와 마음가짐을 다지고 밖으로는 우리가 여전히 분단국가임을 호소하고 협력하여 세계 평화와 안정에 공헌해야 할 것이다. 또한 국제적인 봉사활동과 대회 등 남북이 왕래할 수 있는 간접적인 방법들도 실천해 볼 수 있다.

이렇게 작은 실천들은 국민들에게 딱딱하기만 했던 주제에서 벗어날 수 있게 해주며 통일이란 단어가 부드럽게 녹아들 수 있도록 해 준다. 또한 발상의 전환으로 통일 후 많은 사회적 문제들을 해결할 수 있는 좋은 밑거름이 될 수 있다. "통일은 원하는 때에 오지 않는다"는 말이 있다. 청년들은 통일 후에 있을 한반도의 상황을 미리 연구하고 대비하면서 해야 할 일은 무엇인지 생각해보고 그에 맞는 역량을 갖추어야 할 것이다.

통일한국에 대비하여 대학생이 갖추어야할 자질

건축학부 김도훈

대학생들은 대학교에 진학하기 전 치열한 입시 경쟁 때문에 많이 지쳐 있다. 대학에 진학한 후에도 장학금을 받기 위해 다른 학우들과 경쟁을 하고 생활비를 벌기 위해서 아르바이트를 한다. 방학에는 학비를 벌기 위해서 아르바이트를 하고 외국어 공부와 같은 진로에 도움이 될 만한 활동을 한다. 대한민국의 모든 남자는 일정기간 동안 군복무를 하면서 귀한 시간을 보낸다. 그리고 대학의 고학년이 되면 취업준비를 하느라 정신이 없다. 이렇게 보면 대학생은 사회적 문제에 관심을 갖고 깊이 생각할 수 있는 시간이 부족할 수밖에 없다. 물론 통일에 대해서도 마찬가지이다. 대학생들은 현재 우리나라와 북한과의 관계가 어떤지, 한반도를 둘러싼 국제정세가 어떤지에 대해서 이해하거나 통일에 대비해 어떻게 행동을 해야 되는 지에 대해서 생각할 시간이 없다. 더욱이 언론매체를 통해서 얻는 북한 관련 정보는 왜곡되고 편협한 경우가 많고, 입시 위주의 한국사 교육을 받으면서 역사에 대한 시각이 깊지 못한 채 졸업을 하게 되기 때문에 통일에 대한 올바른 가치관을 갖기 어렵다.

하지만 이런 환경에 있다고 해서 대한민국의 대학생이 더 이상 통일에 대해 무관심해서는 안 된다. 현재 대내적으로 우리나라의 상황은 심상치 않기 때문이다. 출산율은 지속적으로 줄어들어 1%에 가깝고 미래에 출산율 변화가 없으면 이로 인해 2040년에는 청년 대비 노인 인구가 많아져 우리나라는 전체 인구의 32.5%가 노인인 '초고령화 사회'에 접어들게 된다. 현재 경제 성장률 또한 낮아져 기업은 청년 고용을 줄이고 있다. 이제 우리나라는 고령화 저출산, 저성장 저고용이라는 난관에 봉착하게 된 것이다.

물론 이러한 부정적 상황은 대외적으로도 마찬가지이다. 중국은 증대된 경제력을 바탕으로 국제 사회에서의 영향력을 늘리고 있고 미국의 오바마 대통령은 커져가는 중국을 견제하기 위하여 동아시아 태평양 지역에 초점을 두는 정책을 세우겠다고 피력한 바 있다. 게다가 일본은 '평화헌법'을 변경하여 유사시 주변국에 군대를 파견할 수 있도록 하였고, 러시아는 '신동방정책'을 펴서 북한과 협력을 강화하고 있다. 또한 북한은 김정일을 이어 그의 아들 김정은이 권력을 세습하면서 체제가 불안정할 뿐더러 심각한 경제난을 해결하지 못하고 있다.

이런 대내외적 상황 속에서 대한민국이 위기 상황에 적절하게 대처하지 못하고 통일을 미처 준비하지 않은 채 맞이하게 된다면 이러한 통일은 한반도에 더 큰 위기로 다가올 것이다. 이러한 상황에 맞추어 급격하게 변하는 국제정세 속에서 통일에 적절하게 대처하기 위해 대학생이 갖춰야 할 자질에 대해서 생각해 보았다.

첫 번째로 남북한의 언어 차이를 배우려는 자세를 가져야 한다. 60년이 넘는 시간 동안 남북한의 사람들은 전혀 다른 이념을 바탕으로 생활해 왔기 때문에 생활방식에서 큰 차이를 보인다. 통일이 되면 서로 다른 두 사회가 통합되는 과정에서 생활방식의 차이로 갈등이 생기게 마련이다. 그러나 언어를 알면 문화를 이해하는 데 큰 도움이 되기 때문에 남북한 언어의 차이를 이해함으로써 남과 북의 사회가 통합하는 과정에서 생기는 갈등의 폭을 줄일 수 있다.

두 번째로 북한 주민에 대한 선입견을 없애야 한다. 통일연구원에서 발행한 「2014 남북 통합에 대한 국민의식 조사」에 따르면 북한이탈주민의 한국사회 정착을 위한 필요 사안에 대하여 응답자의 '48.9%'가 편견과 차별의식 해소를 주요한 선행 의식으로 꼽았다. 이를 통해 볼 때 북한 주민에 대한 선입견이 통일 후 사회 통합 과정에서 가장 큰 걸림돌이 될 것이라는 점을 알 수 있다. 따라서 이에 대한 해결 방법을 찾는 것이 문제를 해결하는 것이 중요할 것이다.

하지만 통일을 준비하기 위해 우리 국민이 이루어야 할 많은 것들 중에서는 언어의 차이를 알고 북한 주민에 대한 편견을 없애는 것보다 더 중요한 것이 있다. 바로 현재 북한에서 벌어지고 있는 인권 유린의 실태를 정확히 파악하고 아는 것이다. 북한의 소수 기득권층이 현 체제 안정을 위해 지나친 군사력 위주의 발전을 감행하면서 극심한 경제난에 대해 해결 방법을 찾지 못했고 그동안 300만 명이 넘는 사람들이 굶어 죽었다. 북한에서는 살기 위해서 탈북을 하는 과정에서 많은 사람들이 죽었고 또 많은 사람들이 붙잡혀 정치범 수용소로 끌려갔다. 그 곳에서 사람들은 강제 노동과 고문, 성폭행, 공개 처형 등으로 인권이 처참하게 유린당하고 있다.

가까운 미래에 남과 북이 통일 될 것을 생각한다면 북한의 인권 유린 실태에 대해 정확하게 인식하는 과정이 반드시 필요하다. 이는 김일성, 김정일, 그리고 김정은을 중심으로 하는 소수의 기득권층에 의해서 60년이 넘는 시간 동안 생사를 드나들며 살아온 뼈저린 북한 주민들의 아픔을 감싸줄 수 있는 기반이 될 것이다.

네 번째로 대학생은 각자 전공과 관련한 학업에 충실해야 한다. 한국정치 학회가 2013년에 발행한 「통일 편익 연구」에 따르면 통일이 되면 금융, 의료 등 거의 전 분야에 일자리 119만 개가 창출된다고 한다. 만약 학업에 충실하지 않고 기술을 연마하지 않으면 통일을 통해 발생하는 이익은 그림의 떡일 뿐이다. 따라서 대학생이 각자 자신의 학업에 충실함으로써 개인적인 측면에서 새 일자리를 얻는데 용이해질 뿐만 아니라 사회적인 측면에서도 전문 인력이 양산되어 북한지역 경제 회복에 큰 도움이 될 것이다.

마지막으로 국민 모두가 통일에 대한 확신을 가지고 있어야한다. 반만 년 역사를 통해 우리 민족은 숱한 위기를 극복하면서 한 민족으로서의 정체성을 지켜왔다. 수많은 사람들이 나라를 지키려고 목숨을 버렸다. 외부에서 적이 쳐들어 왔을 때 항상 백성들은 의병을 일으켜 저항했고, 나라에 위기가 닥칠 때마다 항상 위인들이 있었다. 단지 후손들에게 안전한 삶의 터전을 주고 그 터전에서 행복한 삶을 살 수 있도록 하기 위해서였다. 그러나 이후의 역사적 상황을 보면 후회스럽기 그지없다. 해방이 되자마자 분단이 되었고 6.25 전쟁이 발발하면서 동족끼리 싸우는 참상이 발생하였다. 전쟁이 끝나고 북한에서는 앞에서 말했듯이 수많은 사람들이 굶어죽어 가고 있고 폭력적인 정부에 의해서 탄압받고 있다. 우리의 조상들은 후손이 이렇게 살기를 바라고 그렇게 목숨 바친 것이 아니다. 우리는 선조들의 목숨을 헛되게 해서는 안 된다. 선조들이 물려준 삶의 터전에서 행복하게 살고 또 앞으로도 후세대의 행복을 지켜나가야 할 책임이 있다. 따라서 우리는 통일에 대한 확신을 가지고 앞서 말한 자질들을 키워 통일에 대비해야 한다. 언제 어떻게 통일이 될 지는 아무도 모른다. 그러나 우리가 어떤 선택을 하느냐에 따라 미래가 달라지는 것은 분명하다. 우리는 통일을 지향하는 민족적 역사의식과 책임을 함께하는 대학생으로서 통일에 지속적인 관심을 보이며 자신의 역량을 키워야 한다. 이를 통해 통일을 맞이하는 날 우리 청년들은 통일을 또 다른 위기가 아닌 힘찬 도약의 기회로 맞게 될 것이다.

통일 한국을 준비하기 위한 토론 교육

국제법무학과 이창훈

통일에 반대하는 대학생은 2007년 15.5%에서, 2011년 23.0%로 7.5%p 가량 늘어났다.[5] 통일을 위해서는 통일비용이 필수적인데 통일비용을 부담 질 의향이 없는 대학생들이 37.7%이다.[6] 이러한 대한민국 현실에서 사회적 합의 없이 통일을 이루기는 힘들다. 통일 한국을 위해서는 통일에 대한 담론과 북한 재인식을 통해 사회적 합의를 이끌어내야만 한다.

그렇다면 우리사회는 과연 사회적 합의를 이끌 수 있는 담론의 장을 형성하고 있을까? '빨갱이'라는 단어는 현대 시대에서 어렵지 않게 볼 수 있는 말이다. 공산주의자를 속되게 이르는 이 단어는 우리사회에서 북한 또는 통일에 대한 건전한 담론의 장을 가로막는 주범 중에 하나다. 그럼에도 불구하고 정치, 경제, 사회에 이르기까지 광범위하게 사용된다. 정치인들도 이를 자주 언급하곤 한다. 북한에 관한 지원책 또는 평화 통일방안에 대해 논리적으로 타당한 이야기를 하는 사람이 있더라도 '빨갱이'라는 오명을 쓰게 되는 순간 많은 사람들의 이성이 멈추며 이야기는 감정적인 방향으로 끌려간다.

5 흥사단 민족통일운동본부 주최, 2011.11.22~12.2 수도권 소재 대학생을 대상으로 면접원에 의한 직접 설문조사의 결과.

6 2007년 5월과 2008년 5월 민주 평통 주관 전국 만 19세 이상 39세 이하 성인남녀 1000경을 대상으로 통일의식을 조사한 '청년층 통일의식조사 보고서'에 근거함.

그렇다면 '어떻게 건전한 담론의 장을 만들 것인가'의 문제가 생긴다. 건전한 담론의 장의 형성이 어려운 이유는 여러 가지인데 그 중엔 교육이 많은 비중을 차지한다. 현재 대한민국의 교육은 주입식으로 이루어지고 있다. 교과서를 읽고 주체적으로 텍스트를 받아들이고 이를 심화시켜 공부하는 것이 아니라, 학교 또는 학원에서부터 선생님이 모든 것을 가르쳐 주고 학생들은 그것을 암기한다. 문제에 대해 주체적이고 심화된 사고는 불가능하다. 따라서 많은 학생들은 통일과 북한의 문제에 대해 비판적으로, 이성적으로 바라보기 힘들다. 이러한 이유로 건전한 담론을 형성하는 기초가 흔들리고 있다.

건전한 담론을 위해 중요한 것은 한 사안에 대해 비판적, 이성적으로 바라보며 주체적으로 받아들이는 사고이다. 그러한 사고를 어떻게 배양할 것인가가 중요하다. 그 방법으로 토론을 제시하고자 한다. 주입식 수업이 아닌 토론식 수업은 이러한 점을 말끔히 해소할 수 있다. 하지만 이미 뿌리 깊게 내려온 주입식 교육의 폐해를 한번에 변화시키기는 어렵다. 학생들을 교육하는 당사자인 부모들과 교사들은 과거에 모두 주입식 교육을 받았기 때문에 토론식 수업에 익숙하지 않다. 그렇기 때문에 모든 수업을 토론식으로 진행하는 것이 아니라 차선책으로, 정규 교육과정에서의 토론 교육을 대안으로 제시한다.

토론은 특정 주제에 대한 찬성과 반대의 주장을 논하는 과정이다. 주장은 자신의 의견이나 주의를 굳게 내세우는 것을 말한다. 토론에서 주장은 논리적으로 할 때에 받아들여진다. 따라서 토론을 하게 되면 논리적으로 사고하게 된다. 또한 자신의 의견을 말하기 때문에 주체적으로 사고하는 것도 익히게 된다. 토론을 익히게 된다면, 사람들은 통일뿐만 아니라 모든 사안에 대해 주체적인 의견을 가질 수 있으며, 타인과 건전하게 의견을 주고받을 수 있게 될 것이다. 이를 통해 통일에 대한 사회적 합의를 이끌어내고 결국 통일 한국을 준비할 수 있을 것이다.

제5장

통일시대의 상상력

들머리

성신형(베어드학부대학 교수)

인간은 상상력을 지니고 살고 있기 때문에 행복한 존재이다. 상상력은 인간을 건강하고 행복하게 만들어주는 힘이 있다. 상상력은 신이 인간에게 부여하신 가장 좋은 선물 중에 하나일 것이다. 그 상상력은 미래에 대한 막연한 낙관이 아니라, 지금의 현실에 대한 현명한 이해와 다가올 시대에 대한 행복한 상상일 때에 더욱 의미가 크다.

나는 가끔 '통일이 되면 우리에게 어떤 미래가 펼쳐지게 될까'하는 상상을 하곤 한다. 불편한 점도 많이 있겠지만, 분명 우리들의 가슴을 뛰게 해주고 행복하게 만들어주는 일들도 많이 있을 것이다. 불편한 것을 빨리 극복하려면 행복하게 만들어 주는 것을 더욱 더 많이 상상할 수 있어야 한다. 나는 이제 그런 상상을 해 본다. 머지않은 미래에 통일이 되었을 때에 우리에게 어떤 일이 일어나게 될까?

나는 남북한의 사람들이 서로에게 겨눈 미움의 눈총을 거두고 서로를 위해서 흐르는 눈물을 닦아주는 화해의 날을 상상한다. 얼마나 더 아파야 우리는 다시 만날 수 있을까? 이 고통을 얼마나 더 견뎌야 할까? 더욱 아픈 것은 우리는 이제 이 엄청난 고통을 느끼지 못하고 있다는 것이다. 가슴이 썩어 들어가게 아픈데도 우리는 아픔조차 느끼지 못하고 서로를 미워하느라 정신이 없다. 통일의 시간이 되면 이런 고통은 없어지겠지……. 미움도 슬픔도 걷어내고 서로 부둥켜안고 행복한 눈물을 흘릴 그 날을 상상한다.

나는 기차를 타고 만주를 거쳐 러시아까지 달리는 상상을 하곤 한다. 분단된 반도의 섬나라를 살아가고 있는 나에게 이 꿈은 아주 오래된 상상이다. 몇 십 년 전까지만 해도 우리의 선조들이 독립운동의 꿈을 키워왔던 만주를 기차를 타고 자유롭게 달리면서 그곳의 선조들의 기개를 배우고 싶다. 용정에 들려서 문익환, 윤동주, 장준하 선생님이 뛰어놀았던 학교에 방문해보고 싶다. 그리고 거기에서 기차를 타고 멀리 러시아를 거쳐서 유럽까지 달리면서 막힘없이 펼쳐진 세계를 만나면서 그 속에서 많은 사람들을 만나는 상상을 한다.

나는 또한 평양 숭실을 방문하는 상상을 한다. 일제하에 민족운동에 가장 앞장서서 헌신했던 숭실학교. 일제에 의해 강요된 신사참배를 거부하고 폐교를 결정함으로 스스로 고난의 길을 선택한 우리 학교. 선배들의 삶이 녹아들어 있고, 선배들의 목표가 살아있고, 선배들의 기개가 넘치는 그곳을 방문하는 일은 분명 신나고 즐거운 일이 될 것이다. 평양의 그곳이 그 시간의 숭실이 있었던 자리임을 확인하고, 내가 숭실인임을 확인하는 것은 분명 내 마음을 뛰게 만드는 일이다.

그리고 나는 다가올 통일 시대에 다른 사람들을 위해서 불편함을 감수하고 서로를 세워가는 일에 최선을 다하는 내 동료, 내 동포들을 상상한다. 분명 통일이 되면 상당히 불편할 것이다. 서로 다름을 인정하지 못하고 무시하는 경우가 많이 발생하게 될 것이다. 물질에 대한 가치에 치중하다가 사람을 놓치는 일도 발생하게 될 것이고, 내가 불편한 것을 참지 못하고 분을 터뜨리는 일도 있을 것이다. 그러나 이러한 모든 것을 이겨내고 극복하고 서로가 서로를 이해하고 위해주면서 미래를 위해서 나가려고 노력하는 사람들이 더 많을 것을 나는 상상한다. 그런 사람들이 불편함을 이겨내고 마침내 통일 한국을 만들어 낼 수 있을 것이다.

마침 이 글을 쓰고 있는 지금 시간이 십자가에서 극심한 고통을 참고 견뎌내어서 인류를 위한 참 사랑을 이루어낸 예수의 부활절을 기다리는 하루 전 날이다. 지금 예수는 십자가에서 처형당한 후에 무덤에서 안치되어 있는 시간이다. 논리의 비약이 될 수 있겠지만, 지금 현재 우리 민족이 당하고 있는 이 고통이 세계 평화를 위한 씨앗이 될 수 있기를 바란다. 예수가 고통의 십자가를 짊어지고 죽어가면서, 그 엄청난 고통을 견딜 수 있었던 것은 부활의 아침이 그를 기다리고 있는 것을 상상할 수 있었기 때문일 것이다. 우리가 분단된 상황으로 인한 이 엄청난 고통을 견디어 나가고 있는 것은 통일의 아침을 상상하고 있기 때문일 것이다.

영어영문학과 박병건 학생이 쓴 글은 숭실인의 관점에서 통일을 어떻게 준비해야 하는가에 대해서 자신의 생각을 구체적인 조사를 통해서 보여준 좋은 글이다. 통일 시대를 준비하는데 있어서 젊은 사람들의 인식 변화가 얼마나 중요한지에 대한 주장하고 있다. 그리고 이와 같은 부족한 점을 채우기 위해서는 젊은이들 본인의 노력도 중요하지만, 숭실대학교가 해주어야 할 일들이 있다는 주장하고 있다. 이 일을 위해서 숭실대학교가 앞으로 더욱 매진해야 하는 일은 아래와 같다. 우선 북한에 대한 면밀한 이해를 돕는 일에 지금보다도 더 체계적인 교육적인 지원이 필요하다. 우선 북한에 대한 올바른 이해와 정보를 얻을 수 있는 강의가 더 많이 개설되어야 하고, 가능하다면 북한 관련 학과(현재는 대학원만 있음)를 신설하는 것도 필요하다. 또한 학생들과 전문가들이 참여하는 공개토론회를 열어서 서로 다른 생각들을 이야기 할 수 있는 장을 마련하는 것도 중요하다. 그리고 현재 교양 필수로 진행되고 있는 '한반도 평화와 통일'이라는 과목에 대한 설문조사를 바탕으로 한 분석은 설득력이 있다. 일방적인 주입식 교육이 아닌 학생들이 느끼고 실천까지 이끌 수 있는 질 높은 교육이 필요하다.

북한에 대한 이해가 턱없이 부족하다는 것에는 충분이 공감한다. 사실, 대한민국의 많은 사람들은 아직도 북한을 뿔 달린 괴물로 생각하는 경향이 많이 있는 것 같다. 북한 사람들이 실질적으로 어떻게 살고 있는지에 대한 구체적인 이해가 없는 상황에서 적대시하면서 미워하는 감정만이 분출하고 있다. 이런 점에서 이해에서부터 출발하는 것은 매우 중요하다고 생각한다. 더 나아가서 북한 전문가를 양성하기 위해서 북한관련 학과를 만드는 일은 아주 적절한 주장이라고 생각된다. 숭실대학교가 미래의 통일 시대를 위한 인재를 키워내겠다고 한다면, 이일부터 시작하는 것이 필요하다고 생각된다. 같은 맥락에서 현재 숭실대학교의 통일관련 교양필수과목에 대한 성찰이 필요하다. 가르치는 사람이 원하는 내용을 학생들에게 전달하는 것이 아니라, 학생들이 스스로 생각하고 고민하고 결심하고 실천할 수 있는 방안에 대한 구체적인 고민이 필요할 것이다.

글로벌미디어학부 김현수 학생의 글은 경제적인 관점에서 남북관계 개선과 통일이 필요한 이유에 대해서 쓴 글이다. 크게 네 가지 점을 들어서 설명하고 있다. 첫 번째는 경제 협력을 통해서 남과 북이 가장 쉽게 접근할 수 있는 외교적인 통로를 마련할 수 있다. 실제로 남북경협이 잘 이루어지던 시기에 남북은 외교적으로도 성숙한 태도를 보였기 때문이다. 둘째, 남북경협은 신뢰를 쌓을 수 있는 좋은 계기가 된다. 왜냐하면 경협을 통해서 인적, 물적 자원을 교류할 수 있기 때문이다. 셋째, 남북경협을 통해서 무력충돌의 가능성을 낮출 수 있다. 경제적 상호의존성은 국가 간의 협력의 틀을 구축하기 때문이다. 끝으로 남북경협은 통일비용을 감소시킬 수 있다. 북한의 경제가 발전할수록 통일 비용은 줄어들기 때문이다. 이러한 논의를 바탕으로 숭실대학교가 준비해야할 과제는 두 가지 이다. 우선 통일시대를 이끌 창의적인 인재양성에 힘써야 하고, 통일에 대한 올바른 가치관을 형성할 수 있도록 만들어야 한다. 그러므로 이를 위해서 통일 교육은 더욱 중요한 것이다.

김현수 학생의 글은 일반인들이 간과하기 쉬운 점을 논리적으로 잘 설명해주고 있다. 사실 통일에 대한 논의와 그 당위성은 정치적인 차원에서 혹은 심리적인 차원에서 많이 진행되고 있다. 경제적인 차원에서는 통일비용을 어떻게 감당할 수 있는가에 대한 우려와 염려가 많이 있어 왔다. 하지만 이 글에서는 경제협력을 통해서 통일을 준비하는 것에 대해서 외교적인 관점(정치), 신뢰의 차원, 군사적인 차원, 통일비용의 측면에서 잘 논증하고 있다. 아울러서 통일교육을 위한 숭실의 과제에 대해서도 분명하게 제시하고 있다. 통일시대의 인재를 양성하기 위해서는 무엇보다도 건강한 가치관을 가진 인재를 양성할 수 있는 교육이 필요하다.

전자정보공학부 이재현 학생의 글은 간결하면서도 잘 짜인 전개를 보이고 있다. 가까운 미래에 다가오게 될 통일시대를 준비하게 위해서 숭실인들이 해야 할 과제에 대해서 잘 설명하고 있다. 그 과제는 크게 네 가지가 있다. 첫째, 숭실대 학생으로서의 절절한 역할을 수행하는 것이다. 통일을 위해서 어떤 거창한 일을 계획하는 것이 아니라, 자기 자리에 맞는 역할을 찾아서 그런 것을 성실하게 수행하는 것이다. 둘째, 한민족에 대한 올바른 역사관을 정립하는 것이다. 한민족으로서의 역사관을 정립하는 것은 이질감을 극복하고 동질감을 회복할 수 있는 계기가 될 것이다. 세 번째는 올바른 시민윤리의 확립이다. 공감과 소통 그리고 이해하려는 마음의 시민윤리의식을 확립하려고 노력해야 한다. 네 번째는 첫 번째 과제와 연결되어 있지만 확장된 것인데, 앞으로 통일이 된다면 나 자신은 개인적으로 어떤 일을 할 것인가에 대한 구체적인 계획을 세우는 것이다. 이것이 하나의 삶의 습관으로 만들어지도록 노력해야 한다. 이러한 방법으로 준비한다면 통일시대를 잘 준비하는 숭실인이 될 것이다.

이 글은 간결하지만 매우 설득력이 있는 글이다. 왜냐하면 거시적인 관점의 거창한 내용들을 말하는 것이 아니라, 미시적인 관점에서 개인으로서 할 수 있는 일에 대해서 잘 기록하고 있기 때문이다. 특히 다가올 통일시대를 준비하는 태도에 대해서 올바른 역사관, 건강한 시민윤리의식, 그리고 내가 스스로 참여하는 주인의식을 갖는 일은 무엇보다도 중요한 일이 될 것이다. 사실 통일은 우리에게 벌어질 일이지 다른 사람들에게 벌어질 일이 아니기 때문이다.

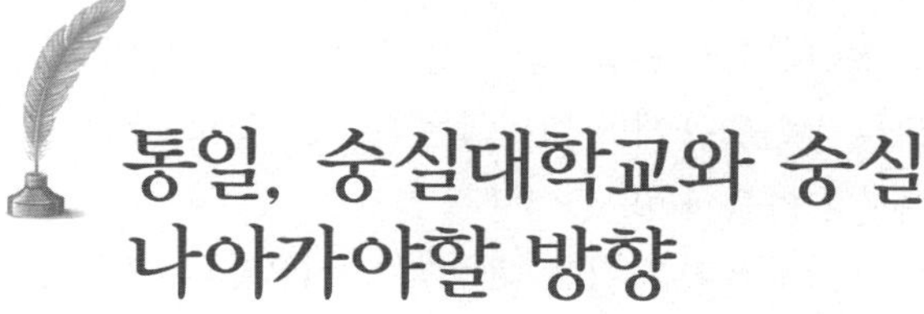

통일, 숭실대학교와 숭실인이 나아가야할 방향

영어영문학과 박병건

> 나는 통일된 조국을 건설하려다가 38도선을 베고 쓰러질지언정 일신에 구차한 안일을 취하여 단독 정부를 세우는 데는 협력하지 아니하겠다."
>
> – 백범 김구 '3천만 동포에게 읍고함' 中

2015년 12월 대한민국에 살고 있는 대학생인 나는, 1948년 2월 조국의 분단만큼은 막고자 백방으로 뛰어다니셨던 김구 선생님의 모습을 보면 너무나도 안타깝고 괜스레 죄스럽다.

그토록 많은 독립 운동가들이 나라를 위해 독립운동을 했는데, 외세에 의해 둘로 쪼개질지 누가 알았을까.

조국이 광복된 지 70년이 지나도록 한반도가 둘로 나뉘어 대립하고 있을지 그 누가 예상이나 했을까.

아무튼 한반도는 현재 세계 유일의 분단국가로, 이념과 외세로 인해 둘로 갈라진지 70년을 지났다. 그 결과 남북한은 문화, 언어, 경제 등 거의 모든 면에 걸쳐 마치 다른 민족인 것처럼 너무나 달라져버렸다.

이러한 상황에서 현재 남북한 정부는 교류마저 소원하고, 민간교류는 중단되었으며, 북한은 끊임없이 도발을 감행하고 있는 실정이다.

그렇다고 해서 지난 70년간 아무런 대화의 시도도 없이 단절되어 있었는가 하면 그건 아니다. 그 동안 남북한 정부는 평화통일을 위해 수차례 교류를 해왔다.

1972년 '자주, 평화, 민족대단결'이라는 통일 기본 원칙을 내세운 '7·4 남북공동성명'을 시작으로 1991년 '남북기본합의서', 2000년 '남북 6·15 공동선언문', 그리고 2차례의 남북 정상회담 등 많은 교류가 있었다.

그러나 이러한 교류가 있었음에도 한반도는 아직도 둘로 나뉘어 있다. 남북한의 관계는 여전히 싸늘하기만 하다.

무엇이 문제였을까? 전문가들이 꼽는 여러 가지 이유들이 있을 것이다. 하지만 나는 나와 같은 평범한 대학생들이 통일에 대한 인식과 관심, 정보가 부족한 것이 큰 이유인 것 같다.

생각해보자, 우리 대학생이 통일에 대해 아무 관심도 없고, 갖추어야할 기본적인 것들을 준비하지 못한 상태에서 갑자기 통일이 된다는 것이 가능한 일일까? 설사 백번 양보해서 만에 하나 갑자기 통일이 이루어진다고 하자, 아무런 준비가 안 되어 있는 우리들이 급변하는 한반도에서 살 수 있을까.

그래서 나는 정치인들이나 고위관료 뿐만 아니라, 우리 평범한 대학생들도 통일에 대해 평소 공부해야 하고, 준비를 해야 한다고 생각한다. 특히 우리 숭실대학교에 다니는 학생들이 더 철저히 준비해야만 한다.

왜냐하면, 과거 숭실대학은 민족교육의 중심지였고, 숭실대학교 출신의 인물들은 민족이 직면한 민족적 과제를 해결하는데 항상 능동적으로 참여해 왔었기 때문이다.

일제 강점기에는 조만식, 김파, 김창준, 배민수, 김양선 선생 등이 조국의 광복을 위해 헌신적으로 독립운동을 했고, 독재시기에는 김창섭, 박현민, 박래전 열사 등 수천 명의 학생들이 민주화 운동에 참여했다.

이제는 우리 차례다. 21세기 우리 민족이 직면한 최대 민족적 과제인 '통일', 숭실대학교는 통일에 대해 다양한 정보를 학생들에게 제공해야 하고, 우리 숭실인은 선배들이 그랬던 것처럼 민족적 과제 해결에 적극적으로 참여해야한다.

우리 숭실대학교는 우리나라에 있는 대학 중에서 통일 분야에 가장 관심이 크고, 통일에 관한 여러 가지 정책을 펼치고 있다. 나는 이 글에서 우리 숭실대학교가 통일을 위해 준비하고 있는 정책들을 살펴보고 보완할

점과 우리 숭실인이 통일을 위해 준비해야 할 점에 대해 기술해보겠다.

'지피지기면 백전백승'이라는 말이 있다. 무슨 말인가 하면, 우리가 통일을 하고자 한다면, 먼저 북한에 대한 면밀한 이해가 필요하다는 뜻이다.

예를들어보자, 우리가 알고 있는 '6.25전쟁', 과연 북한 사람들도 우리와 같은 개념으로 이해하고 있을까? 우리나라에서는 6.25전쟁을 '6.25사변', '동족상잔'의 전쟁으로 부르고 있는 반면, 북한에서는 '민족해방전쟁'으로 부르고 있으며, 미 제국주의와 16개의 국제반동국가로부터의 정의의 전쟁, 사회주의 진영이 승리한 전쟁으로 생각하고 있다.

또 하나 예를들어보면, 남한과 북한에서 이해하고 있는 3.1운동을 들여다보면 그림이 완전히 달라진다.

이외에도 문화, 언어 등 다방면에 걸쳐 우리는 북한과 다르다. 만약 이러한 상태에서 갑자기 통일이 이루어지면 어떻게 되겠는가? 그렇기 때문에 우리는 북한에 대한 철저한 이해가 필요하다.

그렇다면 이러한 상황에서 숭실대학교는 통일에 대한 준비를 어떻게 하고 있을까?

나의 모교 숭실대학교는 민족학교라는 명성에 알맞게, 현재 통일이라는 주제에 관해 다른 학교에 비해 앞서나가고 있다.

2013년 한헌수 총장은 취임식에서 "통일 한국을 바라보며 평양에 숭실대학교를 하나 더 만들어 서울과 평양을 잇는 통일된 대한민국의 교육 축으로 만들겠다."고 선언했고, 숭실대학교의 교육 목표중 하나는 '통일 지향적 민족교육', 지향하는 인재상은 '통일 세대의 창의적 리더'이다.

내가 조사해 본 바에 의하면 현재 숭실대학교 중앙도서관에는 북한 관련된 도서 약 1,400권, 학위논문 약 390편과 통일 관련된 도서 약 1,200권, 학위논문 190편을 소장하고 있다. 2014년에는 '한반도 평화와 통일'이라는 과목을 개설하여 전 신입생에게 이수하도록 하고 있고 '통일 글쓰기 대회', '통일노래 및 UCC공모', '통일 리더십 캠프' 등 다양한 행사 역시 개최하고 있다.

하지만, 나는 숭실대학이 장차 통일을 준비하기 위해서는 보완해야할 점이 있다고 생각한다.

우선, 학교 중앙도서관에 북한과 통일에 대한 많은 자료를 소장하고 있다는 점은 고무적이다.

하지만, 북한에 대한 올바른 이해와 정보를 얻을수 있는 강의가 턱 없이 부족하다.

'한반도 평화와 통일'이라는 과목을 제외하면 북한과 관련된 수업이 몇 개나 있을까? 거의 없다고 봐도 무방하다. 먼저 모든 학생들이 들을수 있는 교양과목 시간표를 보자. 2015년 기준, 북한 또는 통일과 관련된 교양과목은 '북한의 이해'라는 과목뿐이며, 2학기에 배치되어 있고 70명이 수강할수 있는 과목이다.

그나마 정치외교학과에서 1학기 전공과목으로 '북한정치론', '북한의 정치와 경제' 두 과목을 개설한 상태이다.

나는 숭실대학이 북한 또는 통일을 주제로한 다양한 교양과목을 개설하여 더 많은 학생들에게 폭 넓은 지식과 다양한 정보를 제공해줬으면 한다.

지금의 시스템에서는 학생들이 북한에 대한 다양한 정보와 지식을 폭넓게 얻는 것은 어려워 보인다.

그 뿐만 아니라 숭실대학교에는 북한과 관련된 학과가 없다.(현재 우리나라에 북한학과가 있는 학교는 동국대, 명지대, 고려대(세종) 3곳이다.) 학교의 교육목표중 하나가 '통일 지향적 민족교육'이고, 지향하는 인재상이 '통일 세대의 창의적 리더'인데, 북한학과가 없다는 것은 어불성설이다.

나는 통일에 있어서 숭실대학교가 중추적인 역할을 하기 위해서는 북한과 통일에 관련된 전문가와 지식인을 양성해야 한다고 생각한다.

교양필수나 교양과목에서 북한에 대해 한 학기 공부하는 것과, 전공으로서 4년간 심도 있게 공부하는 것은 분명 다르다. 요새 많은 학교에서 인문대 통폐합을 하고, 취업에 도움이 안 되는 학과는 구조조정을 하는 등, 투자가 감소하고 있는 상황에서, 숭실대학 만큼은 이런 분야에 과감한 투자를 해야 한다.

북한학과 개설은 단편적인 시각에서 취업률에는 큰 도움이 안 될지 모르나, 장기적인 시각에서 남북한 문제와, 통일이라는 문제에 있어서 큰 힘이 될 것이다.

이번엔 숭실대학교가 주기적으로 주최하고 있는 강연회를 보자. 숭실대학교는 주기적으로 유명한 인사들을 초빙하여 학생들에게 다양한 주제로 강연을 하고 있다. 대표적인 예로 작년에 손석희씨, 마이클 샌델을 초빙한 일 등을 들 수 있겠다. 그렇다면 숭실대학교에서는 북한과 통일이라는 주제로는 얼마나 자주 강연회를 학생들에게 제공했을까? 올해 숭실대학에서 북한과 통일이라는 주제를 가지고 강연한 강연 목록을 보면, 5월 15일(금) '숭실 평화 포럼 - un인권우선계획 실행 및 도전과제', 5월 22일(금) '숭실평화통일연구원 - 문화와 마음의 통합', 10월 15일(목) '2015 세계 북한 학술대회', 10월 30일(금) 숭실대학교 '한국기독교문화원 - 해방 이전 북한 기독교'가 있었다.

하지만, 나는 숭실대학교가 통일을 준비하기 위해선, 조금 더 다양한 주제로 강연을 해야 한다고 생각한다. 강연자들이 모두 북한에 대한 권위자, 전문가인 것은 틀림없는 큰 장점이라고 생각한다. 하지만 새터민 강사를 초빙하여 북한사람의 실생활과 인권에 대해 강의를 한다든지, '북한의 정치체제', '북한 대학생의 생활', '남북한의 역사 인식의 차이점' 등 더 다양한 주제와 학생들에게 더 다가갈 수 있는 강연을 한다면, 학생들이 더욱더 많은 관심을 가지고 참여하지 않을까? 또 숭실대학교는 이러한 강연을 학생들에게 적극 홍보하여 더 많은 학생들이 강연회에 참석하도록 해야 할 것이다.

또 숭실대학교에서 통일에 관한 공개 토론회를 열어 전문가와 학생들이 자유롭게 토론할 수 있는 장을 자주 마련했으면 좋겠다. 통일을 해야 한다고 생각하는 20대, 그리고 통일을 하면 안 된다고 생각하는 20대들이 만나서 토론하며 서로의 생각도 알아보고, 공부해 볼 수 있는 기회가 많아야 한다. 20대들에게 '통일은 무조건 해야 하는 것이다' '우리는 한민족이다' 와 같은 민족적인 관점만이 아닌, 통일을 해야 하는 다양한 이유에 대해서도 알아보고, 또 통일을 반대하는 입장 역시 살펴볼 수 있는 토론장이 열린다면, 숭실대학생들이 북한과 통일이라는 주제에 있어 더욱 더 깊이 생각해 볼 수 있을 것이다.

마지막으로 나는 2014년도에 개설된, '한반도 평화와 통일' 과목을 조금 더 개선해야 한다고 생각한다. 비록 표본은 23명으로 적지만, 15학번 신입생을 대상으로 '한반도 평화와 통일' 과목에 대한 생각을 설문조사 해봤다. 조사결과를 보자.

1. '귀하께서 한반도 평화와 통일 과목을 수강하는 주된 이유는 무엇인가요?'라는 질문에서,'교양필수라서(학점 때문에 어쩔 수 없이)'라는 답변이 100%를 기록했다. 신입생들은 '북한에 대한 관심', '북한에 대한 호기심'이라는 항목에는 단 한명도 체크하지 않았다.

2. '한반도 평화와 통일 과목을 수강함으로써 북한과 통일을 이해하는데 도움이 되었습니까?'라는 질문에서는 '매우 그렇다' 와 '그렇다'라고 답변한 학생이 10명(43%), '보통이다' 로 답변한 학생이 11(47%), '아니다'와 '전혀 아니다'로 답한 학생이 2명(8%)으로 '한반도 평화와 통일' 과목을 듣고 도움이 되었다고 긍정적으로 답한 학생은 절반도 되지 않았다.

마지막으로 3. '한반도 평화와 통일 과목에 장점이나 단점이 있다면?'이라는 질문을 보자.(텍스트형 문항) '통일 캠프가 인상적이었다', '북한과 통일에 대해 이해할 수 있는 기회를 가질 수 있다'로 4명의 학생이 장점을 들었다.

부정적인 답변엔 무엇이 있을까? 부정적 답변으로는 '캠프가 너무 길다' 4명, '교양필수라서 억지로 들어야 한다' 2명, '왜 수강해야 하는지 잘 모르겠다' 2명, '온라인 강의라 귀찮고 제대로 보지 않게 된다' 2명, '1학점인 것에 비해 하는 일이 너무 많다' 1명, 'p/f과목으로 바꾸자' 1명 등이 있었다.

앞서 말했듯이 표본이 적은 것은 사실이나, 신입생들이 '한반도 평화와 통일'이라는 과목에 대해 긍정적이지 만은 않다는 것을 알 수 있다. 우선 23명 전원이 교양필수 과목이기 때문에 듣는다고 했다.

2번 문항 '한반도 평화와 통일 과목을 듣고 북한과 통일에 대해 이해하는데 도움이 되었는가'에서 긍정적으로 답변한 학생이 43%(10명)밖에 되지 않았다. 또 3번 문항 '한반도 평화와 통일 과목의 장단점이 있다면?'에 긍정적인 답변은 단 4명인 것에 비해 부정적인 의견을 제출한 학생이 훨씬 많았다.

'한반도 평화와 통일'을 전학생에게 의무적으로 수강하도록 한 것은 정말 잘했다고 생각한다. 왜냐하면 학생들에게 북한과 통일에 대한 다양한 정보를 제공할 수 있기 때문이다. 하지만 위의 부정적인 내용들을 보면 한반도 평화와 통일 과목을 조금 더 개선해야 할 필요가 있다고 느낀다. 아무리 좋은 내용이라도 학생들이 흥미를 느끼지 못하고, 그저 학점 때문에 듣는다면 아무 효용성이 없기 때문이다.

나는 숭실대학교가 지금까지 통일에 관련된 여러 가지 정책을 펼치는 건 정말 잘했다고 평가한다. 하지만 지금의 정책을 더욱더 개선하여 학생들에게 더욱더 가까이 다가가고, 학생들의 진심어린 공감을 얻는다면 지금의 정책들이 더 빛을 발하고 민족대학교로서 명성을 더욱더 떨칠 수 있지 않을까?

지금까지는 숭실대학교가 통일을 위해 준비해야할 점에 대해 내 생각을 서술해봤다. 그렇다면 북한과 통일을 이해하고 준비하는데 학교 차원에서만 준비해야 할까? 그렇지 않다. 손뼉도 마주쳐야 소리가 난다고, 우리 '숭실인' 역시 선배들이 그랬던 것처럼 민족문제에 있어 능동적으로 참여해야 한다.

솔직히 말하면, 현실적으로 요새 20대들은 모두 바쁘다. 원하는 곳에 취업하기 위해서는 준비해야 할 분야가 한두 가지가 아니다. 그래서 이러한 문제에 조금 관심이 소홀할 수도 있다. 그러나 어떻게 하겠는가? 태어나 보니 한국 사람인 것을. 원하건 원하지 않건 우리는 이 공을 받아야 한다. 그렇다고 하면 떠밀려서 통일을 준비하는 것보다는 능동적으로 준비하는 게 더 좋지 않겠는가?

그렇다면 우리 숭실인들이 통일을 위해 준비할 수 있는 것은 무엇이 있을까? 정치인이 되어 정책을 펼치는 일? 유명한 기업인이 되어 북한과 민간교류를 펼치는 일? 아니다. 이것 역시 중요하지만 우리는 작은 것부터 준비해야 한다. 뭐든지 기초가 중요하다.

나는 앞서 숭실대학교에서 통일을 위해 더 보완하고 갖춰야 할 점을 설명했다. 우리 숭실인들은 학교에서 얻을 수 있는 정보를 최대한으로 이용하고, 학교에서 개최하는 여러 강연회와 토론에 적극적으로 참여해야 한다. 우리의 참여와 활동이 활발할수록 학교에서도 우리에게 더욱 많은 걸 제공할 것이다. 학교 측에서만 일방적으로 제공하는 것에는 한계가 있다. 우리의 참여 역시 매우 중요하다. 또 우리는 평소 북한에 대한 관심을 가져야 한다. 우리 20대들은 북한에 대한 얼마나 알고 있는가?

그저 막연히 한민족이기에 통일해야 한다고 주장하는 것 이라면 정말 이상적이고 위험한 주장이라고 생각한다. 물론 남북한은 한민족이기에 통일해야 하는 것은 옳은 말이고 근본적인 이유이다. 하지만 우리는 서독과 동독이 통일했던 것을 모델삼아 차근차근 준비해가야만 한다.

그러기 위해서는 미래의 주역인 우리가 남북한의 차이와 북한에 대한 면밀한 이해가 필요할 것이다. 학교에서 제공하고 있는 도서와 강연회, 그리고 외부에서 하는 여러 강연회와, 미디어를 통해 정보를 얻고 북한에 대해 공부를 해야 할 것이다.

지금 북한에서 어렵게 빠져나와 우리나라에 정착한 새터민들을 보자. 새터민들은 남한사회에 적응하지 못하고 살아가고 있다. 이 것만 보더라도 우리는 통일이 되기 전 미리 북한에 대해 알아야 할 것이다.

마지막으로 우리는 각자의 전공분야를 열심히 공부해야 한다. 아마 이 문장을 본 후 사람들은 이게 왜 통일을 준비하는 방법인지 의아할지도 모르겠다. 하지만, 나는 우리의 각자 전공분야를 열심히 공부하는 것도 통일을 준비하는 방법이라고 생각한다. 통일이 된 후 제일 많이 필요한건 바로 인력이다. 경제전문가, 역사학자, 국어학자, 교육학자, 행정가등 많은 분야에 인력이 필요할 것이다. 지금 현재 우리들이 모두 대기업 취직만을 위해 공부한다면 정작 통일 후에 올 여러 가지 문제에 적극적으로 대처할 수 있을 것인가? 원론적인 이야기지만 각자의 전공에서 뛰어난 인재가 많이 배출된다면, 통일을 할 때에도 우리 숭실인들이 많은 기여를 할 수 있을 거라고 생각한다.

지금까지 통일을 위해 숭실대학교와 숭실인이 갖춰야할 점에 대해 내 나름대로의 생각을 서술해 보았다. 통일은 21세기 한민족이 안고 있는 최대의 민족적 과제이다. 우리가 학점을 잘 받기 위해 밤을 새워 공부하는 것처럼, 이상적인 통일을 하기 위해서는 그 주체인 우리가 북한과 통일에 대해 미리 공부해야 하고, 숭실대학교는 학생들이 올바른 길을 갈 수 있도록 최대한 많이 도와야 한다. 한 가지 통계자료를 더 인용하자면, '미래 한반도가 통일이 되어야 하는가?'라는 자체 설문조사에서 23명의 학생중 5명이 '아니다'라고 답변을 했다. 설문조사 대상의 연령대가 20~21세인 것을 감안하면 시간이 가면 갈수록 통일에 대해 부정적으로 생각하는 사람들이 증가할 것이다. 또 시간이 지날수록 남북한의 차이는 더욱 벌어져 손쓸 수 없는 상황까지 일어날지도 모른다.

우리는 지금이라도 북한과 통일에 대해 공부해야만 한다. 북한과 통일은 우리를 대신하여 누군가가 해줄 수 있는 것이 아니다. 마치 내 과제를 다른 친구가 해줄 수 없는 것처럼 말이다.

만약 숭실대학교가 북한과 통일에 대해 더욱더 다양한 정보를 제공하고 폭넓은 정책을 펼친다면, 숭실인들이 북한에 대한 관심을 가지고 공부를 하기 시작한다면, 미래 통일에 있어서 우리 '숭실'이 막대한 힘을 제공할 수 있을 것이라 믿는다. 지금이라도 늦지 않았다. 이제 우리 모두 북한과 통일이라는 문제에 관심을 가지고 준비를 시작하자.

통일한국으로 가기 위한 방안과 그 안에서 숭실인의 역할

글로벌미디어학부 김현수

그동안 남북 사이에는 남북 정상회담, 금강산 관광교류, 연평 해전, 개성공단 등 수많은 사건들이 있어왔다. 좋은 일들도 많았지만 남북 관계가 얼어붙었던 사건들도 많았다. 그리고 어느새 광복 70년, 동시에 분단 70년을 맞은 지금 통일에 대한 관심은 그 어느 때보다 높아진 상태이다. 실제로 박근혜 대통령은 2014년 초 '통일은 대박'이라는 표현까지 사용하며 '통일 대박론'을 핵심 정책 기조로 삼고 있다. 이처럼 오랜 시간 동안 남북 사이에 많은 일들이 있어 오면서도 공통으로 가지고 있는 가치관은 통일을 이뤄야 한다는 사명감일 것이다. 15년 19일 문화체육관광부가 한국다움에 대한 낱말 찾기 공모에서 밝힌 결과 '통일'이 가장 많이 나왔다는 점을 통해서 알 수 있다. 그렇다면 통일한국으로 이끌 수 있는 실질적인 방안으로는 무엇이 있을까?

통일을 이루어내는 원칙과 과정에 대해서 수많은 의견들이 논의되어 왔다. 이러한 방안들은 남북 관계 개선이 선행되어야 하거나 남북 관계 개선을 이끌어내야 한다는 것에 대해 많은 사람들이 동의한다. 현대사회에서 가장 중요한 문제는 경제적 문제이다. 그것은 북한 또한 마찬가지이다. 그리고 수많은 방안들 중 많은 전문가들이 남북 경제협력을 남북 관계 개선을 이끌어 낼 수 있으며 통일 한국으로 가기 위한 가장 효과적인 수단이라고 뽑고 있다. 그렇다면 왜 남북 경제협력이 통일한국을 위한 가장 주요한 원칙이 되어야 하는지 다음과 같은 이유를 들어 설명하겠다.

첫 번째로는 먼저 남북이 가장 쉽게 접근할 수 있는 외교적 정책이라는 것이다. 현재 북한은 비핵화를 전제조건으로 하는 남한의 경제협력 제안에 전혀 반응을 보이지 않고 있다. 하지만 남북 관계가 최고로 개선되었던 시점인 남북정상회담을 예로 들면 우리 정부가 쌀과 소등 많은 경제적 지원을 해주었고 최초의 남북 정상 회담과 금강산 관광, 개성공단 사업과 같은 경제협력을 구축할 수 있었다. 북한은 이득이 없는 경우 협상에 응하지 않는 모습을 보여왔기에 경제협력만이 남북한이 교류할 수 있는 가장 실질적인 방안이다. 물론 앞으로의 경제협력은 퍼주기 식이 경제협력이 아닌 확고부동하고 일관성 있게 실행되기 위한 규범력이 확보되어야 한다.

두 번째, 경제협력은 단순한 경제의 교류를 넘어 서로에 대한 신뢰가 쌓이는 좋은 기회가 될 것이다. 경제협력에 있어 기초가 되는 것은 인적, 물적 자원의 교류이다. 그리고 이러한 교류는 서로에 대한 신뢰가 쌓일 수 있다. 실제로 수많은 사례들이 존재한다. ECSC 유럽 석탄 철강 공동체는 1,2차 세계대전의 직접적인 적국이었던 프랑스와 독일이 전쟁 이후 최초로 시작했던 협력체였다. 석탄, 철강 사업을 하나로 통일하자는 목적으로 시작되었으며 경제적인 협력을 통해 정치적인 변화, 관계 개선으로 이어졌고 최종적으로 유럽 연합을 구성하는 시초가 되었다. 또 남북과 함께 분단국가로 남아있던 서독과 동독의 경우를 알아보자. 서독은 수 십 년 동안 동독에 대해 지원하고 신뢰를 쌓음으로써 결국 서독에 의한 동독 통일에 대해 동독 주민들의 93%가 투표에 참석해 찬성함으로써 통일을 이루어 냈다.

세 번째, 남북한의 경제협력이 긴밀해질수록 무력충돌의 가능성은 낮아질 것이다. '고헤인(Keohane)'과 '나이(Nye)' 등의 자유주의 국제정치학자와 '바비에(Barbieri)', '크르(Cruc)'등의 자유주의 경제학자들에 따르면 '경제적 상호의존성은 전쟁이나 무력 충동에 따른 비용을 증대시키기 때문에 분쟁 가능성이 줄어든다.'고 주장하였다. 그리고 경제적 상호의존성은 국가 간 협력의 틀을 구축하는 작업을 촉진함으로써 평화 정착에 기여한다고 보았다. 이러한 이론을 통해서 남북의 경제협력이 더욱 깊어질 수록 무력충돌이 발생했을 때 경제협력의 중단으로 발생하는 피해가 커지기 때문에 무력충돌 가능성을 낮추는 효과를 기대할 수 있다. 또한 경제적 협력을 통한 긴밀한 관계는 남북이 서로 정치적, 제도적 공동체 구성을 촉진시키는 효과를 기대할 수 있다.

네 번째, 통일비용을 감소시킬 수 있다. 최근 실시되고 있는 통일에 대한 인식을 묻는 수많은 설문조사에서 부정적인 응답자들을 발견할 수 있다. 그리고 이러한 응답자의 인식은 통일비용 부담에 대한 우려가 주를 이루고 있다. 실제로 많은 기관들이 조사한 자료에서 예상되는 통일비용은 엄청나다. 게다가 현재 남북보다 경제적 차이가 적었던 동독, 서독 같은 경우도 통일에 대한 부담으로 심각한 경제침체를 겪었었다. 하지만 2015년 12월 국회예산처의 조사에 따르면 통일비용을 줄이기 위한 가장 효율적인 방법이 남북 간 전면적인 교류 협력과 투자가 제시됐다. 북한의 경제성장 속도가 빨라질수록 통일이 완성되는 시점이 일러지고 통일비용 역시 큰 폭으로 줄일 수 있다는 얘기이다. 그리고 북한의 소득은 남북 경제협력 정도에 따라 남한의 38%에서 66%까지 올라갈 수 있는 것으로 전망됐다. 이를 통해서 남북 경제협력은 통일 비용을 줄일 수 있으며 그 중요성은 더욱 강조되었다는 것을 알 수 있다.

남북 경제협력은 남북의 경제적 이익에 기여함은 물론이고 정치적 이점을 가지고 있으며 남북 공동 번영의 비전을 제시한다. 무엇보다도 앞서 말했던 가장 선행되어야 할 남북 관계 개선과 통일한국의 초석을 이루는데 기여하는 바가 크기 때문에 가장 중요한 원칙으로 가져가야 할 것이다. 그렇다면 그 안에서 숭실인은 어떠한 역할을 할 수 있을까? 여기서 숭실인 이란 본교의 재학생, 졸업생, 교수, 동문, 임원진 등 본교와 관련된 넓은 대상으로 정의하겠다. 다양한 역할을 할 수 있겠지만 크게 2가지 방향으로 나누어 제시하고자 한다.

첫 번째, 통일한국에 요구되는 시민교육을 선도하며 교육을 통해 통일시대를 이끌 창의적 리더 양성에 힘써야 한다. 본교는 1906년 대한 제국 정부로부터 최초의 4년제 대학으로 승인을 받았다. 또한 1969년 국내 대학 최초로 컴퓨터를 도입하여 컴퓨터 교육을 시작했다. 이어서 정보과학대학원, IT 대학, 특성화 학부인 금융학부를 개설하는 등 대학교육을 선도해왔다. 최초, 선도와 같은 단어가 가장 잘 어울리는 곳이 바로 숭실대이다. 그런 본교에서 최근 새롭게 통일 교육에 앞장서고 있다. 이를 위해 본교는 한반도 평화와 통일이라는 교양과목을 개설하여 재학생들에게 필수적으로 교육을 하고 있으며, 숭실 평화 통일 연구원 발족, 숭실 통일 리더십 연수원 설립, 통일 한국 세움 재단 출범 등 통일 교육을 위한 발걸음을 이어가고 있다. 통일에 대한 관심이 높아지고 있는 요즘 한 발 앞서 적극적으로 통일을 준비하며 통일한국에 요구되는 시민, 리더를 양성하는 것이 숭실인의 역할이다.

두 번째, 통일한국에 대해 관심을 가지고 규범화되고 일관된 통일 가치관을 지녀야 한다.

대부분의 대학생들은 통일교육을 따로 받아본 적이 없다. 그리고 통일은 일상적인 대학생들의 관심사가 아니며 향후 진로 또한 통일과는 크게 연관되지 않는다. 15년 국민일보가 실시한 통일인식 관련 설문조사에서 통일에 대해 '잘 모르겠다'는 반응이 20대에서 가장 높았으며 '반드시 통일이 됐으면 좋겠다'는 응답자도 30대에 이어 가장 낮으며 그 차이도 미비하다는 것을 보면 알 수 있다. 숭실대의 통일 교육 목표는 이러한 학생들에게 통일에 대한 관심을 이끌어내는 것이다. 통일이 자신의 삶에 영향을 미치고 자신의 미래와 연관 있음을 생각하도록 만드는 것이다. 실제로 숭실 통일리더십 스쿨에 참가한 1456명을 대상으로 설문조사를 실시한 결과 통일에 대한 이해와 관심도가 참여 전 2.23에서 3.89로 상승했다. 이러한 통일교육을 이수한 숭실인이라면 통일에 대해 더 많은 관심을 가지고 규범화되고 일관된 통일 가치관을 지니며 통일 시대로 이끄는 리더 역할을 수행해야 한다.

현재 N포 세대로 대변되는 숭실인을 비롯한 젊은 세대들은 통일시대를 맞이하고 준비해야 할 통일세대이다. 그러나 이들은 현재 남북 분당 상태에서의 우리나라는 경제도 좋지 않고 미래를 어둡게 바라보고 있다. 이러한 상황에서 통일이라는 이슈를 통해 어떤 일을 해야 하며 어떤 시민 상을 가져야 하는지를 통해 동기부여를 할 수 있다고 본다. 그리고 통일교육은 이러한 숭실인 들에게 앞으로 통일한국의 시민으로써 우리나라를 번창하게 만들 수 있는 것을 생각해볼 수 있는 기회를 제공한다. 삶의 목표가 나 하나 잘 먹고 잘 사는 것에 있다면 바람직하지 않다. 최초, 최고, 선도의 낱말들과 어울리는 숭실 인은 무슨 일을 어디에서 하든지 그 일을 통해 더 많은 사람들의 삶을 풍요롭게 하는 일에 기여해야 한다는 마음을 간직해야 한다.

통다가올 통일한국, 우리는 지금 여기서 무엇을 해야 하는가

전자정보공학부 이재현

우리나라는 분단국가이다. 하지만 요즘 같은 치열한 경쟁사회에서 고등학생들은 그들대로 대학에 가기 위해 혹은 자신의 꿈을 이루기 위해 노력하기에 바빠 이를 인식하는 경우가 드물다. 또 대학생들은 대학생들대로 경력 쌓기에 여념이 없고 직장인은 직장인들대로 치열한 삶의 현장을 살고 있다. 설령 치열하게 살지 않더라도 우리 주변에는 또 얼마나 재밌는 것들이 많은지, 통일이라는 주제는 적어도 내가 생각하기에 그렇게 재미있는 주제는 아닌 것이 현실이다.

물론 지나친 일반화일 수도 있지만 적어도 2015년 이 시대에, 내 주변에서 또래 대학생 중에 통일이라는 주제에 그렇게 깊게 관심과 재미를 갖고 있는 친구들이 몇이나 될까.

하지만 현실이라는 측면에서 고려해보면 다르게 바라볼 여지가 없지 않다. 최근의 세계적 추세로 볼 때 20세기 말의 독일을 필두로 베트남과 예멘 등 몇 남지 않았던 분단국가들이 통일하게 됨으로써 우리나라는 세계에 남은 유일한 분단국가가 되었다.

한편, 역사적으로 분단국가였던 나라들은 오랜 시간이 지나지 않아 통일을 한 사례를 볼 수 있다. 이에 비해 북한은 현재 3대 세습으로 '김정은'이 정권을 잡고 있는데, 이는 드문 경우로서 세계적으로 유명한 정치학자, 미래학자들은 곧 수년에서 십 수 년 사이에 현재의 '김정은' 정권이 무너질 가능성을 이야기하고 있다. 그 원인과 이유를 들어보니 '실제 통일이 멀지는 않겠구나' 하는 생각이 들기도 했다.

만약에 통일이 된다면, 장점이든 단점이든 우리 생활에 엄청난 영향을 미칠 것은 자명한 일이다. 또한 대한민국이 지난 반세기 동안 엄청난 경제적 성장을 이루어 세계에 경제적, 문화적으로 많은 영향을 미치고 있는 사실을 고려해볼 때, 통일은 전 세계적으로도 적지 않은 영향을 줄 것이 분명하다. 이렇게 통일이라는 것이 엄청난 영향을 줄 것을 생각해볼 때 지금부터 통일을 미리 준비한다면 통일의 부정적 영향을 조금이라도 줄일 수 있을 것이라는 생각이 든다.

하지만 통일에 대해 내가 어떤 준비를 할 수 있을까? 생각해보니 적어도 지금 내가 대학생이라는 신분에서 할 수 있는 것들은 엄청난 포부를 가지고, 막연한 이상을 실현하는 것은 아닌 것 같았다. 현실적으로, 지극히 현실적으로, 지금 내가 여기서 할 수 있는 것이 무엇인가? 그것은 그렇게 어려운 것들은 아니었고, 조그마한 생각과 인식의 변화 같은 것이었다. 간단히 정리해보니, 다음과 같이 4가지 정도로 추려볼 수 있었다.

1. 숭실대학교의 학생으로서 적절한 역할하기
2. 한 민족/뿌리라는 인식을 갖고, 올바른 역사관 정립하기
3. 시민 윤리 - 통일이 되었을 때 북한 사람들과의 공감과 소통에 적극적으로 동참할 수 있는 마음가짐
4. 통일 후에 내가 할 수 있는 역할 찾기

1. 숭실대학교의 학생으로서 적절한 역할하기

아무래도 우리 학교는 다른 대학교나 기타 교육 기관을 통틀어서 통일이라는 주제에 가장 관심이 많은 학교 중에 하나가 아닐까 한다. 그렇기 때문에 이런 주제로 글을 쓸 수 있는 기회도 있지 않았을까? 개인적으로 나는 1학년 학생으로서 '한반도 평화 통일' 수업을 들은 후에 A+학점을 받았는데, 처음에는 학점을 잘 받아보려고 '한반도 평화 통일' 수업에 열심히 참여하였다. 소위 말하는 '한평통 캠프' 에서 부조장으로 활동하기

도 하고, 캠프에서 UCC 만들기에 참여하여 1등도 했다. 또, '한평통 지필고사'를 열심히 준비하면서 14주차에 걸쳐 배운 내용을 다른 친구들보다 열심히 공부했다고 자부한다. 이러한 과정을 지내고 보니 통일에 관한 주제나 북한의 상황, 역사, 탈북자들의 인권 문제, '통일을 한다면 어떤 자세를 가져야 하는가?' 등등, 숭실대학교에 다니지 않았더라면 느끼지 않았을 부분이 알게 모르게 쌓여져 있다는 것을 느꼈다. 이러한 입장에서 볼 때 , 아무래도 숭실대학교 학생들은 통일이라는 주제에 교육 받은 부분에 대해서 좋았던 학생은 물론이고 싫어했던 학생들도 숭실대학교에서 교육받지 못한 사람들 보다는 통일이라는 주제에 대해 조금 더 잘 알 것이라고 생각한다. 숭실대학교 학생의 입장에서 일반인들에게 통일이라는 주제가 우리와 동떨어진 것이 아니며 추상적인 부분이 아니라 실제적이라는 것, 통일에 대한 의식을 전달해줄 수 있는 중간 전달자의 역할을 숭실대학교 학생들이 충분히 해 나갈 수 있다고 생각한다. 이러한 것들이 우리가 할 수 있는 다가올 통일한국에 대해 작지만 작지 않은 기여가 아닐까 생각한다.

2. 한 민족/뿌리라는 인식을 갖고, 올바른 역사관 정립

두 번째로는 한 민족이자 뿌리라는 인식을 갖고, 올바른 역사관 정립하는 것을 추려 볼 수 있었는데, 사실 북한과 남한이 분단 된 지 벌써 60여 년이 넘었다. 이러한 상황이다 보니, 사실 북한이 우리와 한 민족이자 뿌리라는 것을 느끼며 살기 많이 힘든 것 같다. 이러한 인식을 가지고서 통일을 하게 된다면, 아무래도 적지 않은 사회적 혼란이나 가치관의 혼란이 있을 것 같다. 우리는 통일을 하기 이전에 우선 우리의 이러한 인식을 확고하게 잡을 필요가 있다고 생각한다. 올바른 역사관으로 북한은 다른 나라가 아니라 분단되어 있는 우리의 다른 반쪽 나라라는 인식을 기반으로 하여 통일에 임하게 된다면 통일이 되었을 때 이질감도 덜 느낄 것이고 사회적 혼란과 가치관적 혼란이 줄어들 것이다.

3. 시민 윤리 – 통일이 되었을 때 북한 사람들과 공감 소통을 할 수 있는 마음가짐

최근의 사회 분위기는 경쟁의 측면이 더욱 강조되어 아무래도 사람들 사이에 개인주의가 더 늘어나고 있는 것 같다. 이러한 사회 흐름에서 우리는 서로 어울릴 수 있는 사람을 찾게 되고 우리와 맞지 않는 사람은 가능하면 회피하는 경향이 있다. 통일을 하게 된다면 60년 이상을 다른 사상과 다른 환경 속에서 살았던 사람들과 갑자기 같은 영역에서 생활을 하게 된다는 것인데, 어떤 면에서든지 차이가 있을 수밖에 없다. 우리는 이러한 상황에 처하게 되어서 북한 사람들과 잘 지내려면 아무래도 먼저 그들과 공감/ 소통/ 이해하려고 하는 마음가짐이 확립되어 있어야 한다. 따라서 우리는 지금부터 먼저, 그들이 우리와 같은 민족, 뿌리인 사람들이라는 것을 인정하고, '차이는 있되 틀린 것은 아니다.' 라는 생각을 갖고, 그들을 이해하고 먼저 다가가야겠다는 시민 의식과 시민 윤리를 확립해야 한다. 이러한 것들이 해결되었을 때, 통일이 되어서도 혼란 없이 행복한 통일한국의 모습이 될 것이다.

4. 통일이 된다면 나는 무엇을 할 것인가?

이 부분에 대해서는 솔직히 우리가 지금 대학생의 입장으로 당장 경제적으로 어떤 통일에 관한 일을 한다든지 혹은 어떠한 큰일들을 할 수 는 없다. 하지만, 계획이 크지 않거나, 설령 계획이 구체적이지 않더라도, 통일이 된다면 나는 어떤 일을 하겠다는 생각을 조금씩 해보는 것과 아예 안 해보는 것은 차이가 클 것 같다. 그래서 자주 부담 없이 통일이 되면 나는 무엇을 하며 살 것인지 생각해보는 것이 필요할 것 같다. 이러한 것이 습관이 된다면 나중에 통일이 되었을 때 이러한 개인들의 생각이 모여 큰 효과를 발휘할 것이다.

지금까지 크게 4가지의 통일을 준비하는 우리의 자세에 대한 것들을 생각해 보았다. 이러한 준비를 마쳤을 때, 통일의 열매들이 있을 것이라고 확신한다. 닭의 목을 비틀어도 새벽은 온다는 말처럼, 통일이 당장 눈에 언제라고 시기가 확실하게 잡히지만 않을 뿐이지 필연적으로 올 것이다. 우리는 다가오는 통일의 시대에 통일한국에 살아갈 국민으로서 미리 통일에 대해 잘 준비하여 통일에 대한 행복을 누릴 수 있는 사람들이 되었으면 한다.

제6장

통일에 대한 인식 변화가 우선이다

들머리

이상명(베어드학부대학 교수)

무작정 통일이 이루어지지 않는다. 아무런 대비도 없는 상황에서는 우리 민족의 염원인 통일이 이루어져도 우리가 바라는 만큼 기쁜 일이 아닐 수 있다. 우리 사회의 많은 영역에서 통일을 회자하고 논의하고 있지만 실질적으로 우리 사회가 통일을 맞이해도 될 만큼 준비되어 있는지, 남과 북의 사람들이 하나 되어 살아갈 준비가 되어 있는지는 심도 있게 고민하고 논의해야 할 문제이다. 우리는 정말 통일을 원하고 있는가, 우리에게 통일이 필요한가, 등 근본적인 관점에서 통일의 문제를 생각해 보아야 한다. 여기 모아 놓은 학생들의 글 네 편은 이 문제에 대해 공통적인 인식을 가지고 실질적인 문제 해결 방안에 대해 의견을 제시하고 있다. 통일에 앞서 우리들의 통일에 대한 인식을 재고하고 개선하려는 노력이 엿보이는 건강한 의견들이다.

철학과 박희원 학생은 통일 준비의 한 방법으로 북한이탈주민 지원 정책을 칼럼 형식으로 제안했다. 현재 우리 사회에서 통일에 대한 긍정적 인식이 점점 줄어들고 있는 상황이지만 통일의 필요성을 절대 부정할 수 없다는 것이 박희원 학생의 생각이다. 이런 생각을 전제로 우선은 통일에 대해 긍정적 인식을 확대하는 것이 필요하고 이를 토대로 통일을 준비하는 데 필요한 실질적인 방안을 제안하는 것이 필요하다는 인식이다. 이 글에서 박희원 학생은 통일을 준비하는 시민상을 매우 구체적으로 제시하는 시도를 하고 있다. 특히 여러 조사 자료와 통계 자료를 바탕으로 현재 우리 사회에 정착한 북한이탈주민의 실태를 파악하고 경제적, 교육적, 인식적 측면에서 실질적인 효과를 거둘 수 있는 정책을 제안하고 있다는 점은 우리 숭실의 통일 교육이 소정의 성과를 내고 있다는 것을 확인할 수 있게 해주어 매우 높이 평가할 수 있다. 박희원 학생은 경제적 측면에서 기존의 지원정책보다는 체험형 일자리를 제공하는 방안을 제시했고, 교육 부분에서는 북한이탈주민과 남한 학생들을 연결하는 'Good Friend' 멘토링제를 정부 주도하에 도입할 것을 제안했다. 또한 인식적 측면에서 우리 사회에 북한이탈주민에 대한 편견과 사회적 차별이 존재한다는 것에 대응해 대중매체를 이용해 부정적 인식을 개선할 것을 제안했다.

영어영문학과 서준혁 학생은 현재 우리 사회의 시민들이 통일에 대해 가진 부정적 시각에 변화가 일어나지 않는다면 통일은 결코 대박이 될 수 없다는 주장을 하고 있다. 우리 국민의 통일의 필요성에 대한 낮은 인식을 고려해 통일 준비 단계에서 우리가 해결해야 할 점들을 살펴보고 있다. 우리 사회의 정치권에서 일어나고 있는 보수와 진보의 갈등, 북한을 좋아하면 진보이고 싫어하면 보수라는 시각, 더군다나 서로 이해하지 못하고 비난하면서 소통과 공감이 부재하는 시대를 만들고 있는 상황을 문제 삼고 있다. 독일 통일에서 발생한 여러 일들을 예로 들면서 우리에게도 국민들 간의 정서적 통합이 한반도 통일 전에 선행되어야 한다는 것을 역설하고 있다. 또한 통일에 대한 부정적 인식은 남한 국민뿐만이 아니라는 사례를 언급하면서 남북 관계의 경색보다는 많은 다양한 차원의 교류와 협력, 원조를 통해서 관계를 회복하고 개선할 필요가 있다는 생각을 밝힌다. 이런 문제들은 정치권과 정부 차원에서 주도적으로 진행되어야 하는 문제들이다. 현재 우리 국민들이 가지고 있는 통일과 북한에 대한 부정적 인식이 통일에 얼마나 큰 걸림돌이 되는지 인식하고 이를 해소하기 위한 노력을 해야 한다는 것이 이 글의 주요 주장이다.

소프트웨어학부 최인제 학생은 통일을 준비하는 시민에 대해서, 통일에 대한 인식과 통일 시대의 시민윤리에 대해서 의견을 제시한다. 통일 한국을 준비하기 위해서는 국민들의 통일에 대한 인식을 재고할 필요가 있다. 현재 상당 수 국민들이 통일에 대해서 긍정적 인식을 갖지 못하거나 무관심하기 때문이다. 최인제 학생은 한반도의 지리적 강점과 통일 한국의 경제적 효과를 내세워 통일에 대한 긍정적인 관심을 늘릴 수 있다고 주장한다. 또한 통일 한국에서 남과 북의 사람들이 만나 평화롭게 공존하기 위해서는 남한 국민들의 타인에 대한 배타적 시선을 교정하고 북한 사람들을 후진국 국민으로 경멸하는 시선을 버려야 한다고 주장한다. 그렇지 않으면 통일 한국에서 공감과 소통에 어려움이 있을 것이기 때문이다. 평화 통일은 준비하고 노력해야 올 수 있다. 갈라진 남과 북이 아니라 한민족의 정체성을 회복하는 것이 최우선의 과제라는 마음으로 다가올 통일을 준비하는 것이 필요하다는 것이 이 글이 주장하는 바이다.

전기공학부 임채현 학생은 통일된 한국에서 일어날 문제들을 정치, 경제, 문화의 영역으로 나누어 상상하면서 이 문제들의 해결 방법을 제안한다. 아직 이루어지지 않은 통일이지만 통일 시대를 잘 맞이하기 위해서 그 시대를 상상하면서 여러 가지 문제를 생각해보고 해결 방안을 찾으려는 시도는 매우 신선하다. 통일 한국에서 북한은 민주주의라는 새로운 정치 체제를 받아들이는데 어려움이 있을 것이기 때문에 새로운 상황에 적응하도록 시간을 주고 협력해야 한다는 것이고 경제면에서 경제 통합을 위해 발생할 여러 문제들, 즉 자본주의 적응, 화폐 통합 등의 문제를 해결하는데 노력해야 한다는 것이다. 이보다 더 노력해야 할 분야로 문화 영역을 들고 있다. 오랜 분단 기간 동안 발생한 서로 다른 문화의 차이를 인정하고 극복하는데 상호 이해뿐만 아니라 문화적 감수성도 요구된다. 남한과 북한 사람들이 서로를 수용할 수 있는 태도는 문화 통합에서 나올 수 있기 때문이다. 평화 통일과 통합적 공존은 남한과 북한 모두 서로의 특수한 상황을 이해하고 서로 동등한 가치를 가지고 있다는 것을 존중하는 것에서 시작해야 한다. 통일이 분명 우리 한민족에게 커다란 기회라는 점을 생각하면서 통일 시대에 발생할 문제들을 상상해서 미리 대비해보고자 생각한 임채현 학생의 에세이에서 통일에 대한 기대를 새롭게 할 수 있을 것으로 보인다.

어떤 일이 문제라고 생각하고 문제를 해결하려고 할 때 그 문제가 발생할 수밖에 없게끔 야기한 원인이 무엇인지 찾아내 그 원인을 제거하거나 변경해야 한다고 생각하는 것은 자연스럽고 논리적인 사고다. 우리에게 분단이라는 현실은 오랫동안 해결해야 하는 문제였고 그 문제 상황은 현재도 여전하다. 하지만 '그 분단의 원인이 무엇이었는가'에 대한 의견은 분분하다. 어떤 이는 일제 강점기를 자주적 힘으로 벗어나지 못했던 상황 그리고 연이은 전쟁 등이 분단의 원인이라고 할 수 있을 것이고 어떤 이는 그 모든 문제들의 원인은 우리의 허약한 국력과 우리 정치 권력자들의 무능함이라고 질타할 것이다. 혹자는 이 모든 원인들을 종합해 외세의 간섭과 지배를 극복하지 못했던 우리 민족의 허약함을 궁극적인 원인으로 거론할 것이다. 분단의 원인에 대한 논의는 정치, 경제, 문화, 역사 등 여러 측면에서 다양하게 가능하지만, 그렇다고 문제를 해결할 수 있을 만한 상황은 아니다. 휴전에 이은 분단 상태가 너무나 오랫동안 지속되었고 지금 우리는 남과 북 자체적으로 통일을 결정할 수 없는 상태이기 때문이다.

여하튼 분단의 현실은 우리 민족에게 오랫동안 고통을 주었다. 그리고 이 고통이 체화되어 불감한 채 한반도는 전 세계 어디에서도 볼 수 없는 특이성을 가진 곳이 되었다. 한쪽은 휴전 중 전쟁의 위협 속에서도 전쟁의 위협에 불감한 채 세계 10위권의 경제 규모를 자랑할 만큼 경제적으로 성장했고 다른 한쪽은 전쟁의 위협을 견디기 위해 국방력에만 국력을 기울여 경제적으로 극빈국 중 하나로 전락했다. 현재 한반도는 전 세계에서 유일한 분단국가이며 남과 북은 정치, 경제적으로 다른 체제를 지향하며 문화적, 정서적으로 극도로 이질적인 상태가 되었다. 이런 상황에서 통일한국을 살아갈 시민은 어떤 마음, 어떤 태도를 가져야 하는가라는 질문 앞에 통일한국에 대한 우리의 인식이 어떠한가라는 자성적 재고가 우선되어야 한다. 여기 모아 놓은 학생들의 글 네 편은 이점을 공통적으로 논의의 출발점으로 여기고 있다는 점에서 다가올 통일시대에 대한 실질적 고민을 보여준다.

한민족에게 통일은 분명 축복이어야 한다. 분단의 아픔을 직접적으로 가지고 사는 실향민들뿐만 아니라 자라나는 다음 세대를 위해서도 서로를 적대시하며 위협을 가하는 민족 간의 갈등상황은 더 이상 없어야 한다. 그러면 우리 민족은 지금보다 대내외적으로 한층 더 발전할 수 있다. 통일한국은 우리 민족에게 분명 새로운 기회이고 민족의 정체성을 스스로 확립하고 유구한 역사성을 다시 한 번 자랑할 수 있는 기회가 될 것이다. 그러나 우리 국민들이 그리고 북한의 주민들이 정말 통일을 원하고 있는지, 통일에 대한 인식을 재고하는 것이 우선되어야 한다.

젊은 층을 필두로 우리 국민 대다수가 통일에 무관심하거나 부정적이다. 우리는 분단 이후 정치적으로 북한을 적대시해왔고 현재도 마찬가지다. 이런 상황에서 통일을 준비해야 한다는 주장이 어불성설처럼 보이기도 한다. 그리고 남과 북은 정치, 경제 체제 면에서 큰 차이가 있고 문화적, 정서적 차원에서도 이질감이 크다. 남한은 자본주의가 극대화되어 사람들은 과도한 경쟁 속에 살아가고 있고, 북한은 일당 독재의 정치체제와 생산성이 떨어지는 공산주의 경제체제에서 먹고 사는 것조차 어려운 실정이다. 이런 상황에서 한 쪽이 다른 한 쪽에 흡수되거나 지배하는 방식으로 통일이 이루어진다면 사실상 통일은 축복도 아닐 뿐 아니라 실상 통일이 이루어지는 것조차 요원한 일이 될 수 있다. 남한의 거대 자본가들과 기업들은 통일된 나라에서 미개발된 북한지역을 개발하겠다는 목적으로 아파트, 건설 등으로 투기를 일삼거나 북한 주민들을 마치 미개발국 국민들처럼 업신여기며 차별할 수도 있을 것이다.

통일 한국에 커다란 기대를 가지고 역사적 순간을 환희로 맞이하기 위해서는 준비가 필요하다는 것은 두말할 것 없다. 그 준비에 우선적으로 포함되어야 하는 것이 우리 국민의 통일에 대한 무관심하고 부정적인 인식을 바꾸는 것이다. 통일이 우리에게 필요하고 이루어야만 하는 과제라고 여겨져야 한다. 정치적으로 보수와 진보의 갈등을 넘어 우리가 진정으로 통일을 바라고 준비하고 있는지 재고해봐야 한다. 남북 관계가 경색된 상황에서 통일에 대한 인식이 긍정적으로 바뀌지 않는다. 이런 점에서 개성공단 같은 군사적 긴장의 완충지대를 폐쇄한 것은 매우 우려할 일일 것이다.

여기 글을 쓴 숭실대 학생들은 누구보다 통일에 대해 실제적으로 고민하고 현실적인 준비와 대안들을 제시했다. 우리 국민의 통일에 대한 긍정적 인식을 위해 미디어를 활용하고 현재 국내 정착 중인 북한이탈주민에 대한 지원을 실제적으로 개선해야 한다는 제안, 통일한국이 얻게 될 국가적 이익과 경제적 이익 등을 알리는 일, 정서적, 문화적으로 이질적인 현상황을 해결하기 위해 여러 차원에서 교류하고 소통하는 일 등 많은 현실적인 제안을 하고 있다. 이 학생들이야 말로 통일한국을 기대하며 통일 시대에 우리는 어떤 태도와 마음을 가져야 하는지 깊이 고민한 사람들이다. 숭실의 통일교육이 소정의 성과를 보이고 있다는 점에서 자랑스럽다는 생각을 절로 가지게 된다.

우리 국민의 통일에 대한 인식을 긍정적으로 변화시키기 위해서는 통일 교육이 시급하다. 아무런 인식의 변화 없이 통일을 말하는 것은 공허할 뿐만 아니라 효과도 없다. 이 문제는 홍보나 안내보다는 실질적이고 체계적인 교육이 더 필요한 부분이다. 바로 숭실의 통일교육이 역사적 사명에 한 걸음 더 나아가고 있음을 보여준다는 점에서 큰 자부심을 갖게 된다.

통일 준비의 길-북한이탈주민 지원 정책 제안을 중심으로

철학과 박희원

2015년은 광복 70주년을 맞은 해로 대한민국에게 깊은 의미를 갖는 해이다. 광복 70년인 지금 과거에 걸어왔던 길을 되돌아보고 앞으로 나아갈 길에 대해 심도 깊은 논의가 이루어질 시점이기 때문이다. 그 길은 여러 방면으로 뻗어있지만, 가장 시급하면서도 사회 전반의 관심과 목소리가 필요한 주제는 단연 '통일'이다.

'엠브레인 트렌드 모니터'의 통일 문제 관련 조사에 따르면 조사 응답의 25%만이 통일에 찬성한다고 답하였고, 상관없다는 의견과 반대한다는 의견을 표명한 응답자의 비율은 모두 74%에 달하였다. 과거와 달리 통일에 대한 긍정적 인식이 점점 줄어들고 국민적 관심도 낮아지고 있다는 것을 조사 결과로 살펴볼 수 있는 것이다. 이런 조사 자료의 뒷받침처럼 젊은 세대가 느끼는 통일에 대한 체감은 점점 줄어들고 있다. 우리가 모르는 새, 어쩌면 알면서도 아무것도 하지 못하는 새 우리가 살고 있는 생활 속에서 통일이 점점 잊히고 멀어지고 있는 것은 아무래도 부인할 수 없는 사실인 것이다.

통일을 해야 하는지에 대한 의구심이 높아지는 안타까운 현실에도 불구하고 통일 준비의 필요성은 부정할 수 없는 사실이다. 북한 정권의 붕괴 등으로 맞을 갑작스런 통일의 가능성도 역시 고려해야 할 것이다. 또한 통일을 준비하지 않는다면 축복이어야 마땅한 통일이 재앙으로 다가올지도 모르는 일이다. 통일 관련 교육 및 적극적 참여에 힘쓰고 있는 숭실대학교 학생으로서, 미래에 통일을 맞이할지도 모르는 세대로서 통일을 환희와 기쁨 속에서 맞이할 수 있기를 바라는 것은 어쩌면 당연한 일인 것이다. 따라서 현재 통일을 가로막고 있는 문제점을 파악하고 해결하는 과정을 통해 통일의 국민적 관심이 재고될 수 있는 통일 준비의 길을 모색하고자 하였다. 문제점은 여러 가지가 있을 수 있지만 무엇보다도 통일이 되기 전인 지금도 해결해야 할 문제점을 찾아보았다. 이는 지금의 문제를 해결하려는 노력인 동시에 나아가 앞으로의 어려움을 헤쳐 나가는 데에 큰 도움이 될 '예방주사'와 같은 의미를 갖는다. 바로 '북한이탈주민1 지원 정책'이 그것이다. '북한이탈주민'은 현재 남한에 거주 중이고 우리와 함께 살아가는 한 나라의 국민이라고 볼 수 있다. 이들과 함께 공생하는 것은 먼 미래의 일이 아니라 현재의 일이다. 그렇기 때문에 국민적 관심이 더 유도될 수 있고 나아가서 통일로의 관심까지 재고해볼 수 있는 중요한 매개체가 될 수 있다.

북한이탈주민들은 다양한 지원정책이 있음에도 불구하고 남한 정착에 어려움을 보이고 있다. 지원정책들이 실질적인 효과를 거두지 못하기 때문이다. 남한 정착에 무엇보다도 중요한 측면인 경제적 측면, 교육적 측면, 인식적 측면 세 가지로 나누어서 정책의 현 주소를 살펴보고 개선 방안까지 논의해보고자 한다,

먼저 경제적 측면이다. 안정된 정착 생활을 하기 위해서는 경제적인 측면이 무엇보다도 중요하다. 그러나 북한 인권정보센터의 '2013 북한이탈주민 경제활동 동향 보고서'에 따르면 북한이탈주민의 경제활동 참가율은 52.3%로 통계청에서 발표한 남한 국민의 경제활동 참가율인 59%에 비해 낮은 것으로 나타났다. 평균 실업률 또한 12.2%로 높게 나타났다. 이 보고서에 따르면 단순 수치의 차이만이 아니라 질에 대한 문제도 지적되

1 본 글에서는 통일부의 권고에 따라 '탈북자', '새터민'이라는 표현 대신 '북한이탈주민'이라는 표현을 사용하였다.

고 있다.2 또 북한이탈주민의 경제적 자립을 돕기 위해 북한이탈주민 지원 센터인 '하나원'에서는 직업 교육을 실시하고 있는데 이것의 효과도 낮게 나타났다. 한국노동연구원에서 공개한 '탈북 이주민 직업훈련의 노동시장 성과에 관한 연구'3에 따르면 하나원에서 직업훈련에 참여한 북한이탈주민들은 전체에서 64.2%나 되었지만 직업훈련 이수자의 취업률은 겨우 15%에 달하는 것으로 조사되었다. 1인 당 평균 훈련 기간이 4개월이라 매우 짧고 한 달 받는 훈련비도 20만원이 채 안 되는 것도 문제가 되고 있다.

북한이탈주민의 경제적 자립을 돕기 위해서는 남한 적응이 아직 어려운 이들이 스스로 직장을 얻을 수 있을 것이라고 바라는 것은 무리가 있다는 것을 고려해야 한다. 부정적 인식으로 인한 차별로 대부분이 질 낮은 일자리를 갖게 되는 경우가 많기 때문이다. 따라서 북한이탈주민과 기업을 직접적으로 이어주는 '체험형 일자리'를 제공하는 개선 방안을 제시하고 싶다. 서울시에서 실시하고 있는 '뉴딜 일자리 정책'이라는 정책과 유사한데, 뉴딜 일자리 정책에서는 공공기관에서 직업교육과 훈련을 실시하는 반면 '체험형 일자리'는 기업에서 직접 이를 도맡아 할 수 있게 하는 것이다. 북한이탈주민의 입장에서는 짧았던 훈련 기간을 늘리고 훈련비도 늘리는 동시에 직접 기업에서 실질적인 업무를 배울 수 있으며, 기업의 입장에서는 낮은 인건비와 정부 지원을 받을 수 있는 등의 이점을 볼 수 있을 것이다. 정부에서는 직업 훈련을 받은 기업에 취직할 수 있도록 연결해주는 것을 기본으로 하고 북한이탈주민이 성실히 훈련해 임한다면 꼭 같은 기업이 아니라도 배운 기술이나 지식을 바탕으로 다른 곳에 취업할 수도 있을 것이다. 이 정책은 이전 직업 훈련의 문제점을 개선하고 실질적으로 북한이탈주민의 취업률을 올릴 수 있는 방안이 될 수 있을 것이다.

다음으로는 어린 북한이탈주민의 사회화를 돕는데 가장 큰 역할을 하

2 월 소득은 150만원, 1천 400달러 미만이 65%에 달하는 것으로 나타난다.

3 박성재, 이화순, 「탈북 이주민 직업훈련의 노동시장 성과에 관한 연구」, 직업능력개발연구 11권 2호, 2008.

는 교육 분야이다. 국회 외교통일위원회의 조사 결과 지난해 탈북 청소년의 학업 중단율은 중학교 3.1%, 고등학교 7.5%, 대학교 10% 등으로 일반 남한학생의 학업 중단율인 0.1%, 0.3%, 1.1%와 비교했을 때 무려 6배에서 10배까지 높은 수치를 기록했다. 또 하나원에서 이루어지는 교육은 실생활 관련 교육이 부족하다는 평이 대부분이다. 이를 해결하기 위해서는 먼저 정착한 북한이탈주민 학생과 남한학생의 적극적인 참여가 필요할 것이다. 실용적이고 체험적인 교육을 할 수 있는 방안으로 'Good Friend' 멘토링을 제안한다. 최근에 다문화 가정 아이들을 위한 교육 봉사가 전국적으로 활발하게 이루어지고 있다. 단순히 학교 수업과 관련된 지식을 배울 뿐 아니라 선생님을 맡은 멘토와 학생인 멘티가 직접 소통하고 함께 어울리면서 자연스럽게 사회의 한 구성원으로서 자리 잡을 수 있다. 이것을 남한에 이제 막 정착하는 북한이탈주민 학생과 먼저 정착한 북한이탈주민 학생, 그리고 남한 학생의 멘토·멘티제로 연결시켜보고자 한다. 학교나 하나원에서 배울 수 없는 실생활에 밀접한 지식이나 교양 등은 이를 통해 해결할 수 있다. 이 멘토·멘티제가 정부 주도 하에 전국 각지에서 시행된다면 북한이탈주민의 학교 적응을 좀 더 쉽게 하면서 남한 국민 입장에서도 이들을 사회 구성원으로 받아들일 수 있는 계기가 될 수 있을 것이다.

마지막으로는 인식적 측면이다. 북한이탈주민에 대한 인식 실태는 아직 좋다고 할 수 없는 상황이다. 아직 남한 사회에서는 북한이탈주민에 대한 편견이 존재한다고 한다. 경기도가족여성연구원의 2012년 '북한이탈주민 인권침해 실태조사'에 따르면 북한이탈주민들은 경제적 어려움 외에도 사회적 편견과 차별로 인하여 출신에 따른 각종 부당한 대우를 받고 있는 것으로 나타나 있다. 이런 인식적 측면은 짧은 시간 안에 쉽게 해결될 문제는 아니다. 그러나 가만히 두고 볼 문제도 아니기에 적극적인 노력이 필요하다. '북한이탈주민지원재단'의 자료4에서는 북한이탈주민에 대한 인식 형성에 큰 영향을 미치는 것을 미디어라고 꼽았다. 따라서 정부

4 유호열, 박현선, 북한이탈주민지원재단, 「북한이탈주민에 대한 언론의 보도태도」, 2011

차원에서 인식 개선을 위해 노력할 수 있는 방안은 대중매체를 적극적으로 활용하는 것이다. 기존에도 북한이탈주민이 등장하는 일은 많지만 대부분이 남한 국민으로서가 아니라 북한 주민이었던 과거의 이야기를 다루는 것이 대부분이다. 따라서 이런 방식이 아닌 남한 국민으로서의 북한이탈주민의 모습을 다루는 다큐멘터리 등이 더욱 필요할 것으로 보인다.

남한에 입국한 북한이탈주민의 수는 2만 명을 넘어섰다. 숫자로서도 무시할 수 없지만 그렇지 않아도 북한이탈주민에 대한 문제는 우리 사회에서 반드시 해결해야 할 문제이다. 이 시점에서 필요한 것은 무엇보다도 전 국민적 관심이다. 통일을 남의 일처럼 생각하지 말고 함께 이 사회를 살아가고 있는 북한이탈주민의 실상을 알고 이들이 겪는 어려움을 함께 나누려 한다면 문제의 해결은 거기에서 시작할 수 있는 것이다. 북한이탈주민들이 남한 국민으로서 잘 적응할 수 있다면 언젠가 맞이할 통일 후에 반드시 남북을 잇는 가교 역할을 하게 될 것이다. 따라서 북한이탈주민 지원 정책은 통일을 준비하는 첫걸음인 동시에 통일의 시작이라고 할 수 있다. 독일에서 베를린 장벽을 허문 후에도 보이지 않는 많은 장벽들이 통일 이후의 중요한 숙제로 남았다. 대한민국의 통일준비 또한 외교적 차원이나 경제적 차원만이 아닌 남북의 장벽을 허무는 노력이 뒷받침되어야 할 것이다.

통일 한국이 대박이 되기 위한 선행 조건

영어영문학과 서준혁

최근 우리나라는 역사 교과서 논쟁으로 소란스러웠다. 이에 보수주의자들은 주로 찬성을, 진보주의자들은 반대하는 식으로 이분화되었다. 역사 교과서 문제에서만 그런 것이 아니다. 우리나라는 툭하면 보수와 진보로 나뉜다. 광우병 파동 때도 그랬고, 세월호 때도 그랬다. 더구나 국민들을 통합하고 사회적 안정에 앞장 서야하는 정치판은 오히려 이러한 이분화를 부채질하고 있다. 현재 우리나라는 보수와 진보의 진정한 의미가 무엇인지도 모른 채 북한을 싫어하면 보수, 좋아하면 진보라 칭하며 자기와 같은 생각이 아니면 무조건 헐뜯고 비난하는 공감과 소통의 부재의 시대에 살고 있다. 이런 상황에서 통일은 정말 대박일까?

우리 정부는 지속적으로 통일에 대한 필요성을 외쳐왔다. 하지만 이러한 외침이 무색할 만큼 통일에 대한 국민들의 관심은 점점 사그라지고 있다. 북한은 주기적으로 우리나라에 물리적 공격을 시도한다. 최근에도 파주 인근 비무장 지대에 목함 지뢰를 매설해 부사관 2명이 크게 다친 사건이 있었다. 또 북한은 국제적으로도 잦은 외교적 결례를 범하고 있다. 이번에도 소위 김정은의 친위 음악단인 '모란봉 악단'이 중국에서 공연을 하기로 예정되어 있었으나, 사전 예고도 없이 돌연 취소해 버리는 바람에 국제적으로 많은 비난을 받았다. 이런 일련의 사건들 때문에 우리나라 국민이 인식하는 북한은 미개하고 위험한 존재일 뿐이다.

우리는 독일 통일의 사례를 통해 통일 직후 경제상황이 어떻게 될 지 예상할 수 있다. 실제로 서독과 동독이 통일을 한 후, 수년 간 경기 침체에 빠졌던 게 사실이다. 국내외 많은 경제 전문가들은 한반도 역시 통일이 되면 당분간은 경제 침체에 빠질 것이라 예상하고 있다. 심지어 통일의 무게를 견디지 못하고 남한의 경제까지 같이 붕괴될 수 있는 가능성이 있다고 보고 있다. 이러한 이유들로 미루어 볼 때 통일에 대한 우리 국민의 인식이 부정적인 것은 어쩌면 당연한 결과일지도 모른다. 그리고 이런 상황 속에서 '통일은 대박'이라는 말은 그렇게 신빙성 있게 들리지 않는다. 그렇다면 우리는 통일을 위해 어떤 준비를 해야 할까?

앞서 말했다시피 우선 여러 이유들로 인해 고착된 북한에 대한 인식을 개선하고 나아가 통일에 대한 정당성과 필요성을 알아야 한다. 독일은 1989년 베를린 장벽 붕괴를 시작으로, 1990년 마침내 통일을 이루어내었다. 현재 우리나라 국민의 독일에 대한 인식은 상당히 긍정적으로 형성되어 있다. 시리아 난민 수용에 앞장 서는 대단히 선진적 국민의식을 가지고 있고, 자동차 산업을 통한 경제 선진국이며 축구와 같은 스포츠에도 능한 전형적인 선진국의 면모를 가지고 있기 때문이다. 필자도 독일에 갔을 때, 그들의 친절함과 광활하게 뻗은 아우토반, 그리고 그렇게 빠른 속도로 달리는데도 안정적인 독일제 자동차에 감동을 금치 못한 적이 있다. 하지만 독일은 사실 우리에게 보이는 것만큼 평화롭지만은 않다. 실제로 독일 국민 사이의 정서적 통합은 아직 불안정하다. 동독에서 서독으로 전가되었던 경제적 부담이 아직 모두 회복되지도 않았고 이에 대한 스트레스가 아직 서독 출신 사람들에게 남아있기 때문이다. 이러한 이유로 아직까지도 동독 출신 국민 중 60% 이상은 통일 독일에 소속감을 느끼지 못하고 있다. 이를 통해 우리는 국민들 간의 정서적 통합이 한반도 통일 전에 선행되어야 할 매우 중요한 요소임을 알 수 있다.

통일에 대한 인식이 부정적인 것은 남한뿐만이 아니다. 북한 주민들 역시 남북통일에 대해 낙관적이지만은 않다. 또한 남한에 대한 인식 역시 좋지 않다. 며칠 전 유투브(Youtube)에서 '북한 청년이 생각하는 통일과 남한에 대한 불만'이라는 영상을 본 적이 있다. 그는 먼저 미국과 동맹 관계를 맺고 있는 남한에 대해 굉장한 불만을 가지고 있었고, 자본주의라는 사회체계 자체에 분노하고 있었다. 그의 눈에는 남한 사람들은 굉장히 이기적이고, 무지하고, 오만한 존재일 뿐이었다. 이것이 비단 이 청년의 생각만은 아닐 것이다. 단언컨대, 이것이 북한 전반에 퍼져있는 통일과 남한에 대한 인식일 것이다. 이렇듯 남, 북한 국민들은 서로에 대한 부정적 인식을 가진 채, 서로에 대한 마음의 문을 굳게 닫고 있다. 왜 이렇게까지 된 것일까?

필자는 이러한 상황에 이르게 된 주 이유는 서로간의 소통 부재 때문이라고 생각한다. 이를 설명하기 위해서는 다시 독일의 예를 들어야 할 것 같다. 독일이 통일을 이루기 전, 서독은 동독의 생활환경과 인권에 대해 많은 관심을 두었다. 그래서 서로를 잇는 동, 서독 간 우편과 전화, 통신개선, 고속도로 개선 및 인적 교류 등 인도주의적 양보를 전제로 경제 원조를 제공했다. 이러한 서독의 마음이 통해서였는지, 동독 주민들은 서독 주도의 통일을 요구하게 되었고, 결국 서독과 동독 정부는 이를 받아들여 통일에 이르게 되었다. 남북한 역시 금강산 관광, 개성공단 그리고 이산가족 상봉 등 서로를 잇는 사업을 추진해 소통이 진행 되는 듯하였다. 하지만 시시각각 변하는 국내외 정세 때문에 이러한 사업은 일관성을 갖지 못한 채 흐지부지 되고 말았다. 때문에 우리는 서로가 정말 어떤 사람들인지 모른 채, 미디어에서 나오는 단편적인 모습만을 보고 그것이 그들의 전부인 양 믿으며 편견을 갖고 있는 것이다.

앞서 말했던 '북한 청년이 생각하는 통일과 남한에 대한 불만'이란 영상에서 북한 청년은 남한과 남한 정부에 대해 굉장한 불만을 쏟아내고 있었다. 하지만 전체적인 대화의 분위기는 그가 갖고 있는 불만만큼 폭력적이거나 변덕스럽지 않았다. 오히려 그의 말을 이끄는 남한 측 사람으로 보이는 남성분이 그의 일관된 생각에 감탄을 자아낼 정도였다. 그리고 그 옆에 있던 북한 주민들도 남한 측 남성분에게 먹을 것을 나눠주고 서로 농담도 하고 웃으며 화기애애한 분위기를 형성하고 있었다. 그들은 그저 우리랑 다를 뿐이었다. 이 영상에서 북한 사람들이 갖고 있는 남한과 통일의 부정적 인식에만 집중해서는 안 된다. 그들이 갖고 있는 따뜻한 인간미와 정은 우리나라 사람들이 가진 그것과 다름없었다. 우리가 미디어에서 보는 것도 이와 크게 다르지 않으리라 생각한다. 그들의 이념은 우리와 다르지만 그 안에 있는 사람은 결국 우리와 한 민족이다.

우리나라 정부는 현재 우리 국민들에게 팽배해 있는 통일과 북한에 대한 부정적 인식이 얼마나 위험하고 심각한 것인지 인식하고 그것을 해소하기 위한 설득의 방안을 마련해야 한다. 나아가 북한 주민들로 하여금 남한 주도의 통일을 원하도록 하는 중장기적 정책도 필요할 것이다. 하지만 통일에 한발 다가가기 위해선 무엇보다도 우리나라 국민들이 그들의 대한 마음을 열고 그들의 모습을 편견 없이 객관적으로 볼 준비가 선행되어야 한다. 이렇게 된다면, 진정한 의미에서 '통일은 대박'의 날이 머지않아 찾아올 것이다.5

5 양병기, 『현대 남북한정치론』, 法文社, 2014 참고.

통일 한국을 준비하는 시민

소프트웨어학부 최인제

우리나라는 세계에서 유일한 분단국가입니다. 수천 년 동안 한 민족으로, 한 국가로 지내왔고 단일민족이라는 수식어를 가지고 있었던 나라입니다. 현재는 남과 북으로 나뉘게 된지 60년이 지난 상태이고 아직 먼 이북 땅에 가족을 두고 있는 사람들이 있습니다. 얼마 전 이뤄진 남북 이산가족 상봉을 미디어로 지켜보면서 원치 않았던 분단 때문에 아직까지 고통을 받는 분들이 있다는 현실에 안타까움을 느꼈습니다. 이런 불행한 현실을 극복하기 위하여 통일에 대한 긍정적 인식을 가질 수 있는 방법이 무엇인지, 통일 한국에서 우리가 갖추어야 할 시민윤리가 무엇인지 생각해 보려고 합니다.

우선 어떻게 하면 통일에 반대하는 분들을 설득하고 통일에 대해 좋은 인식을 갖게 할지에 대해 통일 한국을 준비하는 지식인으로서 생각해보고 실천하려는 의지가 중요하다고 생각합니다. 예를 들어 통일 한국의 지리적 강점이나 통일 한국의 경제적 효과를 내세워 긍정적인 면을 최대한 부각하는 것이 좋다고 생각합니다. 통일 한국의 지리적 강점은 남한과 북한이 통일된다면 단절되었던 한반도가 철도로 대륙과 연결될 수 있다는 점입니다. 이 철도는 시베리아를 지나 유럽까지 연결될 수 있고, 한반도 전역과 동북아 지역을 1일 생활권으로 묶을 수 있으며, 유럽 철도까지 이어지는 '실크로드 익스프레스'가 완공된다면 한반도는 유라시아 동쪽 관문을 담당하는 물류 중심국가가 될 수 있다고 생각됩니다. 국립 외교원은 "경제적 효과로는 남북한과 중국, 러시아와 연계된 관광 시장의 확장으로 인해 인근 동남아 등 관광객들이 급증하여 2050년 외국인 관광객 수는 최대 2억 명, 관광산업 규모는 최대 2천 500억 달러에 달한다."라고 전망했습니다. 뿐만 아니라 남과 북이 2030년 평화적 통일을 이룰 경우에는 한국이 가지고 있는 자본과 기술력, 그리고 북한의 자원, 노동력을 결합하고 해외 투자까지 더해진다면 2040-50년에는 인구 8000만 명의 세계 7위 경제대국으로 올라설 것이라고 전망했습니다. '2040 통일한국 비전 보고서'에 따르면 통일 한국은 현재 G7 국가들의 평균 인구인 8000만 명에 육박하게 될 것이고 해외 인재의 적극적 영입을 통한 열린 정책을 시행할 경우 수출 의존형 경제에서 내수형 경제로 도약할 수 있을 것이라고 바라보았습니다. 또한 통일한국이 가지고 있는 지정학적 강점을 적극 활용하여 동아시아 경제 공동체 구성을 주도하고 IT 등 첨단기술 역량과 유라시아와 태평양을 잇는 교량국가로서의 역할을 한다면 세계 7위의 경제 대국이 가능할 수 있다고 밝혔습니다. 또한 북한이 가지고 있는 풍부한 천연자원을 개발해 국내에서 자급이 가능해지고 자급률이 50%까지 오를 수 있다고 합니다. 이렇게 되면 북한에 몰릴 해외 투자가 한국의 자본, 기술력과 결합되며 독일의 통일보다 더 큰 시너지 효과가 있을 수 있다고 강조했습니다.

통일 한국에서 공감과 소통을 위해 우리가 갖추어야 할 시민윤리는 북한 사람을 차별하지 않는 일, 통일 후에도 북한을 남이라 생각하지 않고 북한에 투자함을 낭비라고 생각하지 않는 일에서 시작된다고 생각합니다. 아직 우리 한국 사회에서는 '남'을 바라보는 시선이 좋지 못하다고 생각합니다. '남'이란 대체적으로 후진국이라 여겨지는 국민들이나 시민의식이 뒤떨어지는 국가의 사람들, 예를 들어 중국, 필리핀, 베트남 사람들입니다. 아직까지 많은 한국 사람들은 다른 나라 국민을 낮추어 부르는 비속어를 주저하지 않고 사용합니다. 이러한 부분이 개선되지 않는다면 통일 한국이 되어서도 북한 사람들에게 비속어나 차별적인 단어를 쓰지 않는다는 보장이 없으며 결국에는 북한 사람들로 하여금 반발을 일으키게 할 것입니다. 또 북한의 미개발 지역이나 삶이 어려운 지역에 투자하는 돈을 아깝다고 생각하는 방식도 개선해야 할 부분입니다. 물론 한국에도 도움이 손길이 필요한 지역이 있지만 통일 한국이 된다면 더 이상 북한은 남이 아닌 한 국가로써 우선순위를 나누어 구별할 필요가 없다고 생각합니다. 또한 북한의 미개발 지역에서 나오는 무궁무진한 자원들을 생각해 본다면, 길게 보았을 때, 비록 조금 늦은 감이 있을지라도 더 좋은 투자와 지원을 받게 될 것이라고 생각합니다.

남과 북이 평화 통일을 이루기 위해서는 많은 준비가 필요합니다. 한국전쟁 이후 64년간 단절되어 있었던 만큼 한민족이라는 정체성의 회복이 최우선일 것입니다. 다양한 문화 교류를 통해 서로 이질감을 극복하고 동질성을 회복할 수 있어야 합니다. 우리가 살아갈 미래를 위해서는 통일이 꼭 필요하고 통일은 그리 멀리 있지 않습니다. 평화적인 남북통일을 위해 우리 모두 노력하며 앞으로 올 통일 한국에 대한 준비를 한다면 통일 한국은 더 빨리 올 것이라고 믿습니다.

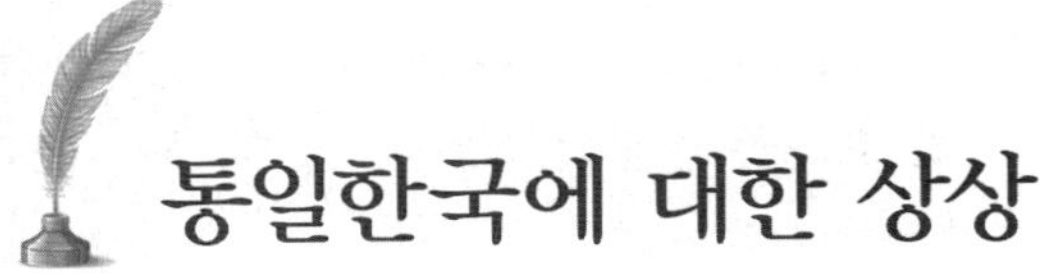

통일한국에 대한 상상

전기공학부 임채현

> 통일은 재통일이 아닌 것. 새로운 통일인 것. 통일은 이전이 아니라 이 후의 눈 시린 창조이지 않으면 안 된다.
>
> – 고은 〈대동강 앞에서〉 中

1948년 남북 분단 이후 많은 세월이 흘렀다. 그러나 여전히 우리 민족은 분단 상태이다. 더구나 냉전 시대 후 안정된 체제에 도달한 유럽과는 달리, 남한과 북한은 분단이라는 특수한 상황 때문에 여전히 불확실한 상황 속에 놓여 있다. 통일은 우리 민족을 안정성 속에서 성장하게 할 기회가 분명하다. 이를 위해서는 먼저 통일 후 한반도에 닥칠 문제들을 어떻게 해결할지 생각해야 한다.

먼저 정치 분야를 살펴보자. 정치적으로 북한은 사회주의 체제, 남한은 민주주의 체제 아래에서 국가가 운영되고 있다. 통일 후에는 이 평행선을 뛰어넘어 하나의 체제로 새로운 나라를 유지하는 것이 문제가 된다. 전문가들은 통일 한반도가 민주주의 체제를 유지할 것이라고 생각한다. 통일 후 북한의 부족한 경제력을 채워야 하는 남한으로서는 시장경제체제를 포기하고 북한의 사회주의 체제를 선택하는 것이 큰 부담이 된다. 또한 동구권 유럽, 중국, 베트남도 사회주의체제를 전환한 추세이고, 이들의 사회·경제적 실적이 전보다 향상되었다. 따라서 통일이 이루어지면 남한의 민주주의 체제로 통일 한반도가 통치될 것이다. 당연히 이에 대한 북한인들의 적응은 힘들 수밖에 없다. 그들이 믿어왔던 체제와 다른 새로운 이념과 법, 행정 제도를 받아들이는 과정에서 갈등이 발생할 것이다. 북한이 남한보다 약하거나 패한 것이 아니라, 새로운 도약을 위해 함께 변화하고 있는 과정이므로 그들이 새로운 상황에 익숙해질 수 있도록 설명하고 기다려 주어야 한다. 북한인들의 이익을 위해 북한정당이 설립될 때에도 민주주의가 익숙한 남한 국회의원들과 함께 정당을 이루어 자유 민주주의를 꾸려가고 새로운 체제를 받아들이는 일에 적극적으로 나서야 한다.

다음으로는 경제 분야의 문제이다. 남한과 북한은 1948년 이후 아예 다른 나라로 살아왔고 다른 체제에 화폐 제도도 다르다. 통일이 되면 서로 다른 화폐와, 사회주의와 자본주의의 격차를 줄이는 것이 중요하다. 경제통합을 위해서는 통일 전인 지금부터 노력해야 한다. 통일을 이룬 독일의 경우를 살펴보면, 동독과 서독은 '선 경제개혁 후 화폐통합'이라는 단계적 통합방안도 고려되었지만 여러 이유로 인해 급진적인 통합이 결정되었다. 이후 서독과 동독 간 화폐통합과 경제공동체 형성을 위한 '공동전문 위원회'가 구성되었고, 긴 시간의 조정 기간 이후에서야 통합이 가능했다. 이 사례에서 보듯이 서로 다른 두 경제 체제가 통합하기 위해서는 여러 단계와 충분한 시간이 필요하다. 남북한도 급진적인 경제적 통합을 하는 것보다는 두 나라의 경제를 맡고 있는 사회 지도자들과 경제 관련된 전문인들이 수차례 회의와 조정을 통해 경제 통합을 신중하게 이루어야 할 것이다.

마지막으로 북한과 남한의 서로 다른 문화 차이로 인한 갈등이 예상된다. 사실상 가장 어려운 것이 그동안 갈라져 있던 민족 사이의 문화 통합이다. 정치·경제적 체제는 새로운 체제나 법규를 세움으로써 통합할 수 있지만 문화는 각 나라 구성원들의 자발적이고 자연스러운 통합이 이루어져야 한다. 남한과 북한은 문화적으로 완전히 반대된 나라들이다. 한 사회에서 습득된 가치관과 문화는 새로운 것으로 쉽게 바뀌지 않는 보수성과 관성이 있다. 그러므로 정부차원에서는 강제적인 문화 이식이 아닌, 남북한의 문화적 차이에 대한 이해를 바탕으로 한 장기적인 정책 마련이 필요하다. 이때 두 나라의 문화 차이를 충분히 아는 북한이탈주민들의 지식과 경험을 통일에 활용하고, 그들을 통해 통일과정에서 발생한 여러 문제들을 예측해 충분한 준비를 마쳐야 할 것이다. 또한 구성원들에게는 '문화감수성'이 필요하다. 이는 국가적으로나 민족적으로 문화 간 장벽을 넘어 효율적으로 긍정적 관계를 수립하고 자민족중심주의를 추월하는 것으로 일반적으로 차이를 인정하기 위한 능력을 의미한다.(이일심, 홍다혜, 2015) 무엇보다 중요한 것이 남·북한 사람들이 서로를 수용하는 태도이다.

독일의 통일이 성공했던 것은 통일 과정이 평화적이었고, 서독 정부가 동독 사람들에게 동등한 사회복지 지원과 대우를 했으며, 통합과정의 절차를 동독주민들이 스스로 하도록 하였고, 감정적 복수가 없었기 때문이었다. 그들처럼, 남한과 북한은 서로가 서로의 특수한 사회 속에서 다르게 살아왔지만, 동등한 가치를 가지고 있는 존재들임을 인정하고 새로운 역사를 함께 이루어가야 할 것이다.

통일은 우리 민족의 성장이 될 기회임이 분명하다. 충분한 예상과 준비만 있다면 비록 과정에 어려움이 있더라도 성취해낼 수 있을 것이다. 남한과 북한의 노력 위에 만들어질 새로운 통일 한국을 기대한다.

참고자료

이일심, 홍다혜, 「북한이탈주민의 문화갈등과 문화통합」, 2015.

고은, 『대동강 앞에서』, 오딧세이닷컴, 2001.

위키백과, '한반도 분단', https://ko.wikipedia.org/

황병덕, 『사회주의 체제전환 이후 발전상과 한반도 통일』, 늘품플러스, 2011.

네이버 지식백과, '독일의 통일과정', http://terms.naver.com/entry.nhn?docId=985617&cid=43856&categoryId=43857

제7장

통일한국으로 가는 길

들머리

정영문(베어드학부대학 교수)

통일은 한국에서 지향하는 정치적 목표이다. 이 목표를 달성하기 위하여 한국에서는 그동안 많은 노력을 경주해왔다. 그 결과 한국인들은 북한과 힘을 합쳐 협력해야 한다는 생각과 북한정권에 대한 불신과 무력도발에 대한 불안감을 동시에 지니고 있다. 북한과의 관계에 있어서 '협력과 불신'이라는 이중적인 심리가 자리한 것은 언젠가 북한과 통일을 이루어야 한다는 당위성 때문이다.

한국인에게 통일은 벗어나기 어려운 과업이다. 비록 분단으로 서로 다른 체제 속에서 살고 있지만, 한민족이기 때문에 언젠가는 적대적 관계를 청산하고 민족 공동체로 함께 살아야 한다고 생각한다. 그렇기 때문에 통일은 남과 북의 정치체제가 하나가 되는 체재의 통일이 아니라 분단된 조국과 민족이 재결합하는 것을 의미한다. 내적인 통일까지 이루는 것은 쉬운 일이 아니다. 성공적으로 통일했다는 독일의 경우에도 통일 이후에 동독인과 서독인들 사이에 미처 대비하지 못했던 갈등들이 발생하였다.

현재 한국의 사회구조는 급격하게 변화하고 있다. 이러한 변화는 통일에 대한 논의를 더 이상 늦출 수 없게 만들고 있다. 한국에는 많은 외국인이 들어와 살고 있고, 그들과 혼인 등으로 인적 관계를 형성하기도 하였다. 점차 다문화사회로 변모해 가고 있기 때문에 '한국인은 단일민족'이라는 민족적 정체성까지 흔들리고 있다. 이런 상황에 북한을 언제까지 통일의 대상으로 생각할 것인지 기약하기 어렵다.

그러므로 우리는 가급적 빨리 통일시대를 맞이해야 한다. 통일한국은 남북한 사람 모두가 상대방을 신뢰하고, 자율적이며, 진취적이고, 근면하여 생산성이 높은 통합된 사회이다. 통일은 내적으로 남북한이 서로를 신뢰하여 교류와 협력으로 공존을 모색하는 한편, 주변국을 설득하여 통일에 유리한 국제 환경을 조성했을 때 실행이 가능하다. 장기간의 노력이 필요하기 때문에 통일 사회를 이끌어 갈 주역은 기성세대보다는 청소년 세대라 할 수 있다.

그러므로 통일한국에서는 미래를 선도해나갈 청소년세대를 교육하는 일은 무엇보다 중요하다. 청소년들은 통일 이후의 한국사회를 책임질 인재들이다. 이들을 올바르게 교육하기 위해서는 책임감이 강한 교사가 필요하다. 통일시대의 교사는 남한과 북한 사회에 대한 이해가 깊어야 한다. 분단시대의 교육과는 다른 시각에서 통일시대를 교육할 수 있는 인재라야 한다. 남북한의 체제유지에 기초한 교육이 아니라 통일한국의 시민들이 서로 화합할 수 있도록 청소년세대를 교육시킬 수 있어야하기 때문이다. 미래 사회의 주역이 될 청소년세대는 남북한의 통합과 화합이 건강한 사회를 이루는 원동력이고, 이러한 사회에서 창조적 생산이 가능하다는 사실을 인식해야 한다.

2014년 기준으로 한국인 중에 통일을 찬성하는 비율은 55%가 넘었다. 상대적으로 청소년들은 통일에 무관심하거나, 통일을 부정적으로 인식하는 비율이 낮으며, 그 비율은 점차 증가하고 있다. 한국청소년상담원의 조사에 의하면, 1,700명의 청소년 중 통일에 관심이 있는 경우는 14.7%에 불과하다고 할 정도이다. 청소년의 부정적인 인식은 현실에 대한 비관과 상대방에 대한 단편적인 인식에 기인한다. 그러므로 통일한국의 시민이 될 청소년들은 미래에 대한 구체적이고 정확한 전망을 이해하고 있어야 한다. 이를 위하여 청소년세대에게 통일이후 한국의 발전과 방향성을 객관적으로 제시해 주는 한편, 상대방 사회의 생활방식, 가치관, 인간관 등에 대한 교육도, 통일한국의 정체성과 새로운 이념 등에 대한 교육도 진행해야 한다. 통일이후 새롭게 형성되는 사회에 적응할 수 있도록 지식과 기술에 대한 교육도 병행해야 한다. 이러한 교육은 남북한의 사회·문화적 차이를 해소할 수 있는 방안이 될 수 있다. 통일에 있어서 성공적인 사례로 제시되는 독일의 경우, 통일 전에 서로 장기간 교류할 수 있도록 유도했기 때문에 통일 이후에 청소년들이 빠르게 통일된 독일사회에 적응할 수 있었다고 한다.

통일이 어떤 방식으로 진행될지에 판단하기 쉽지 않다. 따라서 그에 따른 혼란이 어떻게 나타날지 예상하기도 힘들다. 그러나 통일은 분명 우리 삶에 커다란 영향을 미칠 것이며, 사회적으로 부작용도 발생할 것이다. 이러한 갈등과 부작용을 해소하는 방안을 마련하고 이를 실천해야 한다. 이러한 노력은 통일한국의 시민들이 감당할 몫이다.

통일 후 우리가 겪게 될 갈등양상은 현재 남한에서 생활하고 있는 새터민의 사회적응실태를 통해 유추해 볼 수 있다. 새터민은 남한 사회에서 가치관과 성격의 차이, 언어습관의 차이, 생활관습의 차이 등으로 인해 어려움을 겪고 있다. 이들은 일상생활에 대한 지식의 부족, 사회적 지위에 대한 불만, 차별대우에 대한 민감성, 언어소통문제, 돈에 대한 인식의 차이, 사고의 경직성, 한국사회의 이기주의적 태도 등으로 인해 갈등을 경험하고 있다. 그들이 한국에서 경험하고 있는 이러한 문제들은 남북한이 통일된 사회를 이루고 하나의 사회체제 속에서 생활할 때 더 크게 나타날 것이다. 긴 시간을 서로 다른 체제에서 살아왔기 때문에 통일된 한국 사회에서 시민으로 살아가는 일은 쉽지만은 않기 때문이다.

정치, 경제, 사회 등의 체제를 통합하는 일은 정치적 타협으로 가능하지만, 시민의 의식을 통합하는 일은 오랜 시일을 필요로 한다. 그러므로 통일시대를 살아갈 시민들은 서로에 대한 이해와 상대성을 인정하면서도 배척하지 않고 공존하는 방법을 배워야 한다. 그리고 통일한국에서 함께 추구할 수 있는 일을 모색해야 한다. 이런 시민의식이 모였을 때 통일한국은 올바른 방향으로 성장해 나갈 수 있다. 모든 부정적인 차이를 극복하고 성공적인 통일사회를 살아가는 것은 한민족에게 새로운 도전이다. 이 도전을 잘 극복한다면 한민족은 더 크게 성장할 수 있을 것이다.

전자정보공학부 IT융합전공 남윤원 학생은 통일에 대한 한국인들의 인식과 탈북주민의 입국현황을 근거로 현재 한국에서의 북한에 대한 인식을 제시하고, 미래 통일한국을 대비하는 자세에 대하여 서술하였다. 현재 한국인의 55.8%가 통일에 찬성하고 있지만, 20대의 경우 통일에 대한 부정적인 의견이 증가하고 있어서 우려된다고 보았다. 통일에 대한 부정적인 인식은 현실에 대한 비관적인 인식이 반영되었기 때문에 나타난 것이다. 현재 새터민 중 2만 5천 명 정도가 한국에 입국하고 있어서 남북한 시민의 갈등양상은 막연한 추측이 아니라 당면한 현실적 문제임을 밝혔다. 자료를 바탕으로 통일과 관련된 내용을 제시함으로써 객관성을 확보하고 있다는 점이 이 글의 장점이다. 통일이후 북한주민에 대한 '따돌림'현상이 제기될 수 있음을 밝히고, 이를 해결해야 함을 역설하였다. 이 문제를 해결할 수 있는 방안으로 필자가 제시한 것은 "편협함을 버리고 사람에 대한 존중과 믿음에 기반을 둔 다양성을 인정"하라는 것이다. 문화적 차이로 인한 갈등은 통일이후에도 나타날 수 있는 문제라는 점에서 통일한국의 시민들이 '문화적 다양성을 이해하는 마음'을 지니고 있어야 한다는 주장에 동의한다.

기독교학과 김재훈 학생은 현재 남북한은 이질적인 부분이 많음에도 불구하고 통일은 당면한 문제가 되었다고 하였다. 그는 통일을 준비하기 위해서는 인식부터 새롭게 바꾸어야 한다고 주장하고 있다. 남북한의 통일은 하나의 체제를 구성하는 것이 아니라 사회, 정치, 경제, 문화 등 사회전체의 통합을 의미한다. 통합은 대화와 타협, 존중을 바탕으로 이루어져야 한다는 주장은 매우 타당성 있는 주장이다. 김재훈 학생은 통일이 이루어져야 하는 이유를 사회, 정치, 경제, 문화, 지리적인 측면에서 제시하였다. 남북한의 통일은 정치체제의 통일이 아니라 민족의 통일이라는 점에서 다양한 측면에서 그 문제를 분석하고 이해하는 것은 중요한 일이다. 이 글에서는 그 점을 효과적으로 서술하였다. 통일은 특정분야의 통합이 아니기 때문에, 정부와 민간에서 철저히 준비해야 한다는 주장에 동의한다. 청소년을 대상으로 '올바른 통일인식과 관용의 자세'가 필요함을 역설하였지만 통일에 대한 이러한 인식과 자세는 비단 청소년에 국한할 것이 아니라 한국 국민전체가 지니고 있어야 하며, 이를 바탕으로 통일의 시대를 준비해야 한다.

장덕수 학생은 세대별로 통일에 대한 인식이 다르다는 현실인식을 바탕으로 통일의 필요성을 주장하였다. 통일의 과정에는 여러 장점과 문제점이 나타날 수 있는데, 그 중에서 가장 중요하다고 생각하는 "무한한 발전 가능성이 있고, 동북아시아 정세 및 아시아-태평양 국가들 사이에서 대한민국의 위상이 높아질 수 있으며, 역사와 얼을 함께 하는 한 민족이 함께 살아갈 수 있다."는 3가지 장점을 논거로 하여 글을 서술하였다. 이러한 생각에 동의하면서 통일문제에 있어서는 해결해야 할 문제점도 있음을 잊지 말았으면 한다. 한국이 통일을 성공적으로 완수하기 위해서는 독일이 통일을 기반으로 경제적으로 성장한 사례를 본받아야 한다고 주장하였다. 통일을 수행하는 방법도 한 번에 모든 문제를 해결하려고 하기 보다는 작은 문제를 해결하다보면 큰 어려움 없이 통일을 완수할 수 있다는 생각을 지니고 있다. 통일시대를 준비하는 과정에 독일의 사례는 효과적으로 활용될 수 있을 것이고, 문제를 차근차근 해결해 나가야 한다는 주장에 동의한다. 장덕수 학생의 주장을 명쾌하게 보여주는 부분은 닐 암스트롱의 "That's one small step for a man, one giant leap for mankind."이 아닌가 한다.

통일한국, 단면적인 생각을 버리자

전자정보공학부 IT융합전공 남윤원

우리나라가 통일이 되었을 때, 그 모습이 어떠할지를 생각하는 것은 쉽지 않다. 그러나 통일은 언젠가는 다가올 일이다. 2014년 서울대학교 통일평화연구원에서 진행한 통일의식 설문조사에 의하면, 우리나라 국민의 55,8%는 '통일이 필요하다'고 생각한다고 한다. 하지만 20대의 경우 '통일이 필요 없다'는 응답이 2013년에 29.2%인 것에 비해 2014년에는 32%였다. 즉, 젊은이들의 경우 통일에 무관심하거나 부정적인 생각을 가지고 있는 사람의 비율이 증가하고 있다. 그러나 어떤 생각을 가지고 있든지 현 상황을 타개하는 데 명쾌한 답은 아니다. 우리는 통일이라는 주제를 한쪽 면에서만 바라보아서는 안 된다. 이것이 현재 분단국가에 살고 있는 사람이 지녀야 할 마음가짐이다.

한때 '북한은 우리의 주적이다'라는 생각이 팽배하던 때가 있었다. 지금도 그러한 생각을 고수하는 이들이 있으며 반대로 북한주민들을 동정하는 사람들도 있다. 이들의 공통점은 현재 북한의 지도자에 대해서는 좋지 않은 생각을 가지고 있다는 것이다. 그러나 이 공통점을 제외하면, 북한에 대해 어떻게 생각하든 여기에서 그치면 안 될 일이다. 우리나라가 어떤 방법으로든 통일이 된다면 그 다음의 과정도 생각해보아야 한다. 하지만 통일이라는 주제를 극단적으로 바라본다면 위의 문제를 지나치는 경우가 많다. 북한이 우리의 주적이라고 생각하는 사람이 전쟁 이후 통일이 되었다고 가정했을 때 그 이후의 상황을 어떻게 받아들일까? 북한은 우리의 주적이므로 북한 사람들은 전부 우리의 주적이 된다면 이는 매우 비참한 일이다. 반대로, 북한 주민들이 불쌍하다며 동정할 경우를 생각해 보자. 평화통일이 되었다고 가정했을 때, 그들이 현 자본주의에 적응하지 못하여 생기는 문제들을 어떻게 바라봐야 하는지 또한 깊게 생각해보아야 할 문제이다. 따라서 우리는 통일 이후까지도 생각해 보아야 한다.

'단순히 북한 주민들이 우리보다 기술이나 실력이 낮을 것이다', '전문직에 종사하기란 어려울 것이다'라고 생각하는 사람들은 예상보다 많다. 물론, 북한에도 대학교가 있긴 하지만 그곳의 논문 수준을 생각한다면 전문직에 종사할 만큼의 실력이 되는지는 의문이 충분히 들 수 있다. 하지만 이를 이유로 통일 이후 북한 주민들을 경시하거나 현재의 탈북자 보듯이 애처롭게 보아서는 안 된다. 통일부에서 발표한 북한이탈주민 입국 현황에 따르면, 분단 이후 올해까지 약 2만 5천여 명이 넘는 사람들이 탈북을 하여 한국에 들어왔다. 이들에 대한 우리의 생각 역시 재고할 필요가 있다. 이들도 우리와 같은 사람이며 단순히 북한에서 넘어왔다는 이유만으로 이들을 천시할 필요가 없다는 이야기이다. 통일이 되었을 때, 우리는 소위 '천하다'는 단편적인 인식을 버리고, 모두가 동등한 사람이며 존중받아야 한다는 의식과 그들도 우리와 같이 교육을 통해서 전문직에 종사할 기회를 제공해야 한다. 그러기 위해서는 지금부터 사람에 대한 존중을 더욱 굳건히 할 필요가 있다.

통일이 되었을 때 가장 우려스러운 것은 왕따와 같은 따돌림 문제 그리고 인터넷 문제이다. 그들에 대한 따돌림이나 사이버 폭력은 경계해야 한다. 몇 년 전부터 이슈가 되고 있는 학교폭력이나 따돌림 문제는 그 사람을 단편적으로 바라보았기 때문에 생기는 일이다. 통일 이후, 북한 주민들이 이러한 문제에 직면해서는 안 된다. 그러기 위해서는 지금부터 우리가 갖고 있는 편견이나 단면적인 생각을 버릴 필요가 있다. 특히 인터넷 사용자들, 네이버나 페이스북과 같은 곳에서의 댓글을 달 때 더욱 그러하다. 통일 이후 그들이 인터넷을 접하고, 수준이 낮은 댓글들과 편협한 댓글들, 자신들을 부정적으로 보는 댓글들을 보면 그들이 갖게 되는 자괴감은 말할 수 없을 것이다. 그렇기 때문에, 분단국가를 살아가는 우리는 단순히 한 면만을 보며 극단적인 생각을 가져서는 안 된다. 한 걸음 뒤로 물러나서 다른 생각들을 해 보아야 한다.

편협한 생각을 버리고 미래를 생각해 보는 것, 그리고 그때의 '나'를 생각해 보는 것이 통일한국을 준비하는 우리의 올바른 자세이다. 물론 현재 우리나라가 여전히 북한으로부터의 위협이나 갈등 속에 있기 때문에 경계 역시 늦춰서는 안 된다. 하지만 전쟁과 이념이라는 벽을 쌓아 놓고 다른 면을 외면한다면, 후에 일어날 여러 가지 문제들에 직면했을 때 이 역시 큰 위협이 된다. 그렇기 때문에 일반 시민들은, 현실에서 일어나는 여러 갈등과 고민들 속에서 양면을 전부 바라보는 습관을 가져야 한다. 다만 편협한 사고는 또 다른 벽을 쌓는 것과 같다. 통일 한국에서 우리는 어떤 일을 하며 살아갈지에 대해 충분히 고민해야 한다. 그때의 우리 모두를 미리 상상하고 준비한다면 통일 한국의 융합과 발전은 더욱 수월하게 이루어질 것이다.

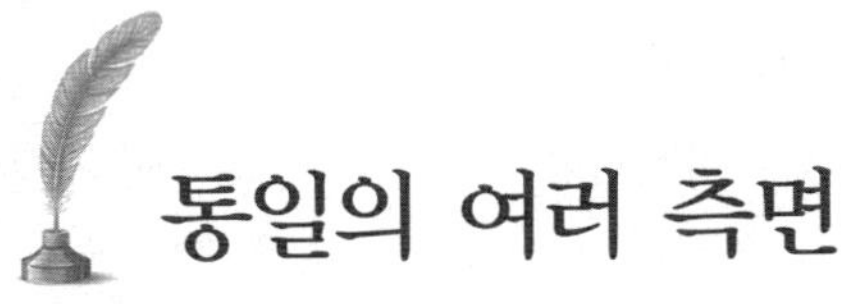

통일의 여러 측면

기독교학과 김재훈

작년 2월, 한동안 남북관계의 냉전 상태로 인해 중단되었던 남북 이산가족 상봉 행사가 금강산호텔에서 두 번에 걸쳐 진행되었다. 수십 년 만에 보는 가족들의 얼굴에 이산가족들은 얼싸안고 눈물을 흘렸다. 이틀간의 짧은 만남에도 헤어졌던 60년을 위로 받는 할머니 할아버지들을 보면서 '아 정말 통일은 먼 미래의 이야기일 뿐일까?'라는 생각이 들었다.

1950년 남북 전쟁 이후 남과 북이 나누어져 살아온 지도 60여 년이 지났다 남북 분단의 영향을 거의 받지 않고 자란 우리 청소년 세대에게 있어서 통일은 그저 우리 전 세대 사람들의 이야기로 치부해버리고 무관심한 태도를 보이게 되는 것이 사실이다. 남북 정상회담, 경의선 철도 개통, 금강산 관광 등 남북 간의 중요한 교류 활동도 단순한 뉴스거리로 넘겨버리고 마는 경우가 많다. 통일에 대한 생각 역시 마찬가지이다. 오랜 기간 다양한 측면에서의 괴리감이 심화되어 남과 북의 이질성을 강하게 의식하는 우리는 통일을 더 멀고 어렵게만 느끼게 되었다. 그렇지만 이제 우리는 통일을 우리의 문제로 받아들여야 한다. 오래 기간 분단되어 있었던 만큼, 통일은 과거에서 현재로 더 나아가 미래에서도 꾸준히 풀어나가야 할 숙제라는 것을 인식해야 한다.

먼저 우리는 구체적인 통일의 '방안'을 생각하기 전에 통일에 대한 '인식'을 새롭게 바꾸어야 한다. 단순히 '나라를 합치고 휴전선을 철거하고 북한을 안고 가'는 부담과 숙제로서의 통일이 아니라 오랜 기간 굳어진 단절의 인식을 없애고 통일을 긍정적으로 바라보려는 시각을 키워야 한다. 통일은 단순히 두 개의 정부를 하나의 체제로 만들어가는 과정이 아니라 사회, 정치, 경제, 문화, 등 사회의 모든 방면에서의 '통합'을 의미한다. 더욱이 통일은 힘과 전쟁이 아닌 대화 타협을 통한 서로간의 이해와 존중을 바탕으로 이루어져야 한다는 것을 알아야 한다. 통일에 대한 이러한 올바른 인식과 적극적인 관심의 지속을 통해 우리는 통일이라는 문제에 한 발짝 더 다가설 수 있게 될 것이다.

그 다음으로는 통일이 이루어져야 하는 이유를 사회의 다양한 측면에서 새롭게 바라보아야 한다. 과거와는 달리 문명이 발달하고 사회가 안정적으로 정착되면서 우리는 새로운 변화를 두려워하게 되었고, 그러한 두려움은 무관심으로 이어졌다. 통일이 지금의 상황에서 우리에게 손실이라는 생각이 드는 것은 어찌 보면 당연하다 그렇지만 독일의 예를 통해 알 수 있듯이 통일이 손실만을 가져오는 것은 아니다. 그러므로 사회의 여러 분야에서 바라본다면 우리는 피해를 줄이면서 우리의 숙원인 통일을 머지않아 이루게 될 것이다.

사회적인 측면에서의 통일은 근본적으로 '한반도의 평화 정착'이라는 점에서 큰 의의를 갖는다. 현재 우리나라는 종전이 아닌 '휴전 국가'로서 언제 다시 전쟁이 터질지 모르는 시한폭탄과도 같은 위험한 상태에 있다. 따라서 통일이 된다면 이는 우리나라뿐 아니라 전 세계의 모든 나라가 안전한 사회를 유지 발전시킬 수 있다는 측면에서 뜻 깊은 의미를 지니게 될 것이다.

정치적인 측면에서 통일이 된다면 그 동안 대북, 반공정책과 같은 대북정책에 더 이상 필요 없는 힘을 쓰지 않아도 된다는 큰 장점이 있다. 또한 그 동안 종북 논쟁과 같은 남과 북의 이념간의 논쟁으로 우리는 많은 시간과 힘을 써왔다. 이러한 이념 논쟁이 사라지면, 정부는 정치적, 군사적으로 더 안정된 상황을 지속할 수 있으므로 민생에만 신경 쓸 수 있게 되어 좀 더 나은 정치발전에 밑거름이 될 수 있다.

경제적인 측면에서의 통일은 먼저 그 동안 국방을 지키기 위해 투입된 천문학적 단위의 예산들과 군비의 상당부분을 절감할 수 있게 되는 장점이 있다. 한 해에 소요되는 우리나라의 국방예산은 약34조원으로 세계11

위 수준이다. 우리나라의 경제사정을 생각하면 너무나도 많은 예산이 국방비로 들어가는 것이다. 통일이 된다면 상당부분 절감되어 절감한 예산을 다른 곳으로 쓸 수 있게 된다는 점 또한 경제적 측면에서의 장점 중 하나이다. 두 번째로 북한에 매장되어 있는 지하자원의 가치이다. 현재 북한에는 매우 많은 지하자원들이 매장되어 있는데 이는 우리나라의 20여년치정도의 석유사용량과 비슷하다. 이 자원들이 개발된다면, 통일로 인한 피해액의 상당부분도 회복할 수 있을 것으로 예측된다. 그러므로 통일을 통해 우리의 경제력은 통일이전과는 확연히 다른 모습으로 발전할 것이다.

문화적인 측면에서의 통일은 아직 긍정적 측면에서의 성과보다는 많은 해결해야 될 문제를 떠안게 되는 것이 현실이다. 아직까지 우리나라는 공산주의라는 이데올로기에 대해 부정적인 것이 사실이다. 따라서 통일이 된다면 남과 북의 이념충돌이 문제가 될 것이다. 또한 우리말과 북한 말의 차이로 언어생활에 큰 제약과 불편함을 초래하게 될 것이다. 반면 남과 북의 문화재들은 통일 후 우리나라의 문화적인 가치를 높여주고 대 내외적으로 자부심을 키워줄 것이다.

지리적인 측면에서 보면 통일된 한국의 지정학적 위치는 한반도를 넘어 중국은 물론 러시아를 넘어 유럽까지 이어지는 대륙횡단철도의 시작점으로서 뿐만 아니라 무역의 거점이 되어 엄청난 경제적 시간적 이익을 가져다 줄 것이다.

앞서 언급한 바와 같이 남과 북의 통일은 우리역사 발전에 있어서 매우 중요한 일면을 차지하고 있다. 강조했듯이 통일은 우리민족에게 많은 이점을 가져다주기에 더 이상 통일을 먼 미래에 문제로 치부할 수 없다. 지난 60여년의 세월 동안 그 동안 다져온 통일의 기반 위에 우리 청소년들은 올바른 통일인식과 관용의 자세로 남북문제에 적극적으로 관심을 가져야 한다. 더불어 정부는 북한에 대해 지속적인 관심과 교류를 통해 머지않아 다가올 그 날을 위해 힘써야 한다.

대한민국 통일, '득'인가 '실'인가?

유기신소재파이버공학과 장덕수

대한민국 국민이라면 모두가 알고 있듯 대한민국은 분단국가이다. 대부분 대한민국 학생들은 어렸을 때부터 선생님과 어른들로부터 "통일을 해야 한다"는 말을 질리도록 들으며 커왔을 것이다. 그러나 중요한 점은, 그들이 단순히 들어만 왔지, 정작 그 필요성은 많이 느끼지 못하고 있다는 것이다. 그렇다면, 여기서 다시 한 번 생각을 해 보도록 하자, "대한민국 통일, 과연 필요한 걸까?"

"6·25 전쟁"이라 널리 알려진 "한국전쟁"을 직접 겪은 세대들, 또는 그 세대의 자식들은 "통일을 해야 한다"는 입장을 가진 사람이 많을 것이다. 반면 젊은 세대일수록 통일의 당위성에 대해 근본적인 의문을 제기하는 사람이 많을 것이다. 이러한 입장 차이가 존재하는 까닭은 아마 오늘날의 젊은 세대들은 전쟁을, 그리고 전쟁으로 비롯된 상황들을 전혀 겪지 않았기 때문일 것이다. 이제 곧 스무 살이 되는 1997년생들은 IMF 이후에 태어나서 한창 경제가 발전하는 대한민국을 보며 커왔다. 눈부시게 발전하는 사회 속에서 풍요에 익숙한 사람으로 성장한 것이다. 이들은 6.25 전쟁 이후에 우리나라가 어떠한 상태였는지 그리고 사람들 사이에 어떠한 일들이 있었는지에 대해서는 전혀 알지 못한다. 그런 사실들은 단순히 '역사책에 쓰여 있는 사실'로 치부해 버린다. 그렇게 정확한 사건을 겪어 보지 않은 세대로서는, 이를 직접 겪어 본 세대가 말하는 '통일'의 개념을 완벽하게 이해를 할 수 없는 건 너무나도 당연한 사실이다. 심지어 젊은 세대 사이에서는 "통일을 하게 되면 남한이 북한을 먹여 살려야 한다"는 말을 할 정도로 통일에 대해서 부정적인 시각이 많은 것도 사실이다. 이미 남한에서도 노인 부양 문제 등으로 충분히 고생하는 젊은이들로써는 북한의 경제 수준을 높이기 위해 그들이 나서야 할 의무를 느끼지 못하는 것도 무리는 아닐 것이다.

그렇다면 정말 통일은 필요하지 않을까? 나는 이 질문에 "No!"라고 대답하고 싶다. 그러나 만약 대한민국과 조선민주주의인민공화국이 시간을 갖고 그 차이를 좁혀 나가다 통일을 이루어냈을 때는 분명히 그에 준하는 이점이 있을 것이다. 당연히 현재로써는 이념 자체가 다른, '별개의 두 나라'라 해도 될 만큼의 차이가 있다. 그러나 이는 충분히 통일을 위한 토대를 준비하면서 해결될 수 있다고 생각한다. 모든 사람이 동의하지는 않겠지만, 나는 통일을 했을 때 '실'보다는 '득'이 된다고 생각한다.

어떤 점이 '득'이 될 수 있을까? 크게 세 가지로 나누어 볼 수 있다. 먼저 통일을 하면 통일-대한민국은 무한한 발전 가능성이 있고, 두 번째 동북아시아 정세 및 아시아-태평양 국가들 사이에서 대한민국의 위상이 높아질 수 있으며, 마지막으로 고려 이후로 역사와 얼을 함께 나눈 한 민족이다. 이렇게 세 가지 이유를 두고 보면 대한민국은 조선민주주의인민공화국과 통일을 해야 한다.

우선, 첫 번째 이유를 좀 더 자세히 살펴 보자. '무한한 발전 가능성'이라고만 하면 상당히 모호한 표현이 될 것이다. 그러나 실제의 예를 들어 보면 상당히 다른 느낌으로 와 닿을 것이다. 분단이 되었다가 통일한 '독일'의 경우를 보면, 통일의 영향은 실로 엄청나지 않을 수 없다. 1945년, 제2 차 세계대전 패전국이 된 독일은 소련군이 진주한 동독, 연합군이 진주한 서독으로 분할 통치되었다. 그러다가 1949년 양 국에 독립된 정부가 설립되며 분단이 공식화되었다. 결국 1990년 10월 3일에서야 통일이 이루어지게 되었는데, 통일을 하면서 파산까지 이르렀던 동독 경제의 회복, 동독과 서독의 경제적 격차 해소, 재산권 문제 등 국가 차원에서 해결해야 할 문제는 대단히 많았다. 그러나 이는 2015년 현재, 아주 작은 격차만을 남겨둔 채 대부분 해결이 되었다고 볼 수 있을 것이다. 특히 독일은 2015년 IMF 기준으로 $3,413,500,000,000(3조 4135억 달러)의 규모로 세계 4위를 달리고 있을 정도로, 실로 엄청난 도약을 이루어냈다고 볼 수 있다. 통일 이전의 독일은 '패전국'의 이름을 떼지 못하고 엄청난 금액의 배상금을 승전국 및 주변국에 지급해야 했었다. 특히 이루어낼 수 있는 산업 역시 극도로 제한적이었음에도 유럽의 대표적인 강대국으로 성장을 할 수 있게 된 원동력은 바로 통일이었다고 해도 과언이 아닐 것이다. 독일 통일의 예를 들어 보면 약 40년만의 통일이 30년 안에 얼마나 큰 성장을 이루어냈는지, 그리고 만약 대한민국이 통일을 한다면 어떤 길을 걷게 될지 하나의 예시를 보여 주는 사례라고 볼 수 있다. 다른 말로 풀어 보자면, 대한민국의 GDP는 2015년 IMF 기준 $1,435,100,000,000(1조 4351억 달러)로 세계 11위를 달리고 있고, 조선민주주의인민공화국은 GDP의 자료 자체가 무의미할 정도의 나라이지만, 만약 통일이 되어 한 나라가 된다면, 어쩌면 세계 10위 이내로 도약할 수 있는, 그리고 더불어 시민의식까지 상승한 진정한 '선진국'이 될 수 있는 기반이 마련되지 않겠는가?

두 번째로는 대한민국의 위상에 대해 이야기해보고자 한다. 한반도 통일은 동북아시아 정세에 큰 영향을 미칠 수 있고, '동북아시아'라 함은 아시아 동북부 지역, 다시 말해 좁은 범위로는 한/중/일 3개국을 가리키며, 넓은 의미로는 중화인민공화국 둥베이 지방과 몽골, 러시아의 극동지역을 포함한다. 현재의 동북아시아 정세는 대한민국과 조선민주주의인민공화국의 대립 관계에 따라 저기압과 고기압 사이를 움직인다고 해도 과언이 아닐 것이다. 물론 한·일, 한·중, 그리고 중·일 관계도 큰 부분을 차지하긴 하지만 가장 중대한 '전쟁의 위협' 아래 놓이는 것은 한반도의 남북이다. 반면 한반도 통일이 이루어진 뒤라면 전쟁의 위협이 사라질 것이다. 또한 한·일, 한·중 관계에서 통일 한국이 차지할 수 있는 위상 또한 더 높아질 것이다. 현재의 강대국인 중국과 일본 사이에서 무역 등의 다양한 회담에서 우위를 점하고 있지 못하는 경우가 많다. 그러나 만약 통일을 하고 난 뒤라면 이러한 인식은 상당히 많이 바뀌게 될 것이다. 특히 첫 번째 예로 든 것처럼, GDP 상승에 따른 국가 순위가 높아진다면 동북아시아 3개국 가운데 충분히 더 나은 위치에서 무역을 할 수 있고, 협약을 맺을 수 있을 것이라 믿어 의심치 않는다. 크게 보면 첫 예시로 든 '무한한 발전 가능성'에 들 수도 있겠지만, 특히 동북아시아 정세에 기여할 수 있고 그 3개국을 대표하는 나라로써 입지를 굳히게 된다면 세계 속의 인식도 충분히 바뀔 수 있으리라 생각한다.

마지막으로 대한민국 국민과 조선민주주의인민공화국 인민은 한 민족이다. 물론 둘로 분단된 지 약 70년의 세월이 흘러 많은 이산가족 구성원이 고령으로 사망했기에 그 숫자는 점점 줄어들 수밖에 없다. 그러나 대한민국과 조선민주주의인민공화국 사람 모두단군의 정기를 받은 '대한사람'이라 볼 수 있을 것이다. 대한사람으로써의 얼을 반만 년 역사 동안이나 함께해 왔는데, 이를 한 순간에 끊어 버리는 것이 옳은 일일까? 나는 최소한 아니라고 본다. 인정하기 싫을 수도 있겠지만, 조선민주주의인민공화국과 대한민국은 한 가족이라고 생각한다. 가족을 챙기지 않는 사람이 있을까? 지금은 떨어져서 살고 있을지라도 만났을 때 어색하지 않은 것, 그게 가족이라 생각한다. 그리고 대한민국과 조선민주주의인민공화국 국민들도 반만 년 역사를 함께 해 온 가족이기에 단칼에 한 민족으로써의 연을 끊는 것은 부당한 일이라 생각한다.

물론, 통일에 반대하는 타당한 이유 또한 충분하다. 그리고 그 때문에 통일이 우려되는 것 역시 틀린 말이 아니다. 그러나 장기적으로 봤을 때, 통일을 하지 않았을 때보다 통일을 했을 때 얻을 수 있는 것이 훨씬 많을 것이다. 가장 근본적인 예를 하나 들어 보자면, 통일을 하고 나면 과거 조선민주주의인민공화국 땅에 필요한 인프라 (사회기반시설) 등을 구축하는 비용은 상당히 들 수 있을 것이나, 그 비용 이상의 이득은 생기기 마련이다. 그리고 꼭 한 번에 모든 것을 해결해야 하는 것이 아니기 때문에, 한 걸음씩 떼면 통일을 반대해야 하는 까닭은 없을 거라 본다. 하나의 얼을 공유한 한민족의 얼, 우리 한민족이 동북아시아를 넘어서 세계의 정상에 우뚝 설 수 있는 그 날까지 통일을 위한 대한사람의 아우성은 계속되어야 한다고 생각한다.

"That's one small step for a man, one giant leap for mankind." 나에게는 작은 한 걸음일 뿐이나, 인류에게는 큰 도약이 될 것이다. 이는 닐 암스트롱(Neil Armstrong)이 달에 착륙하면서 했다고 알려진 명언이다. 나는 이 명언이 한반도 통일에도 적용되어야 한다고 생각한다. 우리 세대에게는 작은 발걸음이지만, 한반도 전체의 사람들과 한반도에 태어날 후손에게는 큰 도약이 될 수 있을 '통일', 이는 우리나라 사람 '대한사람'이라면 꼭 이룩해내야 할 과제라 생각한다.

제8장

통일한국의 리더십은 인식의 변화부터

들머리

차경문(베어드학부대학 교수)

'통일한국의 시민상'이란 거창한 말을 꺼내기 전에 잠시 나의 어린 시절 속에서 통일의 의미를 되돌아보고 싶습니다.

나의 어린 시절인 1970년대는 북한과 남한의 경제사정이 역전되어 조금씩 남한의 경제사정이 북한보다 나아지고 있는 시기였습니다. 이 시기 통일이란 의미는 아무도 그 진위를 따지지 않는, 단어 그대로 우리 모두의 소원이었습니다. 제 기억에도 통일이 싫다는 말을 들어본 기억이 없습니다. 물론 자기의 자유의사를 표현하기 힘든 시대적 상황도 있었지만, 거의 대다수의 한국 국민이라면 같은 심정이었던 시기입니다. 아마도 그 시기 남북한 생활수준이 엇비슷한 이유도 있었을 겁니다.

하지만 남한의 경제력이 북한을 압도하기 시작하면서 통일의 주도권을 남한이 가져오게 된 것도 이때부터입니다. 그 전까지만 해도 통일보다는 반공에 더 의미를 둔 시절이었습니다. 학생들은 이해할 수 없겠지만 70년 이전까지만 해도 통일은 경제적으로 앞선 북한이 더 주도권을 가지고 있었습니다. 우리는 북한이 제안하는 통일을 '적화통일'이라고 해서 북한의 제안에 결코 찬성할 수 없던 시기를 지나온 것이지요. 이후 동구권 사회주의 몰락과 함께 북한의 경제사정이 급락하게 되고, 반대로 우리는 중화학공업을 통한 경제 도약으로 '한강의 기적'을 통해 잘살게 되니 서서히 통일이란 단어는 우리 마음속에서 부담스러운 단어로 변질된 것일 수도 있습니다.

이 시기 항상 흥얼거렸던 '우리의 소원'이란 노래는 아직도 생생히 기억에 남아 있습니다. 이 노래는 1947년 세상에 처음 나온 이후 남한에서만 불리어지다가 1989년 현 국회의원인 임수경의원이 대학생 신분으로 북한을 방문해서 부른 뒤 북한에서도 널리 퍼져, 이제는 남북한 모두가 좋아하는 노래가 되었습니다. 이 노래에서도 알 수 있듯이 남과 북의 우리 민족은 마음속에 '통일이여 어서 오라'라는 노래 가사가 모르는 사이에 가슴 깊이 새겨져 있는 것입니다.

가슴속에 깊이 새겨진 통일의 벅찬 의미를 이제는 다시 꺼내어야 합니다. 한국은 이제 '잘사는 형'이 되었으니, 이제는 '못사는 동생'이 되어 버린 북한을 한 가족으로 끌어안고 가야 합니다. 한 핏줄을 나눈 가족이라면 당연히 그래야함은 누구도 부정할 수 없을 것입니다. 그럼 자연스럽게 통일한국의 시민상이 무엇이 되어야 하는지 누구나 알 수 있습니다. 우리가 사는 현재를 보면 앞으로 통일한국에서 우리가 가져야할 시민상이 무엇인가에 대한 답은 어렵지 않게 찾을 수 있습니다.

지금 우리가 사는 사회는 말 그대로 양극화 사회입니다. 거의 모든 사회현상에서 양극화 현상을 목격할 수 있습니다. 여기에서 우리는 늘 궁금해 합니다. 우리사회를 둘로 나누어 놓은 양극화의 원인은 무엇일까? 원인은 아는데 답을 찾기가 쉽지 않습니다. 원인은 70년 전 해방 후 분단의 시기부터 다시 되짚어 오다보면 답을 찾을 수 있습니다. 해방이라는 기쁨도 잠시 강대국의 틈바구니에서 이념이라는 잣대에 남과 북이 나눠게 되고, 심지어 피를 나눈 형제가 서로에게 총부리를 겨누는 있어서는 안 될 동족상잔의 비극을 경험한 우리 민족은 남과 북으로 나뉘어 철천지원수가 되어 지금에 이르게 됩니다. 이 과정에서 분단이데올로기가 빠진 우리 사회는 아무도 인식하지 못하는 사이에 남과 북의 사이처럼 '내편 아니면 적'이라는 의식이 내면에 깊게 뿌리박혀 버립니다. 교육현장도 누군가를 앞서야 한다는 논리로 학생들을 입시지옥에 몰아넣고 있으며. 사회생활에서도 '남을 누르고 경쟁이 이겨야 살아남는다'는 약육강식이 공식이 되어 버렸습니다.

평화와 분단의 속성을 이해하면 70년 분단의 아픔과 이로 인해 양극화된 우리사회를 치유하고 통일시대를 열 '통일한국의 시민상'이 무엇인지 쉽게 이해할 수 있을 것입니다. 평화의 속성은 상호존중, 신뢰, 화해, 협력, 나눔, 배려, 관용, 포용, 사랑, 행복입니다. 그럼 지금까지 우리사회를 제단하고 있는 분단의 속성은 무엇일까요? 바로 상호부정, 불신, 적대, 대립,

반목, 질시, 비난, 폄하, 폭력, 전쟁입니다. 평화와 분단의 속성을 잠시만 보더라도 남과 북 모두 이제부터라도 평화의 속성을 '통일한국의 시민상'으로 삼고 하나하나 실천해 나아간다면, 우리는 그리 어렵지 않게 통일로 다가설 수 있고, 통일 후 70년간 생겨난 분단의 문제를 어렵지 않게 해결할 수 있습니다.

어디든지 답은 가까운 곳에 있습니다. 앞에서 말한 평화의 속성 또한 우리가 모두 알고 있고 심지어는 누구나 좋아하는 단어들입니다. 그냥 우리는 조금의 용기만 가지고 실천하면 됩니다. 예수님 말씀처럼 '원수를 내 몸과 같이 사랑하라'라는 마음가짐으로 남과 북이 서로를 대한다면 무엇이 문제가 되겠습니까?

숭실대학교 학생들이 통일에 대해 쓴 글을 읽었습니다. 글을 읽으면서 문득 작년에 2015학번 학생들을 인솔하고 임진각(DMZ탐방)과 문경 통일리더십연수원에서 3박4일 동안 같이 함께한 시간이 떠올리게 되었습니다.

첫날 어두움이 가득한 얼굴의 학생들을 이끌고 교육을 시작하는 교수님들 그리고 운영진선생님들도 역시 하루하루가 긴장과 부담의 연속이었습니다. 처음 대다수의 학생들은 통일에 대해 부정적이거나 관심이 없는 게 현실이었습니다. 하지만 조금만 속을 살펴보면 원인은 간단했습니다. 잘 모르기 때문에 관심이 없을 뿐이었고, 관심이 없다보니 통일이라는 단어조차 귀찮고 부담스럽게 느껴졌을 것입니다.

현 시대는 넘쳐나는 정보 속에 진짜 정보를 찾기는 더 어려운 시대라고들 말합니다. 어떤 사람들은 안타깝게도 넘치는 정보 속에서 북한이 매일같이 인민들을 굶어 죽어도 핵을 개발하고 미사일을 쏘아대는 무서운 집단으로만 인식하게 되었습니다. 이런 북한과 통일한다는 것은 상상도 할 수 없을 일이겠죠. 우리가 감당하기 어려울 통일비용 발생과 사회 불안 등의 어두운 정보에 노출되다 보니 통일이 그리 달가울 수만은 없을 것입니다.

하지만 3박 4일의 시간동안 우리 학생들은 휴전선 인근에서 북한이 판

땅굴에 들어 가보고, 개성공단이 보이는 전망대에서 직접 북한을 바라보면서 70년에 걸친 분단의 아픈 과거와 현재를 느껴보았으며, 북한으로 통하는 관문인 '남북출입사무소'에서 통일의 미래를 그려볼 수 있었습니다. 이후 '숭실통일리더십연수원'에서 해방 전후 한민족의 아픈 역사와 그 결과로 시작된 분단의 아픔을 이념이 아닌 있는 사실을 토대로 배우게 됩니다.

신기하게도 우리 학생들은 이 짧은 시간 동안 처음의 부정적인 인식과는 반대로 통일의 의미와 필요성에 대한 생각을 스스로 정리하고 종합하면서 기성세대들도 생각하지 못한 다양한 통일의 미래를 그려 내는 것을 목격할 수 있었습니다. 학생들이 주는 감동에 하루하루가 벅찬 경험들로 채워진 시간이었습니다. 지금은 작년보다 많은 부분 프로그램이 개선되어서인지 우리 학생들이 훨씬 나은 모습으로 3박4일을 지내게 되어 기쁩니다.

〈통일, 그리고 나〉를 쓴 화학공학과 박재연 학생은 초중등교육시절부터 대학생이 된 지금까지 통일에 대한 기억을 쉽게 잘 풀어주셨습니다. 초등학생시절 쓴 시는 큰 상을 받을 만하군요. 이후 여러 차례 목격한 북한의 도발로 인한 부정적인 걱정의 마음을 뒤로하고, 대학생이 되어서 참석한 '숭실통일리더십스쿨'의 전 과정을 마치 일기처럼 알기 쉽게 풀어주면서도 3박4일의 짧은 시간동안 통일에 대한 자신의 생각이 나름대로 잘 정리된 학생의 생각을 읽을 수 있었습니다. 이 글을 후배학생들이 읽는다면 '숭실통일리더십스쿨'에 대해 친숙하게 느낄 것 같아 고맙기도 합니다.

단지 '숭실통일리더십스쿨'에서 경험한 학습의 경험이 한때의 추억으로 자리 잡지 않길 바랍니다. 이 교육의 목적은 좋던 싫던 통일시대를 살아가야 하는 우리 젊은 학생들에게 통일시대에 펼쳐질 무한한 기회를 누구보다도 빨리 잡아 통일시대를 선도할 지도자로 준비시키고자 함에 있습니다. 그러기 위해서는 계속적으로 통일에 대한 관심과 함께 본인의 전공분야가 통일시대에 어떻게 활용할 것 인지에 대한 지속적인 고민과 준비가 필요합니다. 이미 선진국의 대학생들 중 적지 않은 수의 학생들은 북한을 전 세계에 마지막 남은 블루오션으로 인식하고 북한이 개방될 때를 대비하여 본인들의 역할에 대해 준비하고 있다고 합니다.

소프트웨어학부 신용구 학생의 〈다를 바 없는 한민족〉은 금강산 관광이라는 쉽지 않은 경험에 대한 글입니다. 금강산을 다녀오지 못한 저에게는 좋은 간접경험이 되었습니다. 단지 열 살이라는 어린 나이에 경험한 일이라서 그런지 지금은 누구도 경험 할 수 없는 큰 사건에 대한 의미 부여가 부족할 수밖에 없어 조금은 아쉽습니다. 빠른 시일 내에 북한을 제한적이나마 방문할 수 있는 기회를 가지게 되길 기대해 봅니다.

그리고 십 년 뒤 신용구 학생은 '숭실통일리더십스쿨'을 다녀와서의 변화된 인식에 대해 정확한 시각으로 글을 썼습니다. 내용 중 통일(북한)에 대한 자세한 정보를 알고 있는 학생이 적은 것을 깨달았다라고 했습니다. 아마도 '숭실통일리더십스쿨' 교수진들이 가장 뿌듯해할 내용일 겁니다. 우리 학생들이 통일(북한)에 대해 사실에 입각한 정보를 토대로 통일에 대한 생각을 정리하고 이를 통해서 자신의 미래를 준비할 수 있도록 하는 것이 목적이므로, 학생이 이런 사실을 알았다는 것 자체가 '숭실통일리더십스쿨'의 교육목적을 알았다는 반증일 겁니다. 이 역시 지적호기심을 토대로 진리를 추구해야 하는 우리 대학생들이 가져야할 자세이겠죠. 내용 중 교육방식에 대한 학생 나름대로의 개선의견도 잠시 피력해 주셨습니다. 이렇게 좋은 개선의견이 계속 되길 바랍니다. 마지막으로 북한이 개방된다면 남한만큼 빠른 성장속도를 보일지 모른다는 의견에는 학생의 비교적 정확한 인식이 돋보이는군요.

미국 투자의 귀재이며 로저스 홀딩스 회장인 '짐 로저스'는 2015년 CNN머니와의 회견에서 "북한 놀랍게 변하고 있다…… 내 전 재산을 투자하고 싶다"라고 했습니다. 지금은 북한의 핵개발, 미사일발사, 개성공단 폐쇄 등으로 남북관계가 전례 없이 경색되어 있지만 하루 빨리 남북이 화합할 수 있는 분위기가 조성되길 기대해봅니다.

소프트웨어학부 한지연 학생의 〈숭실통일리더십스쿨을 다녀와서〉 역시 앞서 두 글과 마찬가지로 '숭실통일리더십스쿨'의 3박4일 동안 경험한 내용에 대한 글입니다. 주로 '통일가요제', '북한문화토크콘서트', '숭실통일

광장'에서 보고 배운 내용들로 이루어져 있는데, 조금 아쉬운 게 있다면 한지연 학생 본인의 생각이 다소 부족하다는 것입니다. '숭실통일리더십스쿨' 참여 전과 후의 인식변화를 통해 이 교육에서 얻은 것이 무엇이고, 앞으로 나의 인생에서 어떻게 활용할지에 대한 조금은 진지한 자기 의견이 더 있었으면 좋았을 것 같군요.

마지막으로 글의 말미에 '통일 후 북한이 남한의 자유민주주의를 따라 주었으면 좋겠다'라고 했는데, 이는 우리의 확고한 통일정책 방향입니다. 저 또한 자유민주주의를 기본으로 통일이 이루어 질것으로 기대합니다. 다만 남과 북이 진정 하나 되는 시점에서 동등한 자격으로 통일이 이루어진다는 가정을 해보면, 남과 북이 분단되었던 지난 70년의 상처를 아픔 없이 치유하면서도 모두가 평화롭게 어울릴 수 있는 개선된 자유민주주의가 남과 북의 합의로 시행될 수도 있겠군요.

'숭실통일리더십스쿨'을 운영하면서 예전과 크게 달라진, 우리 시대를 사는 사람들이 생각하는 '통일'이란 의미를 확인할 수 있었습니다. 나의 어린 시절의 통일은 '무조건'이었습니다. 하지만 우리 젊은 학생들에게 '무조건'이라는 의미는 더 이상 통하지 않는 의미였습니다. 아마도 저보다 나이가 많으신 분들은 놀랄 수도 있습니다. 그만큼 세월이 변한 것이겠죠.

예전에는 왜 통일해야 하는가에 대한 질문에 당연히 원래 하나의 민족이므로, 이산가족의 아픔을 치유하기 위해서, 전쟁을 피하기 위해서라고 답하는 게 대부분이었습니다. 그러나 요즘 우리 젊은 세대는 이런 당위적 이유보다도 통일 후 얻어지는 경제적 이익에 대한 기대의 비중이 커지고 있습니다. 물론 이것도 통일을 해야 하는 이유임에는 틀림이 없습니다. 통일은 우리나라가 당면한 경제위기를 극복할 유일한 성장 동력이 되어 줄 것이 확실하기 때문입니다.

우리는 이러한 이유에서 한발 나아가 동북아시아를 호령했던 찬란한 역사를 뒤로하고 변방의 작은 나라로 전락한 채, 숱한 외세의 침략 속에서 겪어야했던 고통과, 심지어 나라를 빼앗겨버린 백성으로 전락한 채 뿔뿔이 흩어져 일본군위안부로 조선족으로, 고려인으로, 사할린동포로 겪어야 했던 뼈아픈 아픔의 역사를 이제는 마감하여야 할 때임을 인식해야 합니다.

혹자는 지금으로도 만족한다, 통일이 되면 가난한 북한 때문에 우리도 힘들어진다, 사회적 혼란이 커질 것이라고 통일을 우려합니다. 하지만 우려는 잠깐입니다. 남과 북이 통일이 되면, 영토는 과거 전 세계를 호령했고, 지금도 선진국인 영국과 비슷해지고 인구는 8천만에 이르는 세계 어느 나라도 함부로 대할 수 없는 규모의 나라가 됩니다. 남과 북의 국방력만 보더라고 알 수 있고, 북한의 지하자원과 우리의 기술이 만나 발생되는 엄청난 발전효과는 예측이 어려울 정도입니다. 우리가 통일이 된다면 그 결과는 엄청 날것으로 전 세계에 저명한 학자와 전문가들이 예측하고 있습니다.

쉽게 말해 세계 속에서의 우리 위상이 객관적인 2등 국가(국민)에서 1등 국가(국민)으로 단번에 올라갈 수 있는 절호의 기회가 목전에 있습니다. 이제는 우리 스스로가 만들어가야 합니다. 하지만 주변 4대 강대국의 남과 북을 바라보는 서로 다른 생각과 남과 북의 오랜 분단이 가져온 많은 차이로 인해 통일이 그리 쉽지는 않아 보입니다. 여러 가지 고려할 것을 많지만 가장 중요한 것은 우리의 통일에 대한 확고한 의지가 가장 중요합니다. 우리 학생들의 미래에는 반드시 남북한의 동질성이 회복되어, 세계에서 으뜸가는 부강한 나라의 국민으로 행복한 삶을 살아가게 되길 고대합니다.

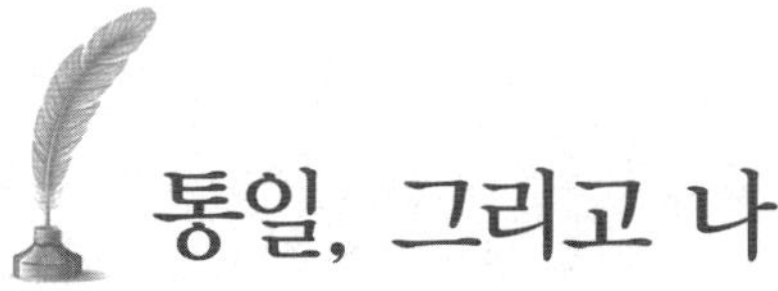

통일, 그리고 나

화학공학과 박재연

1.

강의실을 나와 지하철역으로 향하던 중에 학교를 바라보았다. 대학생으로서의 첫 학기를 맞이하는 나를 푸르게 반겨주었던 그 때와는 다르게 캠퍼스는 사뭇 진지했으며 차분한 내음을 풍기고 있었다. 잔잔한 마음으로 다시 발걸음을 옮기려는 그 때, 문득 이런 생각이 들었다.

'평양에서 뿌리를 내려 지금까지도 역사를 이어오고 있는 나의 숭실, 통일 숭실에서 나는 과연 통일과 얼마나 가까운 사람이었나?'

생각해보니 나에게도 통일이 그렇게 멀지는 않은 단어였던 것 같다. 적어도 초등학교 시절의 나, '박재연'은 말이다.

2004년에 개봉한 '태극기 휘날리며' 라는 영화가 개봉을 했다. 그리고 내가 이 영화를 접했을 때가 2005년 여름이었다. 이 영화는 6.25 전쟁 당시의 상황을 그린 영화인데 영화 속에 형제애가 잘 묻어나 있어 당시 큰 인기를 끌었던 영화이다. 당시 초등학교 4학년이었던 나는 이 영화를 보고 전쟁의 무서움과 잔인함을 느꼈다. 어린 나이에 전쟁의 참혹함을 보았던 나는 통일을 꼭 이루어야겠다는 마음에 대통령이란 꿈까지 꾸며 다짐했었다. 지금 생각하면 정말 터무니없는 생각이지만 그 때의 나는 얼마나 심각했는지 모른다.

2.

한 때는 통일이 나에게 매우 큰 기쁨을 안겨준 적도 있었다. 초등학교 6학년 때의 일이다. 학교에서는 한참 통일을 주제로 많은 활동을 하고 있었다. 그 중 가장 큰 행사를 꼽으라면 단연 통일 백일장이 아니었을까 싶다. 통일 백일장은 우리 학교뿐만 아니라 서울시에 있는 모든 초등학교에서 다 같이 실시하는 대규모의 공모전이었다. 교내에서 백일장을 열어 3명씩을 뽑고, 이들을 모아 다시 구에서 3명을 뽑았다. 그리고 이들 중에서 다시 서울시의 대표를 정하여 최종으로 전국 시 경합을 벌여 대통령상장을 수여받게 되는 큰 대회였다. 당시 초등학생 치고는 엄청난 독서량(1년에 약 100권)을 자랑했고 평소에도 문학을 좋아해 동대문 도서관에서 시집과 소설을 많이 빌려 보았던 나는 시 부문에 참가하기로 했다. 정확한 요일은 기억나지 않지만 학교에서 날을 잡아 하루 종일 백일장이 열렸던 것으로 기억한다. 그 당시 감성 면에서는 둘째가라면 서러운 나였지만 막상 시를 쓰려니 머릿속이 하얘졌다. 한참을 고민하던 끝에 잠시 휴식을 취할 겸 창문을 통해 교정을 바라보았는데 옹기종기 예쁘게 피어있는 꽃들이 눈에 들어왔다. 이 모습을 보며 우리가 하찮게 여기는 저 꽃들도 편 가르지 않고 어우러져 살아가는데 좁은 한반도에서 서로 편 가르며 살아가는 우리들의 모습이 참 안타깝다고 느껴졌다. 이 때 번뜩 시상이 떠올랐고, 그렇게 잘 써지지 않던 시가 단숨에 써졌다. 이 시로 나는 서울시에서 무려 2등을 하게 되었고, 동시에 서울시 경찰청에서 시 부문 우수상을 받게 되었다. 안타깝게 1등을 하지 못해서 시 대표로 뽑히지는 못했지만 그래도 통일이란 주제를 가지고 내가 이뤄낸 가장 큰 업적이 아닐까 싶다. 서울경찰청에서 상을 받았다는 시를 잠시 감상해보자.

꽃과 같이

저기 저 한반도 위 휴전선을 두고
으르렁 대는 사람들을 보라

같은 피를 나누고 같은 말을 쓰며
같은 역사를 간직한 한 민족이
니 땅 내 땅 편 가르고 총부리를 겨누니
아! 이 얼마나 안타까운가

저기 저 휴전선 너머
아름다운 꽃들을 보라

니 꽃 내 꽃 편 가르지 않고 함께 있으니
아! 이 얼마나 정다운가

우리도,
꽃과 같이
살아가야 하지 않겠는가?

남한 북한 우리 모두
꽃 같은 마음으로 통일을 이루자

지구에 사는 모든 사람들이여
우리 모두 꽃 같은 마음으로
함께 더불어 살아가자

3.

2010년 11월 23일 나는 학교에서 기말고사를 대비해 열심히 공부를 하고 있었다. 국어시간이 되고 선생님이 들어오시자 뜻밖의 말을 하셨다. 지금 연평도에 북한이 포격을 가해 민간인과 군인이 죽었다는 것이었다. 다행이 많은 사상자가 나오지는 않았지만 근래 들어 북한이 우리에게 행사한 명백한 범법행위이자 살인행위였다. 선생님은 몇 년 전 연평도 바다에서 벌어진 연평해전에 대해서도 말해주셨다. 지금에야 '연평해전' 이란 영화도 나오고 최근 벌어진 북한의 도발 때문에 사태의 심각성도 잘 알고 있지만 그 당시의 나로서는 '전쟁이 난 것도 아닌데 이렇게 심각한 일일까?' 하는 생각이 들었던 것이 사실이다. 하지만 그 동안 잊고 살았던 북한이란 존재에 대해 상기할 수 있는 사건이었고, 우리가 아직 전쟁 중이라는 사실도 깨달았다. 아직까지도(불과 3달 전만 해도) 북한의 도발은 잊었다 싶으면 한 번씩 일어나고 있고, 우리나라도 이에 대응하고 있어 긴장상태를 유지하고 있다. 이처럼 반복되는 도발과 대응에 국민들은 지치고, 이제는 '또 시작이로구나' 하며 새삼스럽게 생각하지 않을 수도 있다. 나부터도 벌써 그런 생각을 하기 때문이다. 그러나 전쟁의 공포를 지금 당장 피부로 느낄 수 없다고 해서 이러한 상황이 끝난 것은 아니다. 통일이 되지 않는 이상 북한의 도발은 계속될 것이고, 언젠가 전쟁이 일어나지 않으리란 법은 없다. 그 때의 그 사건, 연평도의 아픔처럼 말이다.

4.

2015년 5월의 어느 날 아침, 나는 한가득 짐을 싸들고 학교로 향했다. 학교를 가는데 무슨 짐이 필요하나 싶겠지만 이 날은 '한반도와 평화통일' 과목 중 하나인 '숭실통일리더십스쿨(이하'스쿨')에 참여하는 날이기 때문에 어쩔 수 없이 챙겨야 하는 짐이 많았다. 3박 4일, 짧다면 짧고 길다면 긴 여정을 지내야 했기 때문에 가방 안은 옷과 속옷으로 가득했다. 나는 스쿨에 참여하는 것에 대한 거부감이 컸다.(아마 거의 대부분의 학우들이 그렇게 느꼈을 것이다.) 과목도 '한반도와 평화통일'이란 낯선 이름을 가진데다가 추가로 3박4일 스쿨을 간다고 하니 무엇을 하든지 무척 지루하고 재미없을 것만 같았기 때문이다. 더욱이 같은 과 친구들과 함께 가는 것이라면 지루함이라도 덜하겠지만, 나는 당시 ROTC 체력검정시험 때문에 참가 날짜가 미뤄져서 생소한 컴퓨터 공학과 학생들과 같이 가게 되었기 때문에 걱정이 더했다. 그나마 ROTC 시험을 함께 본 상혁이와 희원이라는 친구가 함께 가게 되어서 혼자 밥은 먹지 않아도 되겠다며 안도했다. 첫날에는 숙소로 가기 전에 휴전선 인근의 민통선 구역을 견학했다. 직접 북한과 얼굴을 맞대보고 망원경을 통해 북한지역의 모습을 살펴보니 느낌이 달랐다. 이렇게 군사 분계선을 두고 한걸음만 걸으면 닿을 것 같은 거리인데 서로 총을 겨누고 있는 상황이라니 왠지 기분이 씁쓸해지기도 했다.

견학을 마치고 숙소로 돌아와 밥을 먹었다. 먼저 다녀온 동기들의 말로는 밥이 맛있다더니 정말 맛있는 식사였다. 저녁에는 전체적인 교육이 어떻게 진행되며 마지막 날 있을 프레젠테이션이 어떤 주제인지에 대한 설명이 있었다. 그리고 간단한 통일관련 교육을 받았다. 일정과 규칙이 빡빡하다고 알려져 있던 것과는 달리 비교적 자유로운 부분도 있었고, 일정 진행의 중간에 쉬는 시간도 충분히 주어져서 그다지 피곤하지는 않았다. 다음날에는 가요를 개사하여 부르는 통일 가요제가 있었고, 통일관련 영화('크로싱')도 감상했다. 그리고 토크 콘서트 등도 진행되었다. 영화 '크로싱'을 감상할 때는 이산가족의 아픔과 분단의 현실이 그들에게 주는 참담함을 느낄 수 있었고, 통일의 필요성에 대해 더 생각해보는 시간을 가졌다. 특히 토크 콘서트 시간이 가장 좋았는데, 우리가 평소에 북한에 대해서 잘 못 알고 있는 사실들에 대해서 새로운 생각을 가지게 되었고, 궁금했던 것들을 물어볼 수 있는 기회가 있어서 좋았다. 또 탈북자 누나, 형들이 들려주는 탈북스토리는 영화를 방불케 하는 스토리와 함께 엄청난 스릴을 주었다.

다음 날에는 탈북자를 군대에 보내도 되는가를 주제로 토론하는 시간을 가졌는데, 나는 반대 측 입장 대표로서 열띤 토론을 하였다. 이후에 여러 교육들과 레크리에이션이 진행되었다. 모든 과정이 끝나고 밤에는 마지막 날에 발표할 통일 프레젠테이션 준비를 했다. UCC, 콩트, 연극, 프레젠테이션 등 다양한 방법으로 발표하는 과정인데 수료를 위한 마지막 관문이었다. 우리 조는 간단한 프레젠테이션 발표를 하고, 동영상UCC를 찍기로 했다. UCC는 통일된 후에 북한 청년들과 남한 청년들이 대학생활을 하면서 겪게 되는 여러 가지 갈등을 주제로 상황을 재미있게 묘사하였다. 우리 조원들의 연기력이 빛나는 순간이었다. 그렇게 통일캠프에서의 마지막 날 밤은 깊어갔다.

마지막 날 우리는 마지막 발표를 마치고 밥을 먹은 후에 집에 가는 차에 올랐다. 3박 4일 동안 정들었던 조원들과 인사를 나누었다. 자리에 앉아 지난 3박 4일간의 여정을 찬찬히 되짚어 보았다. 그렇게 오기 싫었던 캠프였지만 막상 캠프에서 진행하는 일정에 적극적으로 참여하게 되었고, 생각보다 얻어가는 것이 정말 많은 경험이었다. 지금 와서 생각하는 것이지만 이 캠프가 나에게는 무엇인가 추상적이기만 했던 통일에 대해서 더 확고한 신념을 가지게 되었던 계기가 되었던 것 같다. 여담이지만 그 캠프를 통해서 여자 친구도 생겼으니 나에겐 큰 추억거리가 될 만한 캠프가 아니었나 싶다.

5.

이렇듯 통일은 어느 새 나의 삶 속에 들어와 떼려야 뗄 수 없는 존재가 되었다. 어쩌면 나뿐만 아니라 다른 사람들도 이렇게 느끼고 있을 수도 있다. 이미 많은 국민들이 통일을 원하고 있는 것이다. 이제 무력 통일의 시대는 지났다. 너무 많은 무력 수단이 개발되었기 때문에 이제는 그것을 써서 통일을 이룬다는 것은 오히려 불가능하다. 설령 무력으로 통일을 이뤄낸다 해도 우리에게 돌아오는 것은 '통일'이라는 껍데기와 불바다로 변해버린 우리의 '한반도'일 것이다.

네덜란드 사람인 '데시데리우스 에라스무스'는 이렇게 말했다.

"전쟁을 겪어보지 못한 자에게 전쟁이란 달콤한 것이다."

짧은 문장이지만 전쟁이 얼마나 위험한 것인지를 알려주는 문장이다. 이 문장을 통해서도 알 수 있듯이 이제는 무력통일이 아닌 평화통일을 이루어야 하는 시대가 다가왔다. 지금 시대는 급격히 변화하고 과학과 문명은 계속해서 발전하고 있다. 이 전쟁 없는 전쟁터에서 살아남기 위해 우리는 이제 통일을 이뤄내야 한다. 그렇다면 통일 한국에서 살아가는 우리의 자세는 어떠해야 하는가? 바로 통일을 가슴에 품어야만 한다. 내 삶에 있어서 통일이 한 부분을 차지한 것처럼 우리 모두 가슴 한 구석에 통일을 품고 살아가는 것이 세계 유일의 분단국가 대한민국 국민의 자세가 아닐까 싶다. 통일을 향한 큰 포부, 야망, 꿈 보다 더 중요한 것은 통일을 품는 것이다. 나의 가슴에 통일을 품자. 우리의 가슴에 통일을 품자. 품는 그 행위 자체만으로도 통일의 태동은 통일을 품은 그곳에서부터 꿈틀댈 것이다.

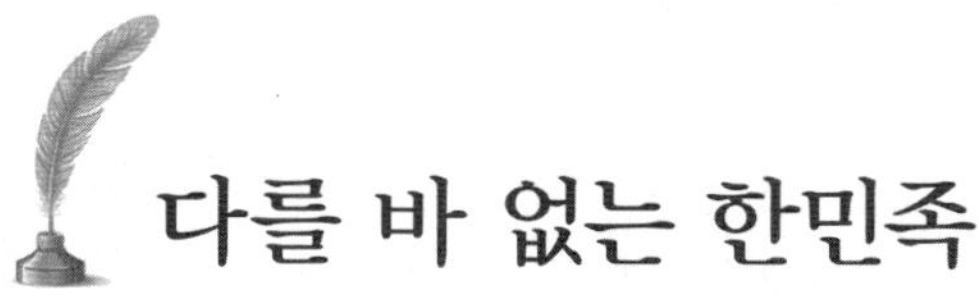

다를 바 없는 한민족

소프트웨어학부 신용구

통일이란 무엇일까? 단순히 두 나라의 국경이 사라지는 것일 뿐인가? 아니다. 통일이란 분단된 나라의 국경이 없어지는 것은 물론이며 사람들 사이의 문화적, 정신적 격차를 줄이는 것이라고 생각한다. 그러기 위해서는 서로를 잘 이해하고 배려하고자 하는 마음가짐부터 시작한다고 생각한다. 그래서 나의 몇 가지 경험을 소개하고자 한다.

이 경험은 내가 10살 때의 일이다. 비록 10년이라는 시간이 지나 그 당시의 기억의 매 순간순간이 선명하게 떠오르지는 않지만 느꼈던 것들은 아직 생생히 남아있다. 그 당시 나는 초등학교 3학년이었고 누구나 한번쯤은 해봄직한 보이스카우트를 하고 있었다. 그 해 여름, 초등학교에서 우리에게 금강산을 다녀올 기회를 주었다. 나는 호기심과 기대감에 신청을 하였고 금강산으로 갈 기회를 가지게 되었다.

학교에서 출발을 한 우리는 출입국통제소를 지나 국경을 넘었다. 국경을 넘는 것은 생각보다 단순한 일이었고 쉬운 일이었다. 버스로 잠깐, 아주 잠깐이면 넘어갈 수 있는 짧은 길인데 무엇이 그토록 남북을 멀게 만드는지에 대해 의문이 들었다. 국경을 넘어가는 동안에 물품 수색은 물론이고 특별 허가를 받는 수속절차 시간이 조금 걸린다는 것을 제외하면 매우 짧은 시간에 국경을 넘나드는 것이었다. 기다리는 시간에 창밖을 보니 아까까진 초록색 군복을 입은 우리 군인들이 보였다면 이제는 황갈색의 군복을 입은 북한군들이 보였다. 그들을 본 내 심정은 그들이 정말 작다 또는 정말 말랐다는 느낌이 지배적이었다. 초등학생인 나와 비교해도 별반 다를 바 없는 체격에 마음속에 숨어있던 두려움이라는 감정이 사라졌다. 5분전에 봤던 우리 군인들보다 마르고 작다는 점만 빼면 전혀 다른 것이 없다는 점은 신기했다. 그렇게 국경을 넘고 금강산을 향해 가다보니 저 멀리 마을들이 보였다. 서울과 비교하면 정말 작고 아무것도 없어 보이는 도시처럼 느껴진다. 하지만 나는 금강산을 향해 가는 그 길이 무언가 시골에 내려가는 길인 기분이 들었다. 양옆으로 보이는 논과 밭, 저 멀리 보이는 건물들……. 그들도 우리와 사는 방식이 다를 바가 없다는 사실을 직접 확인했다. 교과서나 인터넷에 떠도는 사진으로 보는 것이 아닌, 통일전망대에 올라서 망원경으로 내려다보는 그런 도시가 아닌 자연스러운 도시의 모습은 동질감이 느껴졌다. 먼 거리 때문에 사는 모습까진 보지 못했지만 비슷한 도시 형태를 보니 같은 한국이라는 생각이 들었다.

신기해하는 사이 금강산에 도착했다. 숙소에 도착하여 주변에 있는 군인들에게 함부로 말을 걸면 안 된다는 경고를 들었기 때문에 바로 옆에 있는 군인들을 피해 다녔었다. 숙소주변에 보초로 서있는 군인들이지만 모두 총을 들고 있었고 부동자세로 가만히 서있는 모습은 신기했다. 우리가 말을 걸 수 있는 사람은 매점에 있는 직원이 유일했다. 매점에 가니 과자나 음료수부터 에프킬라까지 다양한 것들이 진열되어 있었다. 남한의 00마트와 같은 오랜 구멍가게를 연상시키는 그런 모습이었다. 화폐는 달러를 사용한다는 점이 좀 다른 점이었다. 외화가 필요했던 듯 싶었다.

등산을 하는 날, 비가 세차게 내렸다. 그 당시 장맛비였던 것으로 기억한다. 우비를 쓰고 우산까지 쓴 뒤 등산을 했다. 처음으로 했던 비 맞으면서 등산이었다. 등산하는 기억은 별로 없지만 구룡폭포에서 비가 오는데 폭포까지 떨어져서 엄청 물을 많이 맞았고 멋있기는 했지만 뭐가 다른 산이랑 다른지 모르겠다는 느낌이 남았다. 등산에 취미가 없는 탓도 있지만 평소에 자주 등산했던 일자산이나 관악산 같은 산들과 뭐가 다른지 사실 지금도 잘 느껴지지 않는다. 그렇게 사진 몇 장을 찍은 후 하산했고 다시 서울로 돌아왔다. 혹시 나중에 갈 수 있다면 저 당시와는 다른 느낌을 받을 수 있지 않을까? 우리가 기차를 타고 쉽게 전국을 누비는 것처럼 금강산을 쉽게 갈 수 있는 때가 되었으면 좋겠다는 생각을 한다.

이 경험은 나에게 "북한은 우리와 다를 바 없다. 비록 무장을 하고 부동의 자세로 무섭게 서있지만 저들도 우리와 비슷한 생활을 하는구나. 외형조차 우리가 같은 민족이라는 것을 새삼 느끼게 해주는 구나"와 같은 북한과 남한의 동질감을 시사했다. 이것을 바탕으로 나는 통일하는 것에 대해 부정적인 생각을 버릴 수 있었다. 내 개인적인 성향이기는 하지만 통일을 해서 경제적 손해를 본다거나 세금이 늘 것이다 같은 문제는 크게 와 닿지 않았다. 다만 같은 민족, 하나의 민족이 분열되어 있다는 사실만이 눈에 들어왔고 통일을 하지 않는 이유에 대해서 의문을 가지기 시작했다. 이때가 내가 통일에 대한 긍정적 시각이 싹트던 때이다.

그렇게 나의 가치관이 바뀌었다. 그 후 매년마다 통일에 관련된 글짓기, 포스터 등 여러 행사를 진행해오지만 과연 그것이 얼마나 의미가 있는가에 의문이 들었다. 통일에 대한 의식이 중요한 것이 아닌 그저 좋은 글귀, 좋은 그림을 그리면 상을 받는 그런 대회들이 과연 얼마나 통일을 하는데 도움이 되며 서로의 의식과 가치관에 영향을 줄 수 있을 것인가 하는 의문이 떠나질 않았다. 우리의 통일에 대한 무관심에는 주변에 탈북한 사람들을 보기 힘들다는 것이 제일 컸다. 탈북자라고 하면 영화나 드라마에서나 접하지 실제로 접할 기회는 별로 없다. 가끔 학교에서 행사로 탈북자 몇 분을 모시고 강당에서 연설을 듣는 것이 접하는 기회였다. 아무리 그렇다 해도 그들에게 가깝게 다가가기는 어렵다는 것이 사실이다. 그래서 나는 대부분의 학생이 이렇게 통일에 대해 무관심하게 지나갈 것이라 생각이 들었다.

그렇게 대학에 진학을 했다. 내가 원해서 숭실대를 지원하였고 소프트웨어학부에 지원하였다. 커리큘럼은 물론 앞으로 진로계획까지 세운 뒤였다. 하지만 막상 학교에 들어오니 교양과목이 당혹스러웠다. 6학기동안 들어야할 채플은 당연하다고 생각했지만 한반도 평화와 통일과 숭실인의 역량과 진로탐색 등 처음 보는 과목들이 많았다. 처음에는 만사가 귀찮고 필요 없는 것이라 여겼다. 솔직히 인터넷 강의에 집중했다고 말할 수는 없다. 강의내용이 PPT를 설명하는 것이 대부분이라 강의는 대충 듣고 PPT만 읽어보았다. 대부분의 내용이 내가 아는 내용과 겹쳤고 새롭게 느껴지는 내용은 없었다. 혹시 통일에 관심이 있지만 자세한 내용은 모르겠다고 느끼는 학생들이라면 새로운 내용이었고 유익한 내용이었을 것이다. 내가 한반도 평화와 통일이라는 과목에서 영향을 받은 부분은 '숭실통일리더십스쿨'(이하 '스쿨')에 갔을 때다. 졸업요건이기도 하고 3박 4일이라는 시간을 할애해야 했다. 마침 우리학과는 시험 직전에 가는 터라 불만도 많았고 말도 많았었다.

그렇게 나는 스쿨을 가게 되었다. 학교에서 출발을 하여 DMZ를 들렀고 문경에 갔다. 예비대학 때 갔다 왔으면 편했을 것이란 생각이 많이 들긴 했다. 그곳에서 우리는 다양한 활동을 하였고 많은 강연을 들었다. 개인적으로 시설은 좋았다고 생각이 든다. 시설의 사용 규칙에 있어서 무리이지만 MT같이 놀러온다면 다시 가봄직 하다고 생각이 들었다. 강연의 내용은 당연히 통일의 긍정적 부분에 대해서가 주를 이루었고 그에 따른 문제점들과 해결방안을 다루었다. 내가 관심을 가지고 흥미가 있었던 부분은 우리끼리 조별로 토의를 하고 여러 생각을 나누는 토론시간이었다. 토론에 대해 주변 사람들과 진지하게 대화할 기회는 적다. 더욱이 대학에 온지 얼마 되지 않은 신입생들이라면 더더욱 그렇다. 통일에 대한 부정적 시각, 긍정적 시각이 서로 교차되며 많은 의견을 나누었다. 긍정적인 의견 중에서도 낙관적인 의견이 있어서 보충이 필요한 의견이 있었고 극단적으로 부정적인 의견도 있었다.

다양한 관점차를 보면서 통일을 하기 위해서 제일 필요한 것은 경제적인 문제나 지리적문제가 아닌 우리의 의식문제라고 생각했다. 다양한 관점이 나쁘다는 것은 아니다. 실행되기 전에는 무엇이 장점이고 단점인지 완벽하게 알 수 있는 사람은 없다. 다만 의견을 들으며 통일에 대해 자세한 정보를 알고 있는 학우가 적다는 사실을 깨달았다. 물론 나보다 훨씬 잘 알고 뛰어난 학우 분들이 계셨다. 하지만 관심이 적어서인지 크게 신경을 쓰지 않는 사람도 생각보다 많다는 것을 깨달았다. 통일을 하기 위해서는 의식의 개선이라는 강경한 방침보다는 관심을 유도 한다는 접근방법이 어떨까 하는 생각이 들었다. 통일하였을 때 북한을 보다 잘 이해하고 받아들이기 위해서는 미리 관심을 가지고 준비를 하는 것이 중요하다 생각한다. 또한 통일에 대한 긍정적인 인식 또한 뒷받침되어야 할 것이다. 그렇기 때문에 통일에 대해 알리고 대중의 관심을 끌 필요가 있다고 생각했다.

탈북자 분들과 대화하는 시간이 기억에 남는다. 다들 탈북이라는 쉽지 않은 경험을 통해서 우리 앞에 계신 분들이시다. 그분들의 이야기를 들으면서 북한의 현 상황에 대한 주민들의 생각을 엿볼 수 있었던 기회가 되었던 것 같아서 흥미로웠다. 중고등학교와 다른 점은 대화하는 우리가 소수라서 조금 더 의견을 내고 궁금증을 제시 할 수 있다는 점이 장점이었던 것 같다. 다른 프로그램도 재미있었고 동기들과 가까워 질수 있는 기회가 된 것 같아 후회는 없는 시간이었던 것 같다. 얻고자 한다면 생각하는 것보다 많은 것을 얻을 것이고 그저 빨리 끝나기만을 기다린다면 도망가고 싶을 만큼 지루한 3박4일이 될 것이라는 것이 통일캠프에 대한 내 요약이다.

지금 대학생활을 하면서도 탈북하신 분들을 만난다. 생각보다 탈북하신 분들은 가까이에 계신다. 지인 중에도 탈북자가 있을 수 있고 학교 캠퍼스 내에도 탈북하신 분들이 계신다. 같이 수업을 듣고 마주치고 인사한다. 탈북을 했다고는 잘 감이 안 올 것이다. 그만큼 그들과 우리의 격차는 근소하다. 탈북자라고 하면 사투리를 쓰며 조선시대의 고리타분한 풍습을 생각하는 경우도 있을 정도로 편견을 벗어나는 것은 쉽지 않다. 하지만 그것은 편견일 뿐 사실은 아니라는 점을 주목해야 한다. 그분들과 이야기를 해보면 약간의 사투리는 남아있을 수 있지만 크게 눈에 띄는 부분은 없다. 또한 그들의 지식이나 생각이 우리와 크게 다르지 않다. 사상 또한 그렇다. 그분들께서 현재에 대한 불만이 있어 탈북을 감해했고 그렇기 때문에 우리와 비슷하다고 느낄 수도 있다. 만약 북한 내부에서 그러한 생각이 만연하다면 통일 된 후 그들이 과연 우리와 생각하는 것이 다를 것인가 하는 의문이 든다. 이렇게 큰 차이가 없다면 그분들께서 말씀해 주시기 전에는 탈북 여부를 알아차리기 힘들다. 그만큼 우리와 다를 바 없는 그들이기에 그들을 바라보는 편견이 없다면 그들과 좋은 친구가 될 수 있을 것이다. 무엇이 우리에게 편견을 가지게 했는지 확실하게 단언할 수는 없다. 하지만 그 편견이 없다면 그분들께서 우리와 한 민족이라는 사실을 몸소 느낄 수 있을 것이다.

통일을 위해 가장 필요한 것은 우리의 관심이라고 생각이 든다. 만약 통일이 된다면, 통일 한국이 된다면 우리는 편견을 갖지 말고 객관적인 시선으로 그들을 봐주어야 할 것이다. 우리와 다를 바 없는 그들을 북한에서 왔다는 그 이유만으로 차별을 한다면 이는 부당한 것이다. 우리가 생각하는 만큼 북한은 낙후되어 있지 않고, 개방만 된다면 이전에 남한이 그랬던 것처럼 빠른 성장속도를 보일지 모른다. 그들이 우리와 함께하고자 한다면 우리는 그들에게 편견이 없는 객관적인 시선으로 그들을 평가해 주어야 하고 가르쳐 주어야 한다. 오히려 우리가 그들에게 배울 점이 더 많을지도 모르겠다. 편견 없이 본다면 영락없는 한민족인 우리, 그 편견에 사로잡혀 서로에게 상처 주는 일은 없도록 해야 할 것이다.

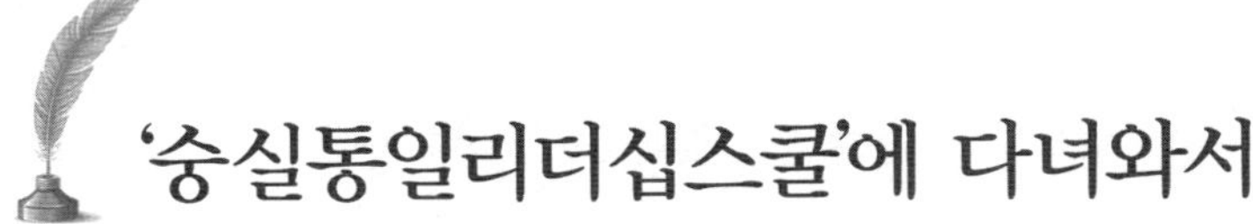

'숭실통일리더십스쿨'에 다녀와서

소프트웨어학부 한지연

나는 지난 6월 8일부터 11일 까지 3박 4일 동안 통일에 대해 더 많은 지식과 정보를 얻기 위해 '숭실통일리더십스쿨(이하'스쿨')에 다녀왔다. 그곳은 시설이 좋았고 보기 힘든 산과 나무가 많았다. 그 곳에서 우리는 통일에 대한 많은 활동들을 했는데. 생일 순으로 조를 짜주었다. 우리 조는 6조였다. 친한 친구도 몇 명 있었지만, 이야기도 하지 않았던 친구들이 있어서 마음속으로 이번 기회에 친해졌으면 좋겠다고 생각했다. 기억에 남는 활동은 노래 가사를 개사해서 노래 부르기, 탈북을 한 북한인들과 대화, 통일 관련 PPT만들기, 통일에 관한 주제로 토론하기, 체육대회 등이었다.

처음 활동인 노래 가사를 개사해서 부르기에서 우리 조는 10cm의 애상이라는 노래를 개사했다. "말리지마, 내 이런 사랑을 너만 보면 미칠 것 같은 내 맘을……"이라는 가사를 두 파트로 나누어 한 쪽은 '북한의 마음'을, 한 쪽은' 남한의 마음'을 표현했다. 내용은 북한이 남한에게 관심을 보이지만 남한은 아직 받아들이기에는 시간이 필요하다는 입장과 남한이 다른 나라와 친하게 지내는 것을 북한이 질투하지 말라는 내용으로 개사했다. 나는 남한의 입장이 되어 노래를 불렀다. 이 활동 중 제일 기억에 남는 다른 조가 있었는데 조원들은 '여수 밤바다'라는 노래를 한 편의 뮤지컬처럼 구성하여 불렀다. 내용은 남한에 있었던 사랑하던 남자와 여자가 전쟁으로 인해 남자가 북한으로 끌려가고 여자는 가난하게 지내다가 전쟁도중 다리를 잃은 남자가 시간이 지나 우연히 다시 만나게 된다는 내용이었다. 조원들의 연기가 돋보였고, 노래의 분위기도 슬프고, 그 슬픈 노래를 포인트를 잘 살려 노래를 불러주어서 연기에 몰입할 수 있었다. 개사를 하는 즐거움도 있었지만, 다른 조들의 노래도 들을 수 있어서 재미있던 활동이었다.

탈북을 한 북한출신 학생들과도 이야기를 할 수 있었다. 탈북학생은 총 3명이였고, 무대에 앉아서 우리가 북한에 대해 질문할 것이 있으면 질문할 수 있는 시간이었다. 그분들이 해주셨던 이야기 중에서 기억에 남는 이야기는 북한의 가장 북쪽에 강이 있는데 그 강은 얕아서 사람들이 쉽게 지나갈 수 있어서 탈북을 하려 마음먹은 사람들은 모두 그 강을 건너 중국으로 탈출한다는 것이었다. 하지만 그런 탓에 그 곳의 경비가 점점 삼엄해지고 이제 그곳을 통해 탈출하는 북한 주민들은 말로 설명하기 어려울 만큼 힘든 여정을 거친다는 이야기였다. 그 힘든 탈출 과정을 들으면서 왜 그렇게 고생하면서 까지 남한에 오려고 할까 하는 의문이 들었지만 그 뒤의 이야기를 들으면서 이해할 수 있었다. 남한에 대한 동경, 그리고 다 같이 일을 하고 일한 만큼 돈을 받는 남한의 민주주의가 부러웠다고 했다. 그때 들은 이야기 중 제일 이해가 되지 않는 부분은 북한에서 남한의 드라마를 보다가 걸리면 불법이라는 말이었다. 드라마가 단순한 사랑 이야기일 뿐인데도 못 보게 한다는 것이 북한은 이정도로 자유가 없는 나라구나 라고 생각되었다. 지금 탈북하신 세 분은 모두 한국에서 잘 지내고 있다고 한다. 그분들의 바람이 있다면 자신들이 처음에 한국에 왔을 때 적응도 되지 않고, 탈북을 한 지 몇 년이 지났지만 아직까지도 주변의 시선이 신경이 쓰였다고 한다. 지금은 도와주시는 분들이 많아서 괜찮아졌다고 하셨지만 탈북자들도 같은 사람이니까 다른 시선으로 바라보지 말라는 그런 부탁이었다. 탈북자들을 만나면 먼저 다다가주길 바라셨다. 나는 학창시절 때 탈북자들이 전학을 온다거나 그들이 주변에 있지 않아서 그들에 대한 나의 시선을 한 번도 생각해 보지 않았다. 그 분들이 말씀하시는 것을 듣고 만약 탈북자들을 만난다면 그 사람이 신기하기도 하겠지만, 정말 다른 시선으로 쳐다보지 않아야겠다고 생각했다.

탈출자들과의 이야기 나누는 시간이 끝난 후에 각 조끼리 PPT를 만들었다. 구성 내용은 통일이 되었을 때 나타날 수 있는 장·단점에 대해 말해보기, 통일 관련 ucc만들기 등이었다. 다른 자료 같은 것들은 인터넷으로 찾아내서 정리하기 쉬웠지만, 특히 ucc를 만드는 과정이 너무 재밌었다. 시나리오를 직접 짜고 주제를 고르면서 많은 상상을 할 수 있었다. 첫 번째로 북한들의 전통 음식들을 맛볼 수 있다는 것이고 두 번째로 북한의 문화재를 관광하고, 북한산 등 유명한 관광지를 다녀올 수 있다는 점에 착안했다. 세 번째로 북한말과 우리나라 말은 억양도 다르고 사용하는 단어도 다르기 때문에 서로 간에 의사소통을 할 때 나오는 불편함을 다루었고, 네 번째는 북한은 군사력이 좋고 인원이 많아짐으로 어떤 이는 군대를 가고 어떤 이는 군대를 안갈 수 있는 상황을 ucc로 담아냈다. 북한의 전통음식으로는 평양냉면을 먹는 장면을 찍었다. 컵라면을 사서 겉에 평양냉면 이라고 적고 맛있게 먹는 장면을 찍었다. 그리고 북한산을 등반하는 듯이 하는 장면도 연출했다. 촬영하는 내내 친구들이 연기하는 모습이 너무 재미있었다.

마지막으로 기억에 남는 것은 토론 활동이었다. 여러 개의 조가 한 팀이 되어 두 팀이 토론을 하는 활동이었는데 토론의 주제는 '탈북자들도 군대를 가야하나?'였다. 토론을 하기에 앞서 먼저 팀을 이끌어갈 조장을 뽑았다. 원재라는 친구가 조장이 되어 우리 팀을 이끌었다. 우리는 '탈북자들은 군대를 가면 안 된다'를 주장해야 했다. 원재는 우리 조가 주제에 반대의 근거를 생각하자고 했고, 다른 조는 상대방이 공격을 할 만한 찬성의 근거를 생각해 보자고 했다. 이 주제를 가지곤 남자친구들이 굉장한 의견을 내었다. 근거를 내세울 때는 정확한 통계자료가 있으면 좋다는 교수님의 말씀을 듣고 나는 자료를 찾기 시작했다. 우리 팀의 주장은 탈북자들은 그 동안 힘든 시절을 겪어왔고, 그 시절을 보냈는데 또 군대에 가야 하는가를 주로 내세웠다. 그리고 토론이 시작되었다. 토론은 누가 이겼다고 확정할 것 없이 팽팽했다. 하지만 거의 남자친구들은 탈북자들도 군대를 가야한다고 생각을 했었다. 평소에 과묵하던 내 친구도 답답했는지 발표를 하기 시작했다. 나도 내가 하고 싶은 말을 조리 있게 하고 싶었지만, 어떻게 말해야 상대방이 알아들을 수 있을지 고민하다 토론이 끝났다.

6월 8일에 갔던 통일캠프를 생각해보며 조원들과 협동심을 발휘하여 많은 활동들을 하고 탈북자들을 만나 이야기도 하고 통일이 되면 무엇이 달라져있을까, 또한 교수님들이 해주셨던 강의를 듣고 통일에 대한 생각이 없던 나조차도 통일을 하면 단점보단 장점이 더 많겠구나하고 생각할 수 있었다. 그들의 문화와 가치관을 더 듣고 싶다. 하지만 만약 통일이 된다면 북한이 민주주의를 따라줬으면 한다. 전쟁을 하고 계속 남북이 분단이 되기보다는 하루빨리 북한이 경각심을 풀고 평화의 마음으로 다가와 주었으면 좋겠다는 생각을 한다.

제9장

통일, 그 타는 목마름으로

들머리

차봉준(베어드학부대학 교수)

한여름 무더위가 점점 기승을 더해 가던 2015년의 8월 어느 날, 북한군에 의해 매설된 것으로 밝혀진 목함지뢰 폭발로 젊은 국군 병사들이 심각한 부상을 입었던 사건을 우리는 잊을 수 없다. 당시 사건의 전모가 밝혀지면서 북한에 대한 국민적 여론은 당연히 비판적으로 들끓을 수밖에 없었다. 이에 더하여 우리 정부의 대응 수위도 점차 높아져 급기야 북이 그토록 민감하게 생각하는 대북방송이 재개되는 상황에까지 이르렀다. 이후 우리 측의 대북방송장비를 향해 이루어진 북측의 포격과 이에 맞대응한 우리 군의 대응 사격으로 남북 관계는 일촉즉발의 위기로 치달았다. 다행히 장시간의 회담을 통해 남과 북은 다시 평온을 되찾았지만, 이후로도 미사일 실험, 핵 실험 등의 도발이 지속적으로 전개되면서 남북 관계는 좀처럼 나아질 기미를 보이지 않고 있다.

상황이 이처럼 복잡함에도 불구하고 최근 몇 년간 북한의 도발에 대처하는 우리 국민들의 태도에서 시선을 사로잡는 흥미로운 장면이 몇 가지 있다. 예전 같으면 어김없이 '사재기' 열풍이 휩쓸고 지나갔을 텐데 최근에는 그런 일이 벌어지지 않는다. 워낙 여러 번 반복되는 상황이다 보니 이젠 '양치기 소년'처럼 무감각해져 버린 탓인지도 모를 일이나 국민들이 보여준 침착한 대응이 사뭇 흥미로운 것은 사실이다. 또 하나는 우리 사회의 이념 대립과 남남갈등이 예전처럼 첨예하지 않았다는 점이다. 물론 정치권 일부에서, 그리고 몇몇 이념적 성향의 시민단체에서 전혀 그런 조짐이 없었던 것은 아니지만 최근에는 무슨 일인지 쉽게 그러한 이념적, 사상적 불씨를 살리지 못한 채 수면 아래로 가라앉았다. 그러나 목함지뢰 사건 당시 무엇보다도 관심을 끈 부분은 20대 청년들이 보여준 일련의 행동이었다. 국방부 발표에 따르면 이 기간에 총 88명의 병사들이 전역을 연기했다고 한다. 그리고 다수의 예비역 젊은이들이 소집에 응할 의지를 보여 주었다. 아마도 이러한 우리 사회의 분위기가 북으로 하여금 예전과 다른 대응 자세와 회담 태도를 보이게 한 원인이 아니었을까 여겨진다.

여하튼 지난 사태를 지켜보면서 더더욱 절실함을 느낀 것이 통일의 필요성이고, 그러기 위해 국민 모두를 대상으로 하는 평화 교육의 실현이 어떻게 이루어져야 할지에 대한 고민이 생겨나게 되었다. 이미 흘러간 구호처럼 되어 버렸지만 '통일은 대박'이라 말한 대통령의 의도는 차치하고 서라도 통일이 가져 올 유무형의 실익은 너무나 명백한 사실이 아닌가. 때문에 통일에 대한 건전한 담론과 통일 시대를 대비하기 위한 준비는 어떤 방식으로든 필요하다. 이를 위해서는 반공 이데올로기로 점철된 일방향적 통일교육이 아닌 평화의식에 바탕을 둔, 우리 사회의 다양성을 아우를 수 있는 쌍방향적이고 심화된 통일 교육이 이루어져야 한다. 이미 지난 수년간 대통령 직속의 '통일준비위원회'가 구성되어 분과별로 통일에 대한 다양한 논의를 전개하고 있는 것으로 알려져 있지만, 그러한 정부 주도의 거창한 통일 담론에만 모든 것을 맡길 것이 아니다. 국민 스스로가 공감하고 참여할 수 있는 풀뿌리 통일의식, 풀뿌리 평화의식을 성숙시키기 위한 여러 가지 방안과 교육이 절실히 요구된다.

물론 초중등 교육과정에서는 나름의 통일교육이 시도되고 있다. 교육부 주관의 '통일교육주간'이라는 프로그램을 통해서도 통일교육이 확산되고 있다. 그러나 이러한 통일교육은 초중등과정에서만 다루어질 성질이 아니다. 대학교육과 시민교육에도 그에 합당한 평화교육과 통일교육이 이루어져야 한다. 최근 몇몇 대학들도 통일을 주제로 한 프로그램을 시도하고 있다. 학생들의 자발적 참여를 바탕으로 분단의 역사와 통일의 필요성, 그리고 이를 위한 준비 등을 고민해보도록 한다는 측면에서 바람직한 시도로 평가된다. 이런 추세 속에서 우리 숭실대학교는 좀 더 적극적이고 전향적인 통일교육을 선도적으로 진행하고 있다. 한국의 어느 대학도 시도치 않은 통일·평화교육을 2015학년도부터 신입생 전체를 대상으로 시행하고 있기 때문이다. 2014년 경북 문경시에 문을 연 학교 연수원을 '숭실통일리더십연수원'으로 명명한 후 매주 150여명의 학생들을 대상으로 3

박 4일 동안 진행하고 있는 통일교육은 학생들 스스로에게 미래 통일 한국의 비전을 세울 수 있는 기회를 제공하고 있다. 이러한 체계적인 교육과 다양한 비교과 활동의 연계 속에서 숭실에 속한 젊은이들이 보여주는 통일의식과 평화의식은 남다르다고 하지 않을 수 없다. 이제 소개하려는 4편의 글에서도 분단된 역사 현실에 대한 진지한 고민과 성찰, 그리고 통일 이후의 바람직한 시대상을 구현하기 위한 일면을 엿볼 수 있어 흐뭇하다.

먼저 글로벌미디어학부 윤용철 학생의 글은 신문 기사문의 형식을 빌어 내용을 구성했다는 점에서 이 책에 수록된 다른 글들과는 뚜렷한 차이점을 보여준다. 통일에 대한 이야기를 자신만의 독창적 형식을 통해 신선하게 전달해 보겠다는 발상의 창의성이 돋보이는 글이다. 그는 '통일시대의 시민상, 숭실대학교가 열다'라는 표제를 통해 국내 대학들 가운데 선구적으로 통일교육을 실현하고 있는 숭실대학의 독보적 행보를 알리고 있으며, 특히 평화지향적 시민의식을 교육의 핵심적 가치로 내세운 점을 분명히 하고 있다. 아울러 '통일한국에서 가져야 할 세계시민으로서의 마음가짐'으로 평화를 지키려는 의식과 차이를 존중하는 역지사지의 태도를 강조한다. 이에 더하여 '통일한국에서 대학생들이 해야 할 일'로서 인식개선, 관계개선, 소통을 꼽으며 그 구체적인 대안까지 밝히고 있다. 비록 기사문의 형식을 빈 짧은 글이었지만 통일교육에 앞장서는 숭실대학교의 교육적 우수성을 분명히 인식함과 동시에 통일한국을 바라보는 세계시민으로서의 마음가짐과 대학생으로서의 사명까지 꼼꼼히 되새기고 있다는 점에서 한 번쯤 관심 있게 읽어볼 글이다. 특히 마지막에 백범 김구 선생의 어록을 패러디한 "내게 소원 3개를 들어준다면, 첫째도 통일, 둘째도 통일, 셋째도 통일이어라"는 한 줄의 문장이 주는 울림은 결코 가볍지 않다.

두 번째 글인 소프트웨어학부 태희지 학생의 〈통일 시대에 우리가 갖춰야 할 시민의식〉은 제목 그대로 우리들에게 어떠한 인식의 전환이 필요한 가를 분명히 일깨우는 글이다. 태희지 학생은 광복 70년, 분단 70년을 맞이한 역사 앞에서 우리 모두는 역사를 기억하고 숙고하며 앞으로의 역사에 대해 진지하게 고찰해야 함을 강조한다. 특히 자신과 같은 20대들에게서 주로 나타나고 있는 통일에 대한 무관심을 질책하며, 이러한 '무관심성'과 '잘못된 통일관' 등이 통일시대를 맞이하고 있는 시민의식으로는 온당치 않음을 반성한다. 따라서 '적극성'과 '자발성', 그리고 '올바른 통일관 형성 및 전파'라는 세 가지 측면에서 인식의 전환이 이루어질 때 비로소 '분단 70년'을 넘어 '통일 70년'을 바라볼 수 있다고 진단하고 있다. 비록 자신의 주장에 대한 구체적인 분석과 논증에서 아쉬움을 남기는 글이긴 하지만, 그럼에도 불구하고 동년배들이 지닌 통일의식의 문제점을 비판적으로 인식하고 나름의 대안을 모색하려는 고민이 엿보인다는 점에서 칭찬하고 싶은 글이다.

세 번째 글은 건축학부 허진희 학생의 〈통일한국에서의 공감과 소통을 위해 우리가 갖추어야 할 시민 윤리〉라는 제목의 글이다. 그는 초등학교 때부터 해마다 반복되고 있는 통일 글쓰기가 여전히 멈추지 못하고 있는 현실을 직시하며 아픈 역사를 되새긴다. 그렇지만 그 때가 언제일지는 몰라도 머지않은 시점에 통일은 현실이 될 것이라는 긍정적 가능성 속에서 우리는 어떤 시민 윤리를 형성해야 할지를 말하고 있다. 단도직입적으로 허진희 학생은 공감과 소통을 위해 평등한 대우가 필요하다고 이야기한다. 또 다른 차별을 야기하지 않는 관용의 정신이 동반되지 않을 경우 심각한 남북 갈등이 초래될 수밖에 없다는 허진희 학생의 진단은 너무나 분명한 사실이며, 때문에 통일을 준비하는 이 시점에 우리 모두가 진진하게 고민하고 대비할 부분이다. 그렇잖아도 남남 갈등이 만만치 않은 현 상황에 남북 갈등마저 더해진다면 통일 이후의 우리 사회를 결코 행복하다 말할 수 없을 것이기 때문이다.

끝으로 건축학부 변희윤 학생의 〈통일한국의 시민들이 가져야 할 자세〉 역시 앞의 세 글에서 확인할 수 있었듯이 통일한국에서 지녀야 할 시민의식에 대해 말한다. 그는 통일을 준비하고 더불어 통일 이후의 결과를 제대로 유지하기 위해 가장 필요한 자세가 '이해'라고 주장한다. 여기서 변희윤 학생이 말하는 이해는 경제적 차원, 문화적 차원, 정서적 차원에서의 이해다. 이를테면 경제적 측면에서 통일이 오히려 남한 경제에 손해를 끼칠 것이라는 한편의 우려에 대해 다른 관점에서의 이해가 필요함을 제시하고 있다. 이런 식으로 문화적 차이와 정서적 대응에 있어서도 서로에 대한 이해가 전제되어야 함을 밝히고 있다. 이는 "통일이란 '결과'가 아니라 서로를 이해하며 받아들이는 '과정'"이라고 인식하고 있는 변희윤 학생의 확고한 통일관에서 비롯한 주장이기에 우리 독자들이 주의 깊게 읽어볼 필요가 있다.

언제쯤 통일의 그날이 올지, 그리고 어떤 방식으로 통일이 전개될지는 알 수 없지만, 그리 멀지 않은 때에 우리가 원하는 형태의 통일이 이루어지기를 다수의 국민들은 기도하고 있다. 그 과정 속에서 앞서 예로 든 목함지뢰 사건처럼 아프고 두려운 경험을 몇 차례나 더 겪어야 할런지 알 수 없다. 그렇지만 우리는 성숙한 평화교육을 바탕으로 통일의 그날을 하루하루 준비해 나가야 할 것이다. 그리고 여기서 소개한 네 학생의 말처럼 통일한국에서 필요한 바람직한 시민의식이 무엇인지에 대해서도 진지하게 고민해야 할 것이다.

이번에 네 학생의 글을 읽으면서 통일에 대한 열망이 결코 가볍지 않다는 것을 느낄 수 있었다. 이러한 열망이 하나하나 모일 때, 즉 그러한 통일에 대한 타는 목마름이 절정의 순간에 도달할 때 통일은 도둑같이 현실이 되어 우리 눈앞으로 다가올 것이다. 그날을 꿈꾸자. 그리고 그날을 이렇게 노래하자. "숨죽여 흐느끼며 / 네 이름을 남 몰래 쓴다 / 타는 목마름으로 / 타는 목마름으로 / 통일이여 만세"라고.

글로벌미디어학부
윤용철

숭실일보

2020.06.25 목요일

통일시대의 새로운 시민상. 숭실대학교가 열다.

통일에 발맞춘 시민의식 교육 실천

숭실대학교는 한반도 통일과정에서의 평화지향적 시민의식을 지향하였고, 그러한 목표는 학생들에게까지 전해져, 새로운 통일시대에 숭실대학생이 리더가 되어, 사회를 이끌고 있어 화제이다.

교육의 내용으로는 갈등의 원인을 제거하고 간접적, 구조적, 문화적 폭력까지 없는 평화적 문화가 확산될 수 있도록 시민의식을 가져야 한다는 명확한 인식을 가지고,교육을 이어오고 있었다.

이러한 교육은 통일 이후에도 계속 되어, 평화적인 한반도에 기여할 것으로 보인다.

통일한국에서 대학생들이 해야할 일

국가가 바라는 젊은이의 역활

1위 인식개선
2위 관계개선
3위 소통

통일한국에서는 다양한 혼란이 일어나는 것이 당연하다 오랜 시간동안 분단이 되어있었고, 한민족일지라도, 문화적 차이가 생겼기 때문이다.

이러한 혼란을 극복하기 위해서는 대학생들이 해야될 일에 대해서 설문조사를 하여보았다. 인식과 관계를 개선하는데 도움을 줘야한다가, 나란히 1,2위로 나왔고, 3위로는 남북간의 소통을 도와야 된다는 것이 있었다.

통일 전부터 심했던 서로 간의 안좋은 인식 등을 대학생의 입장에서 어떻게 해결할 것인지 생각해보면, 다양한 방법이 있을 것이다. 통일 관련 UCC 제작과 SNS에 의식개선 글을 올리는 등의 미디어를 통한 방법이 대학생이 하기 가장 적합한 일이다.

관계개선을 위해서는 오프라인에서 남북한 대학생이 먼저 교류하여, 다를 것이 없는 한민족이라는 것을 보여주는 것이다. 젊은층에서 먼저 장벽을 깨고, 접근한다면 파급력은 어느 세대가 한 것보다 더 클 것이다.

3위에 위치되어 있는 소통은 가장 기본이 되는 부분일 수 있다.남과 북 사이의 벽이 없애고, 세[illegible] 허물어 소통할 수 있게 만드는것이 통일한국에서 대학생들이 해야할 일인 것이다.

세가지 모두 결국에는 남북이 진정으로 하나 된 모습을 만들기 위해, 대학생들에게 기대하는 바램을 나타낸 것이라고 할 수 있다. 허나, 통일한국의 진정한 황금기는 대학생만이 아닌, 시민 모두가 만들어가야 할 것이다.

내게 소원 3개를 들어준다면
첫째도 통일 둘째도 통일 셋째도 통일이어라.
- 백범 김구

통일한국으로서 가져야 할 세계시민으로의 마음가짐

통일이 되었다는 것은 우리를 가로막고 있던 장벽을 뚫고, 세계로 나갈 수 있는 계기가 된다. 통일한국으로의 하나의 시민이 아닌, 전세계 속 시민으로서 자신이 어떤 마음가짐으로 살아야 하는지 생각해보도록 하자.

먼저 평화를 지키려고 하는 마음가짐이다.분단을 맞이했던 국가인만큼 평화를 유지하는 것에 간절할 수 밖에 없다.

평화는 시대에 따라 계속적으로 변화하였다.. 1950년 대에는 평화는 통일의 한 수단이라고 생각하여, 힘의 대결에 이기는 것이 평화라고, 생각했으며, 1960년 대에는 박정희 정권의 과도적인 조치로 평화적 남북 공존이 강조되었다.1970년대에는 평화는 곧 통일이라는 생각으로, 그 생각은 지금까지 이어져, 통일을 이루게 되었다.

평화를 생각하는 시민의식은 곧 한국을 통일로까지 도달하게 만들었으며, 그 의식은 통일 이후에도 계속되어, 세계 평화를 향해 가는 계기가 되어야 된다고 생각이 된다.

두번째로는 역지사지의 마음이다. 모든 일에는 갈등이 생기기 마련이다. 갈등은 다름에 의해서 심화되게 된다. 그렇기에, 다름이라는 차이를 차별로 취급하지 않고, 서로 이해하려는 역지사지의 마음을 가진다면, 갈등은 생기지 않을 것이다. '내가 상대방이면 어떨까?'라는 한마디는 통일한국에 걸맞는 품격을 갖추게 해줄 것이다..

마지막으로는 통일한국에 대한 자부심이다. 안된다고 모든 사람들이 말했던 것을 이루어낸 자부심은 세계 속에서 한국 시민이 밀리지 않는다는 것을 보여주는 강력한 힘이 될 것이다.

통일한국으로의 시민으로서 바른 마음가짐을 가지고, 세계인들과 견주어 부끄럽지 않은 한국인이 되었으면 하는 바람이다.

과거통일 통계분석

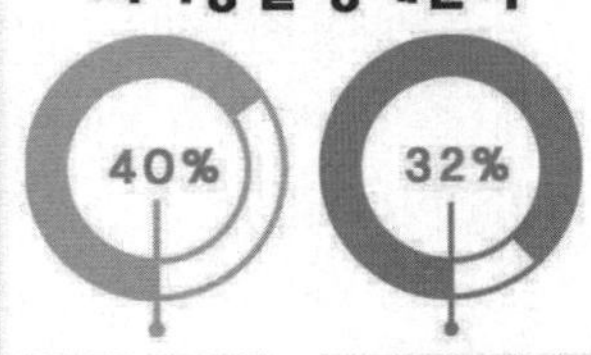

대학생의 통일 찬성 적극적 남북교류 찬성

서울권 대학생을 상대로 통일에 관한 설문을 실시한 결과(2015년) 통일에 관해 긍정적인 대답이 40%였고, 통일이 되서 적극적인 교류를 하고싶다는 대답이 32%였다. 과거 학생들의 경우 통일에 관해서는 아직까지 부정적인 시각이 많은 것으로 보여진다.

통일 시대에 우리가 갖춰야 할 시민의식

소프트웨어학부 태희지

시간은 언제나 앞만 보고 흘러가듯이 길게만 느껴졌던 2015년도 거의 끝나가고 있다. 2015년은 '대한민국의 통일 역사책'에서 여느 다른 해들과는 보다 특별하고 중요한 페이지를 장식했다. 그 이유는 2015년이 바로 '광복 70주년, 분단의 70년'이었기 때문이다. 언뜻 듣기에 광복은 긍정적인 의미를, 분단은 분단국가를 연상시키면서 같이 붙여서 쓰기에 다소 어색한 느낌이 든다. 광복은 축하할 일이지만 분단은 생각하면 씁쓸하다는 생각이 들기 마련이기 때문이다. 하지만 모두 대한민국의 역사였고 언제 또 다른 대한민국의 역사가 생겨날지 모르는 일이다. 우리 대한민국의 모든 시민들은 '70주년'을 맞아, 우리의 역사를 기억하고 숙고하며 앞으로의 역사에 대해서도 진지하게 고찰해야 할 의무가 있다.

시민은 한 나라의 구성원인 동시에 한 나라를 이끌어가는 주역이기도 하다. 이것은 바로 '민주주의'의 중심이념이기도 하다. 이런 중요한 역할을 하는 시민, 시민들은 과연 광복, 분단, 그리고 함께 떠오르는 단어 '통일'에 대해 어떻게 생각할까? 연령에 따라서 통일에 대한 관심정도는 매우 다르기 때문에 전체 시민을 대변할 수는 없지만 문제의 심각성을 강조하기위해 가장 낮은 편에 속하는 20대 이하의 시선을 중심으로 생각해 보자. 일단 통일에 대한 기사가 올라올 때 다른 기사들에 비해 관심정도가 낮은 편에 속한다. 이는 통일에 대한 '무관심성'을 의미한다. 기사에 대한 피드

백도 잘 이루어지지 않는다. '적극성'도 낮다. 있다고 하더라도 기사에 대한 부정적인 내용의 피드백이 거의 상당수를 차지한다. 잘못된 정보를 기반으로 한 피드백조차 제대로 비판받는 일이 적다. 이러한 피드백에 대한 공감정도와 반박의견을 종합해볼 때 통일에 대한 부정적인 면만을 치우치게 바라보는 사람들이 적지 않다. 이러한 '무관심성', '잘못된 통일관' 등은 통일시대에 들어온, 통일을 준비하는 시민들에게는 맞지 않는 시민상이라고 할 수 있다.

이런 간단한 실례에서도 볼 수 있듯이, 우리나라는 통일국가가 되기 위한 가장 기본적인 준비인 통일에 대한 시민들의 의식정도가 낮고 잘못되었다. 이러한 잘못된 시민 상을 벗어나 올바른 시민상을 띠려면 어떻게 변화되어야 할까? 가장 먼저 요구되는 것은 '적극성'이다. 우리는 통일에 대해서 적극적인 자세로 통일에 대한 정보를 가져야하고, 때로 나의 의견이 필요할 때 적극적으로 의견을 피력할 줄도 알아야 한다. 주의할 것은 이 적극성이 일회성을 가지면 안 된다는 점이다. 꺼져가는 불에 기름을 붓는 것처럼 거세게 타올랐다가 금세 꺼져버리는 것이어서는 안 된다. 더 오래 더 크게 탈 수 있도록 장작을 들이고 따뜻한 입김을 불어넣어야 한다. 통일에 대한 가장 중요한 노력은 지속적이고 적극적인 관심이기 때문이다.

통일에 대해 적극성을 가질 수 있게 된 시민이라면, 그 다음으로는 '자발성'을 가져야 한다. '통일에 대한 무관심이 아닌 관심이면 된 것 아닌가?' 라고 생각하는 사람이 있을 수 있다. 하지만 타의에 의한 관심과 자발적인 마음에서 나오는 관심은 정도가 다르다. 지속성도 자발성이 뒷받침될 때 더 견고해 질 수 있다. 적극적이고 자발적인 자세를 갖추었다면, 마지막으로 가장 궁극적인 목표인 '올바른 통일관 형성'을 해야 한다. 만약 잘못된 통일관을 가지고 있다면, 허구적 이야기를 퍼뜨리고 진실을 왜곡하는 경우도 빈번하게 일어나기 때문이다. 관심과 정보가 없고 올바른 판단이 어려운 시민이 이와 같은 정보를 접하게 되면 합리적이고 비판적인 사고는 불가능할 것이다. 오히려 그럴만하다고 수긍하고 설득당할지도 모르는 일이다. 그러나 통일에 대한 뚜렷하고 올바른 통일관을 가진 사람이라면 동요하지 않고 오히려 잘못된 통일관을 가진 사람을 역으로 설득할 수 있는 저력을 가지고 있는 것이다.

올바른 시민상은 올바른 시민의식에서 기초한다. 올바른 시민의식은 '적극성', '지속성', '자발성'을 띄어야 하며 모든 것을 갖춘 시민은 최종적으로 '올바른 통일관 형성 및 전파'를 할 수 있어야 한다. 우리와 같은 분단국가에서 통일을 이룬 독일의 경우를 고려하면, 독일의 시민의식은 본받을 만하다. 시민 한명 한명이 올바른 시민의식을 바탕으로 통일을 이룰 때까지 끝까지 노력했고, 시민들 손으로 직접 통일을 이룩해내었다. 이런 독일의 시민의식이 우리나라의 시민의식을 형성하는데 롤 모델로 작용하여 우리나라도 '분단 70년'의 타이틀이 아닌 '통일 70주년'의 새로운 시대를 맞기를 바란다.

통일 한국에서의 공감과 소통을 위해 우리가 갖추어야 할 시민 윤리

건축학부 허진희

내가 초등학교에 다닐 적부터 통일글쓰기는 1년 중 의무적인 통과의례였다. 그땐 어린마음에 '이 글쓰기는 대체 언제까지 해야 하나, 얼른 '통일이나' 됐으면 좋겠다.'하고 생각했다. 그리고 그때 선생님께서는 '통일이 몇 년 후에 이루어질 것 같으냐'라고 우리 학생들에게 물어보셨다. 10년? 20년? 50년? 머지않아 통일이 이루어 질 것이라고 하셨다.

그때쯤 학교에서는 북한말 경시대회를 열었고 북한의 일상을 보여주는 동영상을 보여줌으로써 우리에게 친근감을 심어주었다. 그래서인지 나는 막연하게 20년 안에는 통일이 되겠거니 생각했다. 그로부터 10년이 흘렀다. 아마 지금도 초등학생, 중학생, 고등학생들은 학교에서 통일 글짓기 대회를 하고 있을 것이다. 사실 10년이 지난 지금에도 달라진 것은 하나도 없어 보인다. 주관적인 생각이지만 오히려 상황이 악화되면 악화되었지 통일이 다가오고 있다는 느낌은 들지 않는다. 올해 8월, 경기도 파주에서 우리 측 장병 2명이 북한군이 매설한 것으로 추측되는 목함 지뢰에 의해 다리를 잃는 사건이 발생했다. 그로부터 얼마 후 남한에서는 대북 확성기 방송의 재개를 결정했고. 이 때문에 북한은 또다시 확성기를 철거할 것을 요구하며 철거하지 않으면 군사행동을 개시하겠다고 협박했다. 결국은 남북 고위급 회담에서 합의를 통해 상황이 잘 마무리 되는 것처럼 보였지만 국민들의 북한에 대한 적대감은 고조되었다.

'세계 유일의 분단국가.' 그다지 명예롭지 않은 한국의 꼬리표는 이러한 악순환으로 떼어질 기미가 보이지 않는다. 이런 시점에서 조금씩 '무력통일'이라는 의견이 대두되고 있다. 올 여름에 그랬듯이 전쟁으로까지 이어질 수 있는 남북 대치 상황에서 국민들은 두려움을 느끼는 동시에 이번 기회로 무력통일이 이루어지는 것이 아니냐는 의견을 내놓았다. 사실 나도 그런 생각을 아예 하지 않은 것이 아니다. 천안함 사건 때나 연평도 포격사건 때처럼 적지 않은 빈도로 들려오는 북한의 도발과 그로 인해 다치고 죽는 사람들을 뉴스로 접할 때마다, 앞으로 또 다른 희생자가 생기기 전에 무력통일으로라도 이 지긋지긋한 '휴전'을 끝내는 것이 좋지 않을까 생각하였다. 무력통일을 향한 과정에서 더 많은 희생자가 나온다는 것을 간과한 채 말이다. 사실상 통일을 목적으로 한 남한과 북한의 전쟁은 단순한 싸움이 아니다. 미국, 중국, 러시아라는 큰 나라들이 한국을 둘러싸고 있기 때문이다. 그렇기 때문에 무력통일이 된다면 한국의 문제에 다른 나라가 개입하는 상황이 발생하게 된다. 통일만큼은 한국정부에서 자주적으로 이루어야하며 또 그러기 위해서는 평화통일이 전제되어야한다.

물론 예나 지금이나 통일에 대한 가능성은 한치 앞도 예상할 수 없다. 그러나 예상할 수가 없다고 해서 모두가 손 놓고 있을 수는 없다. 사실 정부가 아닌 우리 국민들이 통일을 위해 직접적으로 할 수 있는 것은 없지만 그것을 뒷받침하는 국민들의 노력이 절실하게 필요하다. 통일을 이루고 나서도 안정적으로 사회를 유지하려면 특히나 그렇다. 독일을 생각해보자. 평화통일의 대표적인 예가 바로 독일이다. 지금까지도 우리는 독일을 본보기로 하고 있지만 사전 준비 작업이 미흡했던 독일 통일은 이후 많은 문제점을 노출했다. 경제가 훨씬 어려웠던 과거 동독 주민들은 급변한 사회 환경과 생활 방식에 적응하지 못해 실업자가 급증했고, 서독 주민들은 우월감에 젖어 '1등 국민', '2등 국민'이라는 신조어까지 만들어 냈다. 동독과 서독의 경제적 격차는 아직까지 완전히 줄이지 못하고 있는 실정이다. 이렇듯 아무리 평화적으로 통일을 했다고 하여도 그 이후에 많은 혼란이 따라오는 것은 어쩔 수 없이 감수해야할 부분이다. 이 혼란을 얼마나 수월하게 해결할 것인가가 바로 우리에게 달려있는 것이다.

남한과 북한의 적대감이 고조되고 있는 지금, 무엇보다 필요한 것은 공감과 소통이다. 그렇다면 통일 한국에서의 공감과 소통을 위해 우리가 갖추어야 할 시민윤리는 무엇일까? 가장 기본적으로 평등 대우가 있다. 그동안 물질적 평등 사고를 가지고 억압받는 삶을 살아온 북한 주민들이 타인과의 경쟁은 물론 자신의 삶을 자율적으로 선택하는 우리의 환경에 적응 한다는 것이 쉽지 않을 것이다.(남한에 흡수통일 된다는 가정 아래다) 이러한 상황에서 북한과 남한 주민에 다른 권리마저 적용한다면 그것은 불평등으로 받아들여지며 심각한 남북 간 지역 갈등이 생길 수 있다. 여기서 다른 권리란 정부에서 결정하는 법도 있겠지만 마땅히 누려야할 기본적인 권리도 포함된다. 학교나 직장 등 사회 안에서 우리가 그들을 이방인 취급하며 차별하는 것은 그들에게 가장 기본적인 권리를 박탈하는 것이다. 물론 이 모든 것에는 관용 정신이 동반되어야 한다. 평등을 넘어서 남한과 북한이 바로 이 관용의 정신으로 유대감을 회복하고자 노력해야 한다. 본래 한민족이었다는 동질감으로 단지 땅덩어리만 통일 된 것이 아니라 정치, 사회, 문화적으로도 진정한 통일을 이루어야 할 것이다. 통일이 된다면 전혀 상반된 두 나라가 합쳐지는 것이기 때문에 정치적으로 많은 조정이 필요할 것이고 변화가 있을 것이다. 이런 때에 국민들은 사회에 적극적인 참여가 필요하고 북한과 함께 합리적인 의사 결정을 모색해야 한다. 이 과정에서 우리는 어떤 누구도 우월감을 가져서는 안 되고 서로의 의견을 존중한다.

이러한 국민들의 노력과 적응은 하루아침에 가능한 것이 아니다. 통일을 기다리는 지금부터 우리는 통일 한국에 필요한 시민 윤리를 갖추어야 한다. 초등학교 때 내가 예상했던 통일의 날은 앞으로 10년이 남았다. 어쩌면 과거 10년 동안 달라지지 않은 것은 남북한 대치상황이 아니라 분단국가의 국민으로서 살아가는 우리의 인식일지 모른다. 지금부터라도 대한민국의 국민들이 시민 윤리를 갖추어 나가며 통일로 다가가는 시대를 만들고자 노력한다면 10년이 아니라 5년 안에도 평화통일의 염원을 이룰 수 있지 않을까 생각해본다.

통일한국의 시민들이 가져야 할 자세

건축학부 변희윤

남북이 분단되고 70년이 지났다. 서로 떨어져 산지 70년, 남과 북은 많은 것들이 달라져 있다. 말도 다르고 생활 방식도 달라진 남과 북 사이에 최근 통일의 분위기가 조성되고 있다. 물론 하루 빨리 통일이 되기를 기다리는 사람들도 있을 것이고 통일을 원하지 않는 사람들도 있을 것이다. 통일을 원하지 않는 사람들에게 있어서는 남과 북의 70년 동안에 커져버린 격차가 그러한 이유가 되지 않을까 싶다. 그렇기 때문에 보다 많은 사람들의 동의를 얻어 통일을 준비하고 그로 인해 얻어진 결과를 유지하는 데 가장 필요한 자세는 '이해' 라고 생각한다. 통일을 위해 우리는 남과 북의 경제적 수준 차이를 이해하고, 서로의 문화를 이해하고, 또한 서로의 반응에 대해 이해해야 한다.

한편 사람들이 통일에 대해 걱정하는 또 다른 이유는 남북의 경제적 격차로 인해 통일 이후에 남한에서 지원해야 할 경제적 부담감에서 찾을 수 있다. 실제로 그렇게 되면 남한이 손해라는 생각을 가진 사람들이 적지 않다. 이러한 염려는 남과 북의 소득 격차를 줄이기 위해 북의 경제 활성화에 지원되는 경제적 부담감만큼 또 다른 경제적 이익을 얻을 수 있다는 사실을 통해 해결할 수 있다. 실제로 통일이 된다면 이전의 군사적 대치상태를 유지하기 위해 쓰이던 막대한 국방비가 절감되며 동시에 그만큼의 인력을 다른 곳에 투자할 수 있다는 장점이 있다. 또한 북한에 많은 지하자원이 있다는 것을 우리는 학교 수업시간에 들어서 알고 있고 책에서 읽어서 잘 알고 있다. 따라서 통일이 되면 우리의 자본을 투자해 북쪽의 지하자원을 개발함으로써 미래에 더 많은 이득을 얻을 수 있다는 것도 잘 안다. 이러한 이유에서 우리는 경제적 격차가 커서 부담이 된다는 생각보다 서로 도움이 될 수 있는 부분을 생각해 나가면서 이해를 하는 태도가 필요하다고 생각한다. 이렇게 이해의 방향을 전환하면 남한의 경제적 지원은 '자선'이 아닌 '투자'가 된다.

물론 우리는 통일 이후의 문화적 격차도 걱정한다. 사용하는 말에서부터 생활 모습까지 이제는 각자의 문화가 고착되어서 그 격차는 더욱 커졌다. 이러한 문화적 차이도 서로의 문화를 이해하는 과정을 통해 극복될 수 있다고 생각한다.

필자는 1학기 교양과목 중 '한반도와 평화통일'이라는 과목에서 문경에 있는 '숭실 통일리더십 연수원'으로 캠프를 다녀온 적이 있다. 그 때 만난 탈북 이주민들과의 대화를 통해 한 가지 깨달은 것이 있다. 내가 만난 세 명의 이주민들 중 한 여성분은 북한에서도 남한의 드라마를 즐겨 본다고 말했다. 특히 살던 곳이 중국과 접해 있는 곳의 사람들은 남한의 것을 보다 쉽게 접할 수 있다고 한다. 그렇게 남한의 문화를 간접적으로 접해 보고 난 뒤 남한의 생활을 이해하기 쉬웠고, 그 결과 남한에 와서 비교적 쉽게 적응을 할 수 있었다고도 했다. 그 말을 듣고 서로의 문화 차이를 이겨내는 방법은 역시 서로의 문화를 자연스럽게 접하고 이해하는 것이라는 생각을 했다. 이처럼 자연스럽게 다양한 매체를 통해 남북 모두가 서로의 문화를 이해하고 받아들일 수 있도록 환경을 조성 한다면 그 격차는 서서히 줄어들 것이다.

나아가 통일 전에도 이해가 필요하지만 통일이 되고 난 후에도 이해는 여전히 필요하다. 사람들의 생각이 각자 다르듯이 남과 북 그리고 그 안에 있는 사람들의 생각도 모두 다르다. 또한 경제적 문화적 격차를 이해하고 받아들인 후의 반응도 각기 다를 것이다. 서로를 이해하고 내린 결론, 즉 차이에 대해 대응을 하는 방식이 다를 때에도 이해가 필요하다. 통일을 하게 되면 피할 수 없는 크고 작은 혼란이 발생할 것이다. 그 때마다 서로의 주장만을 고집하고 자존심만을 세울 것이 아니라 상대의 입장을 이해하고 양보해야 한다. 처음부터 통일에 대해 모든 것을 완벽하게 준비하는 것이 현실적으로 불가능한 일인 만큼 통일을 이루어 나가는 과정에서 서로를 이해하며 차이를 줄여 나가려는 노력을 한다면 건강한 통일한국을 이루어나갈 수 있을 것이다.

통일이란 '결과'가 아니라 서로를 이해하며 받아들이는 '과정'이다. 경제적 측면에서부터 시작하여 문화에 이르기까지 서로 이해하며 양보하고, 문화의 차이를 자연스럽게 받아들여 이해하는 동시에 상대방의 입장에서 차분히 갈등을 해결하려 한다면 통일한국은 더욱 강해질 것이다. 우리나라가 남북 간의 이해를 통해 다른 나라 부럽지 않은 무한한 잠재력을 미래의 힘으로 발휘할 수 있는 바람직한 통일한국이 되기를 간절히 바란다.

제10장

통일 한국을 준비하기 위한 세 가지 덕목

들머리

한래희(베어드학부대학 교수)

김서경 학생의 글은 수학의 적분 계산식을 활용하여 남과 북이 하나라는 점을 창의적으로 표현한 시입니다. 수학에서 sinθ과 cosθ의 그래프는 엇갈려 있지만 가슴속에 θ라는 공통분모를 품고 있어 조금만 움직이면 적분이 가능하게 되듯이 지금은 남과 북이 갈려 있지만 젊은이들이 하나의 목표를 향해 같은 곳을 바라본다면 언젠가는 '하나'가 될 수 있다는 점을 말하고 있습니다. sinθ과 cosθ라는 기호에서 θ라는 하나의 공유점을 찾아내어 그것을 통일을 가능케 하는 본질적 유사점으로 치환하는 발상이 신선하게 다가옵니다. 그리고 갈라졌던 허리가 잘린 한반도가 하나가 되려면 젊은이들의 역할이 중요하다는 점을 '새빨간 피를 뿜어내는 심장을 가진'이라는 표현을 통해 생생하게 보여준 부분도 좋습니다. 대상에 대한 세밀한 분석력과 응용력이 잘 드러난 글이라 할 수 있습니다.

채종민 학생의 〈새로 쓰는 대한민국〉은 짧은 소설 형식을 통해 주인공 우원이 아버지의 숨은 과거사를 알게 되면서 아버지를 더 깊이 이해하고 통일이 왜 필요한가를 파악하게 되는 과정을 감동적으로 담아내고 있습니다. 통일에 대해 별다른 생각이 없었던 주인공은 아버지에게 북한에서 죽은 아버지의 형, 즉 큰아버지의 이야기를 들으며 평소 통일을 간절히 원했던 아버지를 이해하기 시작합니다. 대통령 취임식장에서 상을 받기 위해 단상에 오르는 아버지에게 주인공이 크게 박수를 치는 마지막 장면은 그가 아버지와 통일에 대해 더 깊이 이해하고 공감할 수 있게 되었다는 점을 압축적으로 보여줍니다. 아버지에 대해 이해하는 과정이 통일의 필요성에 대한 이해와 자연스럽게 연결되고 있다는 점이 이 글의 큰 미덕이라 하겠습니다.

백경호 학생의 〈형제에게〉는 대한민국에 사는 '나'와 북한에 사는 '너'

가 처한 상황의 대조를 통해 남과 북이 한 형제이고 '같이 웃'어야 하는 형제라는 점을 인상적으로 전달하는 시입니다. 먹을 것, 입을 것조차 부족한 환경 속에서 살아가는 북한의 '너'와 더 많이 먹고 더 많이 가지지 못해 불만을 갖는 '나'의 대비를 보며 독자는 주변 환경을 탓하며 자기 합리화 속에 살아가는 자신의 모습을 반성하는 기회를 갖게 됩니다. 길지 않은 시이지만 대조의 방법을 효과적으로 활용하여 우리의 삶에 대한 성찰을 자연스럽게 이끌어내고 있습니다. 마지막 연과 시를 마무리하는 '너의 형제로부터'라는 문구는 이 시가 자기반성의 독백으로 그치는 아니라 북한의 친구에게 보내는 마음의 편지라는 점을 잘 드러내고 있습니다. 남과 북이 형제라는 인식은 이렇게 서로의 처지에 대한 이해와 공감이 바탕이 될 때 비로소 의미를 갖게 된다고 할 수 있습니다.

이진범 학생의 〈갈라져도 하나〉는 남과 북의 분단 상황을 젓가락에 빗대어 통일의 당위성과 통일에 대한 희망을 피력하고 있습니다. 갈라진 '젓가락'과 부서진 '막대자석'의 비유를 통해 남과 북이 겉으로는 갈라져있지만 내적으로는 동질적 존재라는 점을 드러냅니다. 너무나 오랜 세월 동안 다른 체제와 문화 속에 살아왔기 때문에 남과 북이 원래 하나였다는 사실을 망각하기 쉬운데 이 시는 남과 북의 일체성을 '갈라지지만 하나인' 젓가락을 통해 깨닫게 합니다. 시는 '우리가 다시 함께할 그 날을' '기다려' 보자는 말로 마무리됩니다. 그런데 둘로 나뉜 자석이 붙을 그 날을 막연히 '기다'리기 보다는 하나 되는 그 날을 앞당기기 위해 우리가 해야 할 일이나 풀어야 할 과제에 대해 생각해보는 것이 더 중요하지 않을까요.

이우영 학생의 〈시나브로〉는 숭실대에 다니는 한 남학생과 숭실대 학생으로 가장한 남파 정보원 여성의 사랑이야기를 다루고 있습니다. 화자 '나'는 강의실에서 만난 '설매'라는 학생에게 이상하게 끌리고 적극적으로 만남을 지속하고 싶어 합니다. 그러나 어느 날 아무 말 없이 '설매'는 사라지고 그 후에도 '나'는 설매를 잊지 못합니다. 글 후반부는 설매의 이야기로, 복귀하라는 명령에 어쩔 수 없이 북으로 돌아갔지만 주인공이 보여준 애정으로 인해 남한 사람에 대한 생각이 달라졌다는 점을 이야기합니다. 분단이 된 지 오랜 세월이 흘러 남과 북이 더 이상 서로에 대해 동질성을 느끼기 어렵다고 생각하지만 이 글은 두 사람의 짧지만 여운 깊은 연애를 통해 양측이 서로에 대해 애정과 관심을 보인다면 얼마든지 동질감을 경험하며 가까워질 수 있다는 점을 잘 보여주고 있습니다. '시나브로'라는 제목은 남과 북이 가까워지려는 노력이 서서히 그리고 꾸준히 이루어져야 한다는 점을 암시하는 것이겠지요.

강상빈 학생의 〈통일 8행시〉는 제목 그대로 '통일 한국의 시민상'이라는 문구를 가지고 8행시를 지은 것입니다. 첫 연은 통일에 대해 갖가지 이야기들이 분분한 상황의 안타까움을, 두 번째 연은 통일을 위해 노력은 못할망정 서로에게 총을 겨눔으로써 서로에 대한 신뢰를 상실해가는 현실에 대한 안타까움을, 세 번째 연은 앞으로 시간이 더 흐르면 앞서 행했던 대결과 싸움이 부질없는 것임을 깨닫고 서로를 더 이해하게 되지 않을까라는 일단의 기대를 보여주고 있습니다. 서로에게 총을 겨누며 싸운 아픈 기억과 오랜 분단 현실이 가져다 준 회의적 감정으로 인해 남과 북이 분열의 상황을 지속하고 있음을 안타까워하는 마음이 8행에 잘 압축되어 있습니다. 8행시 형식이란 것이 인위적으로 느껴질 수 있으나 큰 위화감 없이 분단된 남북한의 현실과 소모적인 대립이 안타깝다는 점을 효과적으로 드러내고 있습니다.

안현철 학생의 〈요즘 아이들은 모르는 이야기〉는 남북이 통일된 후 10년이 지난 시점을 가상으로 설정하고 통일 이후 벌어졌을 법한 두 남녀의 사랑과 갈등, 그리고 이별 이야기를 보여줍니다. 주인공 '나'는 빵을 훔치다 걸린 북한 출신 소녀를 자신의 집에 데려와 얼마간 함께 살지만 자신의 존재가 '나'에게 피해가 된다고 생각한 소녀는 '나'에게 알리지 않고 집을 나갑니다. 시간이 흘러 놀이공원에서 우연히 주인공은 소녀를 다시 만나지만 전화번호만 교환하고 헤어집니다. 이 소설은 우리 사회에 만연한 북한 사람들에 대한 편견과 차별의식을 비판하면서 겉으로는 통일이 이루어졌다고 하더라도 남과 북이 서로에 대해 배타적 인식을 가지고 대할 경우 그런 통일은 모래성에 불과하다는 점을 잘 보여주고 있습니다. '요즘 아이들은 모르는 이야기'이겠지만 요즘 아이들도 알 필요가 있는 이야기의 하나라 할 수 있겠습니다.

유민욱 학생의 〈거짓된 믿음〉은 남과 북의 남녀가 편견을 딛고 결혼이라는 결실을 맺었으나 불의의 사업 실패로 폭력과 불화에 시달리는 가족의 이야기를 그리고 있습니다. 부모님의 다툼을 피해 옥상으로 올라온 주인공 '믿음'은 아버지와 어머니가 서로를 진정으로 믿고 의지하면 시련을 이겨낼 수 있을 것이라 믿지만 이 믿음이 실현되기는 어려워 보입니다. 어두운 결말을 통해 이 소설은 막연한 믿음만으로는 고통스러운 현실을 이겨내기 힘들다는 이야기를 전달하려 하고 있습니다.

2003년에 개봉된 「굿바이 레닌」이라는 독일 영화가 있습니다. 동독에 사는 열혈 공산주의자 크리스티아네는 8개월 간 코마 상태로 있다가 깨어나는데 문제는 그 사이에 동독과 서독을 가르던 장벽이 무너지고 통일이 되었다는 것입니다. 동독이 서독과 통일되었다는 사실을 알게 되면 충격을 받아 어머니의 생명이 위태롭게 될 것을 두려워한 아들 알렉스는 어마어마한 거짓말 프로젝트를 계획합니다. 그것은 어머니가 여전히 동독에 살고 있다고 생각하게 하는 것이었습니다. 이를 위해 알렉스는 엄마가 사는 곳을 예전 동독의 모습과 똑같이 꾸미고 먹을 것과 입을 것 모두를 과거 동독에서 살던 때와 동일하게 준비합니다. 심지어 TV의 뉴스까지 스스로 제작하여 동독이 무너졌다는 사실을 엄마가 눈치 채지 못하게 합니다. 이런 요약만 보아도 대단히 영화적인 설정이지만 분단된 체제에 적응하며 오랜 기간 살아온 시민에게 얼마나 큰 충격인가를 단적으로 보여주는 영화라 할 수 있습니다.

통일은 남과 북을 물리적으로 가르고 있던 3·8선을 없애고 정치체제를 통합하는 것으로 완성되지 않습니다. 앞서 소개한 영화에서 알 수 있듯 통일은 정치적 차원의 통합이면서 동시에 의식적 차원의 통합 문제이기도 합니다. 수 십 년 이상 서로 다른 정치체제와 문화 속에 살아온 남과 북이 단번에 통합을 이루기는 사실상 힘들 것입니다. '통일한국'이 통일을 위해 노력하는 시대와 남과 북이 하나 된 시대라는 의미를 동시에 지니고 있다고 할 때, '통일한국'을 앞당기고 통일 후 한국을 준비하기 위해서는 정치체제의 통합뿐만 아니라 의식적 차원의 노력도 필수적일 것입니다.

남과 북의 시민들이 서로를 통일된 국가의 동등한 시민으로 인정하고 함께 살아가기 위해 우리에게 꼭 필요한 것이 무엇일까요. 이에 대해 다음의 몇 가지 사항에 대해 생각해 볼 필요가 있습니다.

첫째, 서로의 다름을 인정하고 자신의 잣대로 상대방을 재단하지 않는 태도가 무엇보다 중요할 것입니다. 남한에 사는 우리는 북한에 대한 모종의 우월감 속에 북한 사람들을 비하하거나 무시하기 쉽습니다. 현재 북한이탈 주민이 한국에서 겪고 있는 어려움만 보아도 이를 확인할 수 있습니다. 남한 사람들이 자신들을 눈 아래로 보는 느낌을 받는다거나 '탈북자'라는 이유로 무시하는 것이 그 대표적인 예입니다. 우리가 경제적으로 더 잘 살고 발전했다고 해서 북한을 저개발국 보듯 한다면 남과 북의 간격은 좁혀질 수 없습니다.

서로가 다른 체제와 문화 속에서 살아왔다는 점을 인식하고 상대방의 다름을 있는 그대로 인정할 때 양 측의 거리를 조금씩 좁혀질 수 있습니다.

둘째, 남과 북이 다르게 살아온 역사와 서로의 상황에 대한 이해와 공감이 필요할 것입니다. 앞서 서로의 다름을 인정하고 상대를 있는 그대로 받아들이는 태도가 중요하다는 점을 이야기했는데 이런 태도가 쉽게 얻어지는 것은 아닙니다. 우리가 다른 역사 속에서 살아온 그들의 역사를 이해하고 서로가 처한 상황이 어떠한가에 대한 공감이 이루어질 때 다름의 인정이 가능할 것입니다. 즉 다름의 인정은 상대를 인정한다고 말한다고 해서 되는 것이 아니라 상대방의 입장에서 상황을 바라보고 그들의 처지에 공감할 수 있을 때 비로소 달성될 수 있습니다. 이런 의미에서 '통일시대'는 이해와 공감이 무엇보다 절실한 시대라고 할 수 있습니다.

셋째, 통일한국에는 시민 한 사람 한 사람의 주인의식이 무엇보다 요구됩니다. 오랜 기간 갈라져 있던 남과 북을 하나의 나라로 만든다는 것은 소수의 정치인이나 지도자만의 과업일 수는 없습니다. 통일은 정치체제의 통합으로 시작되지만 진정한 의미의 통일이 이루어지려면 우리 각자가 하나 된 나라의 주인임을 자각하고 자기의 자리에서 통합을 위한 실천들을 하나씩 진행해 나가는 것이 중요합니다. 우리 각자가 통일 국가의 시민이라는 자긍심을 가지고 남과 북의 차이를 좁히려는 노력을 스스로 찾아 실천할 때 통일은 통합의 궤도로 들어설 수 있을 것입니다.

통일은 분단된 국토의 통합이나 정치체제의 통합과 같은 눈에 보이는 통일로 완성되지 않습니다. 남과 북의 보이지 않는 다름, 차이를 좁히려는 노력이 병행될 때 진정한 의미의 통일이 가능할 것입니다. 다름에 대한 관용과 인정, 서로의 역사에 대한 이해와 공감, 주인의식은 통일한국으로 가는 길을 앞당기기 위해 그리고 진정한 의미의 통일한국을 실현하기 위해 우리에게 요구되는 태도라 하겠습니다.

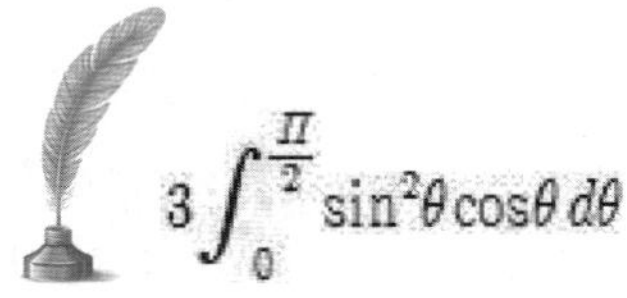

$3\int_0^{\frac{\pi}{2}} \sin^2\theta \cos\theta \, d\theta$

기계공학과 김서경

난해한 문제…
미분의 역과정인 적분은 쉽지가 않다.
미분되기 전엔 어떤 모습이었을지
이 함수는 원래 무엇이었는지
미분하고 나니 보이지 않는다

문득 스치는 생각
$\sin\theta$를 치환해 보자
$\sin\theta = t$라하고
이를 미분하니 $\cos\theta d\theta = tdt$
점점 보이기 시작한다
θ의 범위를 t의 범위로 바꾸고
마침내 보이는 식 하나
$3\int_0^1 t^2 dt = 3\left\{\left(\frac{1}{3}\right) - (0)\right\}$

정답으로 나온 1이라는 값
연습장을 덮으며 드는 생각
$\sin\theta$와 $\cos\theta$ 모두 θ를 가슴에
품고 있었기에 적분이 가능했다는 것

θ, 이것을 빤히 쳐다보니
보이는 태극문양
우리의 가슴에 새겨진 θ

θ, 이것을 빤히 쳐다보니
보이는 허리 잘린 한반도

θ, 이것을 빤히 쳐다보니
보이는 심장
우리가 태극기 앞에서 손을 얹던 심장

한반도 안, 우리 모두에게 있는 θ.
$y=\cos\theta$ 그래프를 $\frac{\Pi}{2}$ 만큼 움직이면
보이는 $y=\sin\theta$
우리는 서로를 통해 적분될 수 있는 것이었다.

$\sin\theta$와 $\cos\theta$가 서로를
마주볼 때가 아닌, 함께 같은 곳을 볼 때
얻을 수 있는 1이라는 값
미지의 영역에 발을 딛게 한,
현명한 누군가 생각해냈던 치환
그리고 현명한 누군가가 되어야 할
나, 젊은이들.
멈추지 않는 박동을 하며
새빨간 피를 뿜어내는 심장을 가진
우리 젊은이들

그리고 우리를 기다리는
5월의 햇살 가득한 신대륙

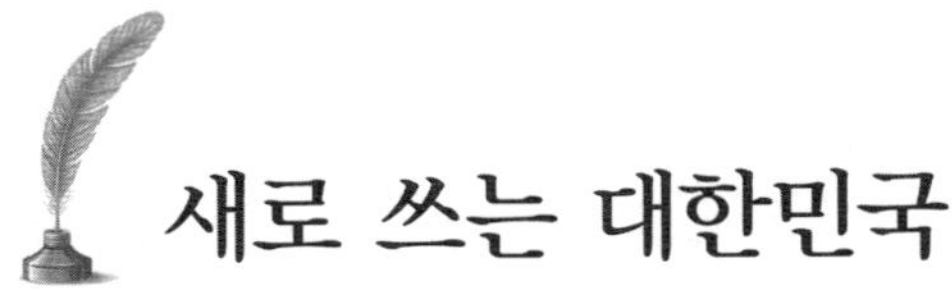

새로 쓰는 대한민국

컴퓨터학부 채종민

우원은 고단한 몸을 겨우 일으켜 침대에 앉았다. 얼른 잠에서 깨려 했지만 쉽지 않았다. 빨리 준비를 마치고 나가야 한다고 생각하니 벌써부터 짜증이 나기 시작했다. 내키지는 않지만 그의 아버지와 약속을 한 탓이었다. 유독 아침잠이 많은 그에게는 평소보다 일찍 일어나 연구소까지 아버지를 태워다드리는 것이 어쩌면 수학 시험에서 백점을 받는 것보다 힘든 일이었다. 원래라면 한사코 거절했겠지만 오늘은 날이 날인만큼 차마 거절할 수 없었다. 왜냐면 오늘은 통일 대통령의 취임식이 있는 날인데 그의 아버지가 인사로서 초청되었기 때문이다. 통일연구소의 소장인 그의 아버지는 삼십년이 넘는 시간동안 통일을 위해 누구보다 열심히 일 해온 사람이었다. 그와 달리, 우원은 통일에 대해서 그다지 관심을 갖지 않았다. 꿈에도 생각지 않은 통일이 눈앞에 온 것에 대해 그저 얼떨떨한 기분만 들 뿐이었다. 언젠가는 통일이 될 수도 있을 거라고 생각했지만 그것이 자신의 세대에서 이루어지리라곤 바라지

도 생각지도 않았었다. 앞으로 그가 내야하는 갖가지 명목하의 세금만이 걱정될 뿐이었다. 조용히 앉아있는 그에게 아버지는 준비를 재촉했다.

대충 샤워를 끝내고 난 후 우원은 주차장으로 내려가 자동차에 시동을 걸었다. 곧이어 그의 아버지가 내려왔다. 한 시간은 걸리는 거리였기 때문에 우원은 서둘러 출발했다. 퍽이나 이른 시간에 출발했는데도 교통정체가 상당했다. 일찍 일어난 데다 차까지 막히자 우원은 피곤함을 배로 느꼈다. 내일은 일을 나가지 않아도 된다는 사실이 작게나마 그에게 위안

이 되었다. 그에 반해 그의 아버지는 통일 생각에 자신도 모르게 콧노래까지 흥얼거리고 있었다. 이런 아버지의 모습이 우원에게 일상적인 모습은 아니었다. 사실 아버지가 차를 태워달라고 했을 때 그는 적잖이 놀랐었다. 이번처럼 부탁을 한 적이 별로 없었기 때문이다. 그 때문에 거절을 하지 못한 것도 있었다. 여느 때와는 다른 아버지의 모습에 낯설음을 느끼고 있을 때 어느 새에 연구소에 도착했다. 어른거리는 햇살이 아직 정오조차 되지 않았음을 알리는 듯하였다. 그의 아버지는 연구소에서 보여줄 게 있다며 우원에게 연구소로 들어오라 했다. 차에서 기다리겠다고 말해보았지만 오래 걸리지 않을 거라며 딱 잘라 말하는 바람에 어쩔 수 없이 연구소로 걸음을 옮겼다. 나라에서 운영하는 시설이라 그런지 여러 인사들과 아버지가 찍은 사진들이 벽에 걸려 있었다. 통일부장관을 비롯해 나라 소식에 문외한인 우원마저 알아보는 사람들로 가득했다. 하지만 일찍이 흥미를 잃어버리고 말았다. 그의 아버지는 자신의 사무실로 들어가 소파에 앉았다. 이윽고 커피 두 잔을 타기 시작했다. 슬쩍 보기에도 싸구려 인스턴트커피는 아니었다. 이렇게 여유를 부릴 거면 왜 이리 이른 시각에 일어나라 했는지 아버지를 조금씩 원망하기 시작했다. 오전 열시가 조금 넘은 시각이었다. 그의 아버지는 커피 한 잔을 우원에게 건네주면서 앉으라고 말했다. 우원은 떨떠름한 표정으로 커피를 건네받은 채 소파 가장자리에 앉았다. 침묵이 이어졌다. 금세 커피를 마신 후 우원은 시계를 보았다. 딱히 할 게 없으면 얼른 일어나자는 표시였다. 조용히 커피를 마시던 그의 아버지가 이내 입을 떼었다.

해방 후 우리나라는 빈곤함을 면치 못했고 엎친 데 덮친 격으로 6.25전쟁까지 일어나 국민 모두가 먹고 살아가는데 어려움을 면치 못했었다. 전쟁이 끝난 후 태어난 그의 아버지는 이러한 것을 알 리 없었고 장사를 통해 집안이 일어서면서 그의 아버지는 불편함이라곤 찾을 수 없는 어린 시절을 보냈다고 말했다. 그러던 어느 날, 그의 아버지는 우연히 부모님이 울면서 통화하는 것을 보게 되었다. 아버지는 이유에 대해 부모님께 물었으나 괜찮다는 말에 그저 대수롭지 않은 일이라 생각하며 넘긴 적이 있다고 했다. 세월이 흘러 그의 아버지가 대학에 입학할 즈음에서야 부모님이 이제는 알아야 할 때가 되었다며 그 때의 이야기를 해주셨다고 했다.

6.25 당시에 겨우 일곱 살 밖에 안 되었던 그의 형을 잃어버렸었다고 하셨단다. 아들이 죽은 줄 알고 장례까지 치러주었는데 오랜 세월이 지난 후 죽은 줄로만 알았던 큰 아들이 죽지 않고 살아있다는 전화를 받으신 후 그토록 우셨다는 것이다. 하지만 안타깝게도 큰 아들은 저 멀리 북한에 살고 있어 한국으로는 돌아올 수 없을 거라는 것이었다. 이를 들은 그의 아버지는 울컥하는 감정을 느꼈다. 있는지도 몰랐던 형의 존재와 다시 가족에게 돌아올 수 없음에 처음으로 통일에 대해 처음으로 생각해보게 되었다는 것이다. 이후 그의 아버지는 통일학과로 진학해 일요일도 없이 공부에만 전념했다고 했다. 북한에 살고 있는 형을 만나기 위해 그리고 그를 위해 조금이라도 보탬이 되기 위해서 하루라도 빨리 통일이 되었으면 하는 마음이 가득했다고 말했다.

시계 초침이 일정한 소리를 내며 움직였다. 일초가 쌓여 일분이 되고 십 분이 되는 동안 우원은 아무런 이야기도 할 수 없었다. 그저 속으로 놀라움을 곱씹을 뿐이었다. 지금까지 그의 아버지에게 여러 이야기를 들은 것은 아니지만 그 중에서 가장 놀라운 이야기임은 분명했다. 우원은 어떤 말을 꺼내야 할지 몰랐다. 오랜 생각 끝에 그의 아버지에게 형을 만났는지 물었다. 서먹한 웃음을 지으며 그의 아버지는 책상 옆 서재로 갔다. 그 중 책 한 권을 꺼내들었다. 오래된 책은 흐른 세월을 보여줬지만 상한 데 없이 고풍스러운 느낌을 자아냈다. 책을 반 갈 라 사진 한 장을 꺼내들었다. 그리고는 우원에게 보여주었다. 그 사진을 보자마자 우원은 뒷통수를 한 대 얻어맞은 듯한 느낌을 받았다. 사진에는 언뜻 보기에도 매우 야윈 듯한 광부가 한 명 서 있었다. 그 모습은 어린 시절 과학실에서 봤던 인체 모형도의 해골과 이질감 없이 닮아있었다. 우원은 한 눈에 이 사람이 자신의 큰 아버지라는 걸 알 수 있었다. 여지없이 코 오른쪽에 검은 점이 나있었기 때문이다. 어릴 적에는 우원과 그의 아버지가 코 오른쪽에 점이 나있는 사람은 우리 가족이라며 우스갯소리를 해왔었다. 어릴 때부터 농담이라 여겼던 사실이 대뜸 눈앞에서 사실로 확인되자 우원은 쓴웃음을 지었다. 그의 아버지도 처음에는 우원처럼 놀랐더라고 말했다. 어느 날 받은 한 장의 종이엔 처음 본다 해도 못 알아볼 리 없는, 코 오른쪽의 점까지 자신과 똑 닮은 남자의 사진이 인쇄되어 있었다고 했다. 사진을 받은 후 각고의 노력 끝에 형의 지인과 연결이 되었지만 형은 이미 폐렴으로 죽었다는 사실을 들었단다.

소원이었던 형과의 만남을 이루지 못한 그의 아버지는 오랫동안 망연자실했다. 스스로를 원망하기도 했다. 하지만 그 이후로 그의 아버지의 통일에 대한 열망은 오히려 늘어났다. 은빛물결이 그의 아버지의 머리를 뒤덮을 때까지 그의 아버지는 통일에 대한 생각만 했고 통일을 그렸다. 그래서 이처럼 영광스러운 날, 그 자리에 우원과 함께하고 싶었다고 말했다. 일순간 정적이 흘렀다. 둘은 어떠한 말도 하지는 않았지만 우원은 느낄 수 있었다. 그토록 꿈에 그리던 상황을 우원과 함께 느끼고 싶어 했던 아버지의 마음. 통일에 대한 깊은 생각이 없었음에도 이 순간만큼은 그의 아버지의 마음을 공감할 수 있었다. 그리고 이러한 공감을 한데에도 스스로 약간은 대견해했고 곧 스스로가 우스웠다. 하지만 그런 것은 별로 중요치 않았다. 소통 없이 지내던 그의 아버지에게서 이러한 이야기를 듣고 생각이 꽤나 변했다는 데에 우원은 만족스러워했다. 예전만큼 통일에 대해 무덤덤하지도 않았다. 우원이 봤던 낡은 사진은 남이 아닌 나라는 생각을 들게 하기에 충분했던 모양이다. 그러는 새에 해는 나무 위를 통과하고 있었다. 우원과 그의 아버지는 사진을 다시 책 속에 넣은 후에 연구소를 나왔다. 일찍 일어난 데에 대한 피로는 조금도 느껴지지 않았다. 전부터 절실하던 담배생각도 나는 일이 없었다. 우원과 그의 아버지는 아무 일도 없었다는 듯이 차에 올라탔다. 여전히 도로는 정체 중이었다. 자칫하면 행사에 수도 있다는 생각마저 들었다. 도로에는 차가 내뿜는 아우성 소리만 들렸다. 우원은 그의 아버지를 쳐다보았다. 그의 아버지는 편안한 얼굴을 한 채로 그저 앞만을 바라보고 있었다. 우원은 그의 아버지에게 이야기를 말을 걸어 볼까 생각도 해보았지만 결국은 침묵하기로 했다. 지금 이 순간의 기분이 더할 나위 없이 좋았기 때문이다.

서로 닮은 얼굴로 닮은 표정을 지은 둘을 태운 자동차는 행사장으로 쉴 새 없이 달려갔다. 통일 대통령 취임식 행사장은 역시나 북새통을 이루었다. 각 국의 기자들과 초청 인사들이 일제히 모여서 서로 인사를 나누고 있었다. 우원은 그의 아버지가 그 곳에 있다는 게 통일이 된 것 만큼이나 자랑스러웠다. 멀리서 행사가 진행되는 것을 보면서 우원은 다시금 통일에 대해 생각하고 있었다. 아직까지 스스로 답을 내리지 못했지만 통일에 대한 자신의 인식이 좋아졌음을 부정하기는 어려웠다. 혼자서 생각을 하던 와중에 그의 아버지가 단상에 올라가는 모습이 우원의 눈에 띄었다. 좁아졌던 어깨가 다시 넓어진 듯한 착각이 들었다. 그 모습은 이루 말할 수 없이 자랑스러웠다. 우원은 주변시선은 아랑곳 하지 않고 크게 박수를 쳤다. 그러자 주변은 이내 박수소리로 물들었다.

형제에게

전자정보공학부 백경호

나는 대한민국에서 태어났고
너는 조선민주주의 인민공화국에서 태어났다

나는 편식을 배웠고
너는 배고픔을 배웠다

나는 고운 옷 못 입어 울었고
너는 고운 살결로 바람 맞으며 울었다

나는 금수저가 아님에 주어진 환경을 탓했고
너는 수저를 들기 위해 살았다

그동안 소중한 것들을 잊고 산 것은 아닌지
노력은 하지 않고 주변만 탓 한 것은 아닌지
열심히 살아서 너 데리러 갈게
같이 웃게 되는 그 날까지 잘 지내

너의 형제로부터

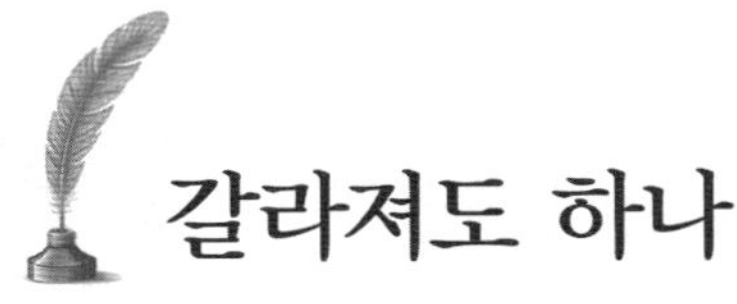

갈라져도 하나

전자정보공학부 이진범

젓가락 한 쌍이 갈라진다고
갈라진 두 개가 다른가.
둘이 같이 존재하고 서로 도와야만
그 두 개가 합쳐져 비로소 진정한 존재가 된다.

막대자석이 둘로 부서진다고
부서진 두 개가 다른가.
부서졌다 한들 그 두 개는 같다.
부서져 작아졌지만 그 안의 성질은 여전히 같다.

젓가락처럼, 막대자석처럼
누군가에 의해 갈라지고 부서진 우리

외부에 의해 갈라졌을 뿐 우리는 여전하다.
겉은 달라도 속은 같고 함께 존재한다.

젓가락 두 개가 서로 붙어 한 쌍의 역할을 하고
부서진 자석도 서로 다시 붙을 수 있듯이
기다려보자.
우리가 다시 함께할 그 날을.

시나브로

화학공학과 이우영

〈나의 이야기〉

-1-

남중, 남고, 공대 드디어 나에게도 나와 다른 성을 가진 사람들과 수업을 들을 수 있는 기회가 생겼다. 바로 교양수업이다. 이런저런 기대에 차 들뜬 가운데 한 여학생이 우리 강의실로 들어왔다. 봄비가 살짝 머리에 앉아서 그런지 머릿결이 부수수해 보였다. 나는 그녀를 보자마자 관심이 생겼다. 남자밖에 없는 공대에서 내가 유일하게 듣는 교양수업에 첫 여학생이 들어왔기 때문이다. 물론 그 이유에는 청초한 외모도 한몫했다. 나는 자연스럽게 교수님께서 출석체크하실 때 그녀의 이름에 관심이 갔다.

"김설매"

"네…"

그녀의 특이한 이름때문에 나뿐만 아니라 다른 학생들도 그녀에게 시선이 쏠렸다. 그것도 잠시. 교수님께서 다음 학생의 이름을 불러 시선이 분산되었다. 오늘은 첫 수업이니 만큼 교수님도 간단하게 오리엔테이션만 하고 일찍 수업을 끝내주셨다. 나는 속으로 다음시간에는 조별과제를 시켜주셨으면 좋겠다는 생각을 했다. 물론 그녀와 함께 말이다.

이런저런 상상을 하며 나는 집을 향해 발걸음을 옮겼다. 예전 같으면 동기들과 함께 학교를 나가며 수다를 떨거나, pc방에 가서 게임을 했을 텐데 지금은 아니다. 왜냐하면 내가 같이 동고동락하며 지냈던 동기들이 군대를 갔기 때문이다. 그래서 1학년 때 시간 아깝다하고 동아리를 들지 않았던 나에게 학교란 그저 수업을 듣는 공간이 되었다. 에스컬레이터를 내려가면서 나는 이번 2학년은 1학년 때 만큼이나 대학생활이 새로울 거라 생각했다. 물론 다른 방식의 새로움 이긴 하겠지만 말이다.

-2-

이런저런 나날을 보내고 다시 교양수업시간이 돌아왔다. 교양수업이라 그런지 교실 내 분위기가 싸늘하고 적막했다. 교수님도 눈치 채셨는지 조별로 모여 이야기기하는 시간을 주셨다. 4명씩 15조가 무작위로 만들어 졌는데 하필 내 조에 남자 3명이 들어왔다. 서로들 '운이 왜 이렇게 없지' 라고 하면서 자신이 세상에서 제일 불쌍한 사람이라고 생각했다. 나 또한 그랬다. 그래도 아쉬운 표정을 애써 감추려고 노력하며 서로 자신의 학번과 전공을 이야기하며 인사를 했다. 얘기를 나누는 와중에 나는 옆 조에서 흥미로운 이야기가 오가는 걸 들었다. 한 여학생이 새터민이라는 것이었다. 나는 '왜 새터민이 여기 있지? , 북한사람이구나 '라는 생각을 했다. 나는 왠지 모르게 새터민이라고 하면 우리와 다른 북한사람이라는 인식이 강하게 남아 있다. 나는 그녀가 누구인지 궁금했다. 나는 가방에서 무어라도 찾는 것 마냥 시늉을 하며 자연스럽게 고개를 옆으로 돌렸다. 남들이 보기엔 어색할지 몰라도 그 순간만큼은 내 스스로 자연스럽다고 생각했다. 고개를 돌려 얼굴을 보니 그 새터민은 내가 첫 수업 때부터 눈여겨 봐둔 설매였다. 그 순간 나는 그녀가 북한사람이라는 사실보다 조를 이렇게 만들어준 교수님을 원망했다. 나는 이상하게 그 조에 있는 다른 남학생들이 그녀에게 관심을 갖는 게 신경 쓰였다. 실은 서로들 별말 안했겠지만 말이다. 그냥 설매와 말이 오가는 것 자체가 마음에 걸렸다. 그리고 나도 어떻게든 그녀와 친하게 지내고 싶다는 생각을 했지만 역시 상상에서 그쳤다. 현실적으론 다음 교양 수업을 기다리는 수밖에 없는 것이기 때문이었다. 수업이 끝난 후 난 그 애를 떠올리며 지하철역으로 걸어갔다.

너무나도 궁금한 게 많았다. 새터민에 대한 궁금증보다는 설매에 대한 궁금증이 컸다.

-3-

어느덧 3월 중순이 되었다. 점점 날씨가 풀리면서 따뜻해진 것 같다. 거리를 걷다보니 사람들이 입는 옷의 두께가 얇아진 것만큼 이나 서로의 관계가 가까워진 것 같다는 생각을 했다. 서로 짝을 맞추고 있거나 모여서 무리를 이루었다. 그런데 나의 옷 두께는 여전히 그대로다. 나는 아직도 혼자다. 나도 나만의 방법으로 이 상황을 벗어나고 싶어 방법을 생각했지만 역시 실천엔 옮기지 못했다. 학교 앞에는 각종 부스들이 설치되었고, 신입생들을 끌어 모으려고 각자의 동아리를 홍보하고 다녔다. 작년엔 놀러 다니느라 바빠 동아리엔 눈길도 가지 않았는데 이제는 조금씩 눈에 보이기 시작했다. 부스들을 둘러보는데 설매가 보였다. 혼자 돌아다니는 설매를 보고 '설매도 아직 봄에 적응하지 못했구나' 하고 생각했다. 혼자만의 착각일지라도 설매와 동질감을 느낄 수 있어 기분이 좋았다. 나도 구경하는 척하면서 설매가 어떤 동아리를 신청하는지 눈 여겨 보았다. 그러다 설매가 배드민턴 동아리를 신청하는 걸 보았다. 어떻게든 설매와 친해질 기회를 찾던 나도 같은 동아리에 신청했다. 나도 이제 설매와 조금은 가까워 진 것 같다는 생각에 들뜨고 설렜다.

-4-

다시 교양시간이 돌아왔다. 교수님의 수업이 진행되었다. 나는 별다른 일 없이 수업을 들었다. 수업이 끝나기 전에 교수님께서 조별과제를 내주셨다. 과제는 조별끼리 모여 다른 나라의 음식들을 먹고 이에 대한 느낀 점을 적는 것이었다. 교수님이 조별끼리 자유롭게 모이라고 말씀하셨다. 나는 그 말을 듣자마자 피가 거꾸로 솟는 것 같은 느낌을 받았다.

나한테 어디서 그런 용기가 나왔는지는 모르겠다. 그저 이번에 생긴 기회를 놓치면 안 되겠다는 생각밖에 들지 않았다. 나는 설매한테 갔다. 나는 속으로 100번정도 외쳤을 말을 간신히 입 밖에 내놓았다.

"저랑 같이 조별과제 하실래요?…"

설매는 의외로 간단하게 승낙했다. 너무 좋았다. 나는 이제 그녀와 조금은 엮이기 시작한 것이다. 나는 바로 카카오톡 방을 만들겠다며 설매에게 핸드폰 번호를 물어보았다. 그런데 이상하게 그 부분에 민감했는지 아니면 내가 이상해보였는지 설매는 핸드폰이 없다고 했다. 분명 예전에 동아리 신청할 때 한손에 핸드폰을 가지고 있던 게 보였는데 말이다. 나는 아무렇지 않은 척하며 설매에게 다음 주에 와서 조별과제에 대해 말하자고 했다.

-5-

배드민턴 동아리 활동을 하는 날이다. 나는 거기서 설매를 볼 생각에 걱정되었다. 핸드폰 번호를 물어봤던 기억이 자꾸 되새겨졌기 때문이다. 이런저런 생각을 하며 옷을 갈아입고 배드민턴장에 갔다. 그런데 배드민턴장에 가던 중에 설매와 마주쳤다. 이유는 모르겠지만 그 순간 정말이지 그 동안 걱정했던 것들이 사라졌다. 나는 설매와 인사를 나눴다. 너도 이 동아리에 들었냐고 반갑다고 하면서 말이다.

배드민턴에 대한 기초 설명이 끝나고 자유롭게 배드민턴을 치는 시간이 주어졌다. 나는 설매에게 같이 배드민턴을 치자고 했다. 그런데 생각보다 설매가 배드민턴을 잘하는 거였는지 운동을 잘하는 거였는지 몸놀림이 예사롭지 않았다. 북한에서는 여자도 훈련을 받는지 의심스러울 정도로 배드민턴을 잘했다. 동아리가 끝나고 설매와 이런저런 이야기를 나누었다. 지하철역 까지 와서 나는 설매에게 상행선을 탄다고 했더니 자기는 그 반대방향인 하행성을 탄다고 했다. 시간이 없어서 많은 이야기를 하지 못해 아쉬웠지만 나는 다음에 또 보자고 인사를 했다. 그 뒤로 우린 서로 헤어졌다.

-6-

다시 교양수업시간이 돌아왔다. 나는 설매 옆에 앉았다. 나도 설매도 이 수업에서 아는 사람이 아무도 없었고, 나는 그래도 설매와 꽤 안면이 있다고 생각했기 때문이다. 나는 설매에 대해 궁금한 것들이 너무 많았다. 내가 설매에 대해 아는건 새터민이라는 것과, 나랑 반대 방향에 사는 것뿐이었다. 나는 설매와 친해지려고 옆에서 말도 걸고, 알면서도 모르는 척하며 물어보았다. 그런데 한결같이 설매의 반응은 냉담했다. 수업이 끝나고 나는 과제에 대해 얘기했다. 어떤 음식을 먹으러 갈지 고민하던 중에 교수님께서 다양한 음식들을 보여주셨다. 그 중에서 월남쌈처럼 생긴 '고이꾸온'[1]이라는 음식에 눈길이 갔다. 그래서 설매에게 이 음식 어떠냐고 물어봤더니 자기도 괜찮다고 하면서 저걸로 정하자고 했다.

나는 이번 주 금요일에 설매와 같이 밥을 먹을 수 있다는 것이 너무 좋았다. 그리고 그 시간에 설매에 대해 많이 알아 갈 수 있을 것 같았다.

-7-

나는 홍대역 2번 출구 앞에서 설매를 기다렸다. 얼마 지나지 않아 설매가 왔다. 나는 학교 밖에서 사적으로 설매를 만났다는 사실에 설렜다. 같이 음식점까지 걸어가는 길이 짧게만 느껴졌다. 음식점에 도착해 우리는 퍼[2]와 고이꾸온을 시켰다. 입맛에 안 맞을까 걱정했지만 생각보다 맛있었다. 설매도 맛있다고 했다. 나는 고이꾸온을 먹으며 설매에게 어디 사는지, 방과 후 시간에는 무얼 하는지, 왜 숭실대학교에 왔는지 물어봤다. 누가 보면 취재하는 줄 알겠지만, 그 상황에서 말을 이어가려면 어쩔 수 없었다. 설매는 처음에 대답을 조심스러워 하더니 점차 자신에 대해 많이 얘기 해주었다. 설매의 말에 의하면 설매는 인천에 살며, 취미는 그냥 집

1 고이꾸온 : 신선한 채소와 고기 등 다양한 속재료를 반짱(bánh tráng, 쌀가루로 만든 얇은 피)으로 감싸서 소스에 찍어먹는 베트남 음식

2 퍼 : 육수에 쌀로 만든 국수, 고기를 넣고 기호에 따라 칠리소스, 라임즙, 고수, 느억맘 등을 넣어 먹는 베트남의 쌀국수 요리

에서 티비를 보는 것이고, 많은 대학교 중에 숭실대학교에 진학한 이유는 통일에 대한 교육이 잘 이루어지고 새터민에 대한 인식이 좋을 것 같아서 왔다고 했다. 나는 또 물었다. 괜히 물어본 것 일수도 있지만 마음에 자꾸만 걸려서 어쩔 수가 없었다.

"근데 정말 핸드폰 없어요?"

설매는 웃으면서 말해줬다.

"제가 낯을 많이 가려 당황해서 그랬어요."

속으로 너무 좋았다. '그럼 이젠 나한테는 낯을 안 가리는구나' 하고 말이다. 그런데 갑자기 먼저 설매가 나한테 말을 걸었다. 북한이 어떤지에 대해, 왜 여기에 왔는지, 보통 새터민에 대해 물어보는데 나는 왜 그런 것들에 대해 물어보지 않냐고 말이다. 사실 나는 설매가 새터민이란 걸 의연중에 까먹고 있었다. 그냥 설매가 우리가 같이 살아가고 있는 사회에 한 사람이고, 내가 관심이 있는 여자라는 생각밖에 들지 않았기 때문이다. 나는 그래서 설매에게 말했다. 네가 새터민이라는 것 보다 그냥 네가 어떤 생각을 가지고 있는지에 대해 더 궁금해서 물어보지 않았다고 말이다. 설매는 나보고 특이하다면서 웃었다. 그렇게 우린 점심을 먹고 헤어졌다. 나는 이젠 설매와 많이 친해졌음을 느꼈다. 다음 교양수업부턴 정말 어색하지 않고 즐겁게 수업을 들을 수 있을 거라 확신했다.

-8-

수업이 끝난 후 배드민턴을 하러갔다. 물론 설매를 보려고 간 것 이지만 말이다. 그런데 설매가 보이지 않았다. 나는 바빠서 못 왔겠구나 생각했다. 아쉽지만 어쩔 수 없었다. 그 때 순간 저번에 설매의 핸드폰 번호를 물어보지 못한 게 마음에 걸렸다. 번호만 알았더라면 왜 동아리 활동에 못 나왔는지에 대해 물어볼 수 있었는데 말이다. 내 스스로 한심했다. 하루라도 빨리 설매와 같이 있고 싶은 마음이 커져만 갔다.

-9-

다시 교양수업시간이 돌아왔다. 이번엔 설매를 볼 수 있겠구나 하면서 들떴다. 하지만 내 예상과는 다르게 설매가 수업에 오지 않았다. 나는 어디가 잘못된 게 아닌지, 정말 아픈 게 아닌지 걱정됐다. 그렇게 수업을 마치고 집에 가는데 대학캠퍼스가 내 기분과는 너무나도 상반됐다. 중앙 분수대의 물줄기, 학생들의 웃음소리, 활짝 핀 벚꽃, 형형색색의 꽃들, 너무나도 아름다웠다. 이 모습을 보면서 까지도 설매와 함께 이 광경을 봤으면 좋겠다는 생각을 했다.

-10-

정말이지 이상했다. 설매가 3주째 보이지 않는다. 연락도 안 되고, 학교에서 보이지도 않았다. 아마도 설매에게 뭔가 문제가 생긴 것 같았다. 하지만 내가 할 수 있는 건 그냥 하염없이 기다리는 것뿐이었다. 내 스스로 너무 한심했다.

-11-

한 달이 지났다. 그 동안 너무나도 힘들었다. 사람을 잊는다는 게 쉽지만은 않았다. 특히 설매는 더 그랬다. 아쉬움이 많이 남았기 때문인 것 같다. 나는 이제 설매와 만나는 것을 체념했다.

-12-

1년이 지났다. 나는 설매를 통해 변한 것이 있다. 바로 새터민에 대한 인식이 바뀐 것이다. 설매를 만나기 전까지 만 해도 새터민에 대해 관심도 없었고, 그 단어에서 오는 괴리감이 있었다. 하지만 이제는 다 사라졌다. 그저 내가 가지고 있었던 선입견 때문에 새터민들에게 편견을 가졌던 것 같았다. 이제는 통일이 된다 해도 인간관계에 있어서는 문제 될게 없다고 느꼈다. 다른 사람들도 북한사람에 대한 편견을 깨고 하나의 사람으로 받아들인다면 나처럼 인식이 바뀔 것이라 확신한다. 이로 인해 사랑을 할 수 있을 것이고, 우정도 쌓을 수 있을 것이다. 나는 아직도 설매에 대해 생각을 한다. 뭐하고 지낼지, 왜 갑자기 돌연히 사라진 건지에 대해 말이다.

〈설매 이야기〉

-1-

저는 북한에서 왔습니다. 엄연히 말하면 북한에서 보내져 온 것입니다. 저는 남한의 정보를 넘겨주는 정보원 역할로 북한에서 왔습니다. 남한의 대학생들에 대한 생활정보를 북한에 넘기는 것이 저의 임무입니다. 임무를 수행하기 위해 저는 탈북자로 위장해 17살 때 남한으로 왔습니다. 그리고 남한의 대학교를 들어가기 위해 뒤늦게 공부를 해서 숭실대학교에 진학했습니다. 많은 대학 중에 숭실대학교에 들어온 이유는 통일에 대한 교육이 이루어지고, 초대 학교가 평양학교였기에 정감이 들었기 때문입니다.

저는 대학교에 진학하면서 부터 정보들을 모았습니다. 남한 학생들의 학습수준뿐만 아니라 남한의 발전정도까지 정보를 수집했습니다. 우리 인민 공화국과 달리 남한에서는 높은 건물이며, 지하철 같은 교통수단이 있는 걸 보고 놀랐습니다. 그런데 점차 적응하면서 이제는 외래어에 물들고 어느새 남한사람이 되어간다는 느낌을 받았습니다. 하지만 저는 제 임무에 충실만 하면 된다고 생각했기에 이 상황에 대해 이질감을 느끼지 않았습니다.

-2-

이렇게 살던 중 이상한 사람을 만났습니다. 보통 새터민이라고 얘기하면 피하기 일쑤인데 오히려 저를 먼저 찾아온 사람입니다. 저는 처음엔 그를 경계했습니다. 저의 정체가 들통 난게 아닐까 하며 걱정하고, 그를 주시했습니다. 하지만 베트남 식당에서 그와 점심을 먹으면서 걱정할 것이 아니란 걸 알게 되었습니다. 그와 얘기를 나눌 때 순수한 그의 눈망울은 저를 안심시켰고, 오히려 제가 그에게 빠져 버렸습니다. 그리고 앞으로 그와 친해질 생각에 설레기 까지 했습니다.

하지만 얼마 지나지 않아 인민 공화국에서 복귀하라는 연락이 왔습니다. 임무를 마쳐야 하기에 저는 돌아 갈수 밖에 없었습니다. 저는 이제 그와는 더 이상 못 만날 것이라는 사실에 너무 아쉬웠습니다. 그에게 제 상황을 말해주고 싶었지만 그냥 조용히 떠나는 것이 좋을 것이라 생각했습니다.

비록 저의 임무내용이 아니지만 남한과 북한사람들의 교화가능성이 충분히 있다고 우리 인민공화국에 가서 말할 것입니다. 저의 작은 시도가 크게 부풀어져 꼭 사령관님의 귀에 들어가 긍정적인 방안으로 받아지길 염원합니다. 저는 꼭 조국이 통일되어 다시 숭실대학교에 들어가는 날 만을 손꼽아 기다리겠습니다.

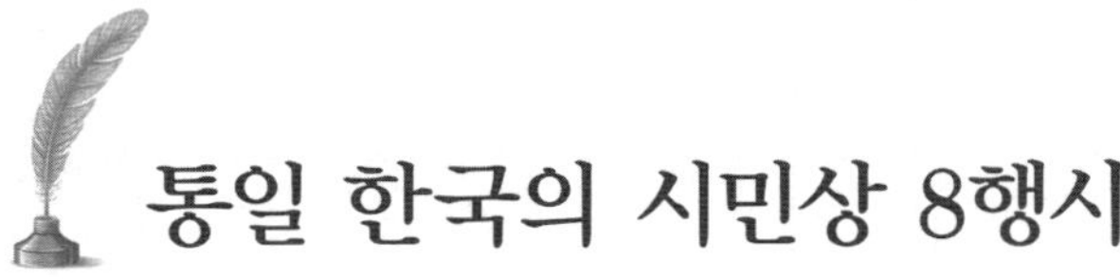

통일 한국의 시민상 8행시

유기신소재파이버공학과 강상빈

통일하려 우리민족 아무리 노력한들
일국삼공 나라에는 실없는 말 넘쳐나네

한민족 되고자 뻗어 본 손길에
국궁진력 못할망정 우리 향해 총을 겨눠
의 상한 우리 민족 덧없음만 되새긴다

시간이 계속 흘러 우리민족 다시 만날 때
민족상잔 하게 되어 갈라서지 않을까
상궁지조 걱정하여 서로에게 각별하리

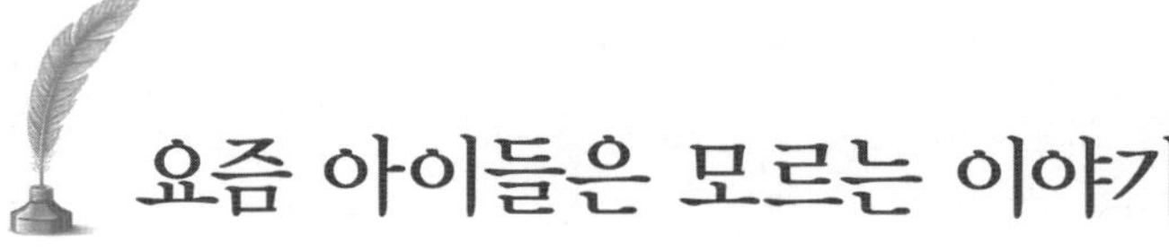

요즘 아이들은 모르는 이야기

글로벌미디어학과 안현철

지금부터 내가 하는 이야기는 8년 전에 내가 실제로 겪었던 이야기야.

10년 전에 남북한이 통일되고 나서 우리나라가 많이 혼란스러웠다는 건 초등학생이 아닌 이상은 다 아는 사실일건데, 혹시나 이 글을 읽고 있을 초등학생들을 위해서 처음부터 설명을 해줄게.

10년 전에 남북한이 통일이 되면서 상대적으로 엄청 가난했던 북쪽 사람들은 새 삶을 위해서 부유한 지역인 남쪽으로 많이 내려왔어. 근데 이게 어느 정도까지는 괜찮았는데, 넘어오는 사람들이 점점 더 많아지니까 인구수가 너무 늘어나버린 거야. 갑작스럽게 인구수가 많아지니까 기존에 남쪽에 있던 사람들은 생각하지도 못했던 불편들이 하나씩 드러나기 시작했어. 먼저 인구수가 많아진 만큼 전기 소모량이 많아지면서 정전이 잦아졌어. 또 당장에 지하철만 봐도 너무 북적거려서 사람들이 불만이 많아졌지. 무엇보다도, 가난한 북쪽 사람들을 지원해주기 위해서 정부에서 정책을 세웠는데, 거기에 대한 불만이 정말 컸어. 그 정책이 뭐였냐면, 기업이 신입사원을 뽑을 때 무조건 일정 비율만큼 북쪽 사람들을 채용해야 된다는 거야. 예전에 대기업에서 신입사원 뽑을 때 지방 사람들 무조건 뽑아야 됐던 것과 비슷한 거지. 사실 그 비율이 얼마 안 돼서 남쪽 사람들 실업률이랑 별 관계는 없었는데, 그런 정책이 있다는 것 자체부터가 국민의 반감을 불러일으키기에는 충분했지. 그런 게 또 SNS에 한 번 올라가기 시작하면 와전되기 시작하고, 여론 형성이 빨리 이루어지잖아. 뭐 그 밖에도 이런저런 불편들이 속속들이 등장하기 시작하면서 점점 북쪽 사람들에 대해서 반감이 쌓이기 시작했어. 그리고 그에 따른 북쪽 출신 사람들에 대한 차별도 계속해서 이어지고 있었지.

그러던 와중에 사건이 터져버렸어. 한 가출 소녀가 빵집에서 빵을 훔치다 걸렸는데, 하필이면 그 소녀가 북쪽 출신이었던 거야. 게다가 빵을 훔치는 걸 발견한 사람들이 또 하필이면 40대 아저씨들이었던 거야. 너희가 아무리 어리다고 해도 지나치게 한쪽 성향에 치우친 사람들이 나이가 들면 얼마나 위험한지는 뉴스에서 많이 봐서 알거야.

그 소녀는 당황한 나머지 북한말을 했고, 아저씨들은 북한말을 듣자마자 지나치게 흥분해서 뺨을 때리고 말았지. 근데 그 빵집이 구석진 곳에 있는 빵집인데다, 아침시간이어서 사람들의 왕래가 거의 없었고 말리러 오는 사람도 없었어. 어떻게 이렇게 잘 아냐고? 그 빵집 주인이 나였거든.

난 상당히 젊은 나이에 사업을 시작했었어. 부모님께 마지막으로 크게 한 번 손 좀 벌리겠다고 하고 도움을 받아 차린 가게였지. 뭐 그건 중요한 게 아니고. 사실 나는 북쪽에서 온 사람들한테 반감도 별로 없었고, 그냥 언젠가는 하나로 합쳐져야 된다고 생각하고 있었기 때문에 꽤나 긍정적인 태도를 가지고 있었지. 나에겐 북쪽 사람들이나 남쪽 사람들이나 똑같아 보였어.

소녀가 맞고 있다는 걸 보고는 깜짝 놀라서 북한이니 도둑이니 뭐니 생각할 겨를도 없이 달려들어서 사람들을 쫓아냈어. 바로 소녀를 병원으로 데리고 갔고, 병원비는 물론 내가 냈지. 아이는 그 와중에도 부모님이랑 싸웠다고 집에 들어가기 싫다더라. 도둑질한 아이를 구해주고 치료해줬더니 뻔뻔하게 우리 집에서 조금만 묵겠다는 거야.. 그래도 뭐 별 수 있나, 아무리 떨어뜨려놔도 쫄래쫄래 따라 오기에 며칠만 우리 집에서 재워주기로 하고 데려왔어. (이제부턴 여자애를 가명으로 성민이라고 할게.)

근데 성민이가 맞았던 걸 어떻게 찍었는지는 모르겠는데 SNS에 그 동영상이 올라갔더라. 당연히 북쪽사람들도 그 동영상을 접하게 되었고, 그 파장은 대단했어. 북쪽출신 사람들은 시위를 하기 시작했어. 근데 남쪽 사람들은, 안 그래도 짜증났던 북쪽 사람들이 시위를 하니까 이때다 싶었는지 본격적으로 배척을 해대기 시작했지. 북쪽사람들은 이를 견디지 못하고 북쪽으로 다시 올라가버렸어. 다시 통일 전으로 되돌아 가버린 거야. 굉장히 짧은 시간 내에 일어난 일이었어.

사실 그 사이에 성민이랑 꽤 많이 친해졌고 정도 많이 들었지만 성민이를 집에 보내 줘야할 때가 온 것 같다고 생각했어. 영원히 내가 데리고 살 수도 없는 노릇이고, 지금 데려다 주지 않으면 꽤나 오랫동안 집에 가지 못할 것 같았거든. 근데 우스운 것은 가족이 진짜로 먼저 올라가버렸다는 거야. 성민이를 데리고 성민이 집으로 갔는데 아무도 없더라.

진짜 어떻게 해야 할 지 눈앞이 캄캄했어. 집은 텅텅 비어있고, 옆에서 애는 울고 있고. 그래도 일단 우는 애 달래서 집에 데리고 왔지. 잘 되지는 않았지만 그래도 빵집이 어느 정도는 돈벌이가 되었기 때문에 금전적으로는 크게 문제가 없었어. 뭐, 그때는 그런 게 문제가 아니었지. 애가 너무 우울해서 나도 근처에 있으면 같이 우울해질 정도였어. 그래서 애 기운 나게 하려고 엄청 노력했지. 옆에서 엄청 까불기도 하고, 밥맛없다는 애 억지로 밥 먹이고.. 그래도 나중에는 내가 열심히 노력하는 게 눈에 보여서 미안했는지, 애도 약간 웃어주더라.

다음 날 성민이가 기분 좋게 일어나는 거 보고 나도 기분이 좋아서 아침 먹으면서 어디 가고 싶은 데 없냐고 물어보니까 놀이공원이 가고 싶다고 하더라고. 한 번도 안 가봤대. 마침 다음날이 주말이었고, 나도 몇 년간 놀이공원 근처엘 간 적이 없었기 때문에 이 기회에 한 번 가보자 하고 같이 가기로 했지. 애가 놀이공원 때문인지 하루 종일 들떠 있더라.

다음 날, 놀이기구 많이 타야 된다면서 알람까지 맞춰놓고 아침이 되자마자 일어나서 곧바로 OO랜드로 출발했어. 자유이용권 끊고, 신나게 놀이기구 타고 놀았지. 놀이기구 한 4개쯤 탔을 때였나, 둘 다 배가 고파서 식당에 가서 밥을 먹으면서 '하하호호' 떠들고 있었어.

그렇게 밥을 맛있게 먹고 있는데, 왠지 뒤통수가 따갑더라. 주위에서 웅성웅성 거리는 소리도 들리고. 그리고는 누군가가 내 어깨를 톡톡 쳐서 뒤돌아보니 종업원이었어. 우리더러 나가라고 하더라. 주위를 둘러봤더니 사람들이 전부 성민이를 쳐다보고 있었어. 많은 사람들이 성민이를 욕하고 있었지.

우리끼리 떠드는 동안 무심결에 나왔던 성민이의 억양이 사람들의 귀에 거슬렸던 모양이야.

사실 조심했어야 됐는데, 깜빡 잊고 있었던 거지. 성민이가 북쪽 출신이었다는 사실을. 나는 내가 북쪽 사람들에게 아무런 거부감이 없었기 때문에, 다른 사람들도 그럴 거라고 은연중에 내 멋대로 받아들이고 있었던 것 같아. 아무 생각 없이 얘를 데리고 나왔다가 전에 입었던 상처가 다 가시기도 전에 또 한 번 상처를 주고 말았던 거야. 성민이는 꽤나 충격을 받았는지, 집에 도착해서도 아무런 말도 하지 않았어. 이번에는 나도 아무 말도 못 하겠더라. 너무 미안해서. 그냥 먹을 거 꼬박꼬박 챙겨주고, 주위 깔끔하게 청소해주고, 보일러 따뜻하게 틀어주고. 그렇게 조용하면서도 속은 시끄럽게 이틀이 지나갔어. 아침에 일어나보니까, 평소와는 다르게 애가 안보이더라.

사실 그 당일은 대수롭지 않게 지나갔지만, 이틀이 지나고 3일 째 되고나서야 그 아이가 떠났다는 사실을 알게 됐지. 엄청 섭섭하더라고. 그래도 나름 길다 하면 긴 시간 동안 같이 생활했는데 이렇게 말도 없이 떠나가다니. 섭섭한 와중에 도대체 왜 떠난 걸까 생각을 해봤는데, 사실 그때 내가 성민이를 도와준 게 동영상으로 찍히고 SNS에 올라오고 나서부터 빵집에 오는 사람이 좀 줄어들었거든. 옆집에 사는 아저씨들도 엘리베이터에서 마주칠 때마다 시선이 좋지 않았어. 그런 것들을 아이가 조금씩 눈치를 채기 시작하면서, 내가 이 사람에게 피해를 주고 있구나 하고, 언젠가는 떠나야겠다고 마음을 먹고 있었던 것 같아. 뭐, 그 이후로는 나도 일상으로 돌아가서 열심히 생활하면서 빵집도 나름 잘되고, 이사도 가게 되면서 행복하게 살고 있어. 남쪽 사람들과 북쪽 사람들도 서서히 관계가 누그러지면서 다시 서로 합쳐지게 되었고, 한 번 다툼이 있고 난 후라 그런지 사람들이 서로 더 조심하더라. 그렇게 자연스럽게 하나가 되었지. 참 다행이라고 생각해.

사실 이 이야기는 여기서 끝나는 것 같아 보이고, 나도 그런 줄 알았어. 하지만 내가 지금에서야 이 이야기를 기억해내서 쓰고 있는 이유가 있겠지?

얼마 전에 친구 생일 날 친구 3명이랑 모여서 낮술을 마셨는데, 원래 나도 그렇고 내 친구들도 한 놈 빼고 술을 별로 안 좋아해. 그래서 적당히 마시고 밖에 나와서 뭐 재미있는 거 없나 하면서 돌아다니고 있었지. 그러다가 내가 OO랜드에 가자고 말했는데, 나머지 애들도 다 좋다고 해서 어떻게 또 OO랜드에 가게 됐어. 나도 내가 갑자기 왜 OO랜드에 가자고 했는지는 모르겠어. 어쨌든 놀이공원에 가서 남자 넷이서 신나게 놀이기구를 타고 다녔지. 그렇게 신나게 놀이기구를 타고 나니 허기가 지더군. 터벅터벅 식당에 들어가서 밥을 먹고 있었지. 양념이고 밥풀이고 몽땅 입에 묻혀가면서 밥을 먹고 있는데 누가 내 어깨를 톡톡 치더라. 뒤돌아보니 엄청 예쁜 아가씨가 웃고 있었어. 나는 무슨 상황인가 잠시 생각하다가 누구세요 하고 물었지. 그 여자가 대답했어.

"오빠 맞지?"

진짜 거짓말 안하고 목소리 듣자마자 온 몸에 소름이 돋더라. 친구들은 뭔 생각을 한 건지 알아서 자리를 비켜줬고, 둘이 앉아서 차근차근 옛날 얘기를 시작했지. 얘기를 나눠보니까 그 때 자기도 엄청 울면서 나갔다고 하더라. 처음에는 별 생각이 없었는데, 점점 자기가 민폐라는 생각이 강해졌고 결국에는 집에서 나가야겠다는 생각이 들었다고 해. 그래서 묵을 곳이 생기자마자 바로 나간거래. 묵을 곳은 내 카드를 써서 구했다고 이실직고했어. 사실 그 때 카드가 하나 없어진 걸 알고 있었는데, 한동안은 돈이 필요할 것 같아서 그냥 내버려 뒀지. 너무너무 고맙다고, 반드시 다 갚겠다고 했어. 과정은 다 못 들었지만 지금은 대기업에 취직해서 가족들 전부 남쪽으로 데리고 와서 잘 살고 있다고 하더라. 그 밖에도 이런저런 얘기를 나누다보니 어느 새 저녁이 돼서, 번호를 교환하고 헤어졌지. 뭐, 그 이후로는 자주 보면서 밥도 자주 얻어먹고 있어. 예전에 빚진 거 다 갚겠다고 하면서 밥을 다 사주더라.

내 이야기는 여기까지야. 긴 글 읽느라 수고했고, 또 재미있는 일 생기면 이야기하러 올게.

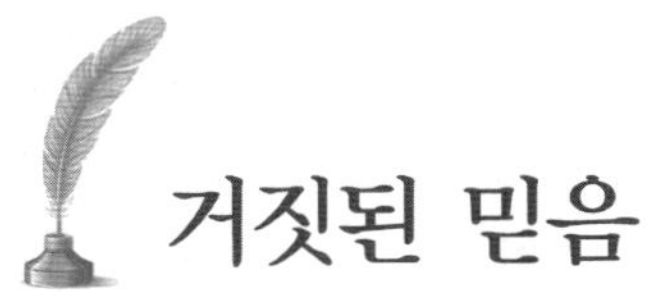

거짓된 믿음

컴퓨터학부 유민욱

“길고 길었던 남북회담이 끝나고 양국은 한국과 북한을 다시 하나로 통일하기로 했습니다. 올해로 한국과 북한이 분단되어진지 71년 째 되는 해인데요. 정부는 북한과……”

라디오에서 뉴스앵커가 남북통일의 소식을 전하고 있었다. 사람들은 하나 둘씩 밖으로 나와 흥분된 목소리로 떠들고, 환호하고 그리고 기뻐했다. 흥분과 함성으로 가득 찬 도시 속, 한 허름한 주택의 옥상에서 한 소년이 누워있었다. 소년의 공허한 눈동자에는 거무튀튀한 밤하늘만이 비춰져 있었다.

“저 무수한 별빛들을 보렴.”

그리고 소년의 밤하늘은 닫히고, 소년의 귀에는 침묵만이 맴돌았다.

선화는 유행이 한참 지난 하늘색 블라우스가 달린 치마와 캐릭터가 그려진 촌스런 티셔츠를 입고, 자세히 보지 않으면 흰색인지 모를 정도로 때가 탄 단화를 신고 있었다. 이날은 학부 단체 행사가 있는 날이었다. 다들 각자의 무리가 있었지만 그녀는 홀로 구석진 곳에서 의자에 앉아 그들을 바라보고 있었다. 선화는 무리들 중에서도 특히 화기애애한 무리를 주의깊게 보았다. 아니 그녀는 그 무리 속의 한 남자를 보고 있었다. 그는 흰색 셔츠 위에 베이지색의 얇은 스웨터를 껴입고 긴 다리를 돋보이는 일자형 청바지와 갈색 캐주얼화를 신고 있었다. 그가 입고 있는 옷은 그의 외모를 더욱 세련되게 보이도록 하였다. 선화는 남자를 보고 가슴이 두근거리는 감정을 처음 느껴 보았다. 그를 보면 마음이 떨리고 그가 웃는 모습을 보면 마치 심장이 멎는 듯했다. 그렇게 멍하니 그를 바라보다 그만 고개를 돌리는 그와 선화의 눈이 마주쳤다. 선화는 화들짝 놀라 시선을 피해 고개를 숙였다.

"안녕하세요?"

달콤하고 부드러운 목소리가 선화의 귓속으로 들어 왔다. 선화는 조심스레 목소리가 들린 쪽으로 조심스레 고개를 들어 그를 올려 보았다. 그는 그녀가 계속해서 바라보던 그 남자였다.

"전 재수해서 21살이에요. 이름은 이덕환이고, 그쪽은요?"

"저…… 저는 올해 20살이고, 류선화라고 합니다."

선화는 저주스런 자신의 억양을 숨기려 애썼지만 어쩔 수 없었다. 덕환은 약간 당황했지만 이내 호기심인지 모를 미소를 살며시 지으며 말했다.

"아 혹시 탈북자세요?"

"네"

"우리 할아버지도 6.25때 북쪽에서 내려오셨다고 했는데, 그래서인지 저도 북한에 관심이 많았어요. 저 북한에 대해 궁금한 것이 많은데 얘기 좀 나눌 수 있을까요?"

선화는 한국에 정착한 이후로 이런 호의와 관심을 받는 것이 처음이었다. 또한 잊고 싶은 자신의 과거가 이런 행운을 만들어 줄리라 상상도 하지 못했었다. 둘은 그날 많은 얘기를 나누었고 그 이후로도 자주 만나면서 결국엔 사귀게 되었다. 그로부터 몇 년 뒤 둘은 결혼식을 올렸고 얼마 지나지 않아 사내아이를 가지게 되었다. 그 아이의 이름은 믿음이었다.

"믿음아, 얼른 앉아서 밥 먹으렴."

믿음이 4살 되던 해, 선화는 덕환의 돈으로 자그마한 사업을 하고, 덕환은 잘나가는 은행과장이었다. 선화와 덕환은 그동안 모은 돈으로 송파구에 있는 단독주택을 사서 그곳에서 살게 되었다. 이렇게 선화의 가족은 부족함 없이 행복하고 단란한 가정이 되어 있었다.

"자기야, 나 나갈게. 믿음아, 아빠 갔다 오마. 잘 놀고 있어."

덕환은 믿음을 안아 올리며 볼에 살짝 뽀뽀를 하였다. 믿음은 덕환의 수염이 따끔거리는지 싫은 표정으로 덕환의 얼굴을 밀어냈다. 덕환이 현관에서 구두를 신고 나갈 준비를 하고 있었는데 선화가 망설이는 표정으로 다가와 말했다.

"여보"

"응, 왜?"

"이번에 기획한 사업을 키우려면 돈이 좀 필요해요"

"얼마나?"

"한 4억 정도요"

"너도 알잖아. 저번에 망한 그 사업 때문에 집 날아갈 뻔한 거. 난 이제 불확실한 미래에 투자하는 게 두려워."

"이번 한 번만 도와주세요."

"아니. 난 그만한 돈도 없고, 있다고 해도 그러고 싶지 않아. 자기야, 사업 그만두고 그냥 내가 버는 돈으로 먹고 살자."

"전 제 목표가 있어요. 당신에게도 있듯이. 당신은 목표에 다가가는데 저는 그대로 앉아 있으라고요?"

"그게 아니라……"

"그만하자. 선화야"

덕환은 한숨을 쉬며 집을 나갔다. 선화는 우울한 표정으로 믿음에게 밥을 마저 먹였다. 믿음을 유치원에 보내고 나서 선화는 뉴스를 틀고 멍한 표정으로 TV를 보았다. 뉴스에서는 북한이 또 한국을 도발해 전쟁위기니 뭐니 하였다. 선화는 덕환이 자신을 아직도 힘없는 탈북자로 보는 것 같아 기분이 좋지 않았다. 그래서 선화는 사업을 통해 자신의 가치를 입증하고 싶었다. 할 수 있다면 지인들에게 돈을 빌리고 싶었지만 한국에서 선화가 아는 지인이라고는 덕환 밖에 없었다. 결국 선화는 집을 담보로 은행에서 대출을 하였다.

그날 저녁도 어머니는 침대에만 하루 종일 누워 있었다.

"야! 류선화! 이 망할 년. 나와! 너 때문에 내가…… 내가 이렇게 된 거야!"

또 시작이다. 아버지는 매일 술에 취해 들어와 어머니를 감싸고 있는 어두운 방안을 향해 그녀에 대해 비난을 내뱉었다. 어머니도 처음에는 저항을 하셨지만 아버지의 폭력과 함께 한낱 저항은 어두운 방안으로 숨어버렸다. 그저 슬프게 흐느끼는 어머니의 울음소리만이 어둠을 뚫고 새어나왔다. 나는 며칠 전 들이닥친 검은색 정장의 아저씨들이 붙이고 간 빨간 딱지들을 하나씩 보며 불쾌감과 짜증을 느꼈다. 떼어내려고 손톱으로 긁어내보았지만 그것들은 떨어지지 않으려고 있는 힘껏 붙어 있었다. 더욱 심해지는 아버지의 소음을 피해 나는 나만의 공간인 옥상으로 갔다.

"아! 좋다!"

이곳은 누구의 간섭도 받지 않으며 내가 숨을 쉴 수 있는 유일한 공간이었다. 모든 것이 다 평화로웠고 조용하였다. 어머니 아버지가 싸울 때면 나는 이곳에 올라와 무수히 쏟아지는 별빛들을 하염없이 바라보았다.

"나도 별빛처럼 하늘에 있고 싶다."

하지만 비참한 현실이 생각나면 항상 눈물이 그렁그렁 맺히고 모든 것이 나 때문인 것 같아 마음이 아려왔다. 오늘도 별빛들을 보고 싶어 올라왔지만 짙은 구름이 하늘을 가려 찬란한 빛들이 모습을 감추었다.

"아!"

갑자기 아랫배가 참을 수 없이 고통스러웠다. 며칠간 계속 이런 고통이 반복되었는데 어머니와 아버지께 말씀드려도 그들은 공허한 눈빛으로 나를 바라보기만 할 뿐이었다. 난 그런 그들의 모습이 두려워 더 이상 아프다는 말을 꺼내지 않았다. 고통을 잊어 보려고 난 라디오의 전원을 켜고 드러누웠다. 또다시 서러움과 고통과 자책감이 마음을 짓누르며 눈물로 쏟아져 나왔다. 어머니와 아버지가 이 시련을 이겨낼 것이라 믿는다. 서로 다시 의지하며 하나씩 엉킨 실타래를 풀어나가며 진정으로 서로를 믿으면 나와 우리 가족은 밝은 별빛들을 다시 볼 수 있을 것이다. 라디오에서는 9시뉴스의 오프닝 음악이 치직거리며 흘러나왔다.

숭실에서
통일
한국을
준비하다

초판 발행 2016년 12월 5일

엮은이 숭실대학교 베어드학부대학 이광진 교수
펴낸이 한헌수
펴낸곳 숭실대학교 출판국
서울 동작구 상도로 369
등 록 제14-2호(1982.1.25)
TEL.02-820-0772
FAX.02-817-5297
http://press.ssu.ac.kr
찍은곳 한컴인쇄정보
TEL.02-2274-3394
FAX.02-2274-3397

값 12,000원
ISBN 978-89-7450-355-0 03800